Tsingtau   Höhenlager

Tsingtau, den 24.VII.12.

L.L.M.

[handwritten message in German, largely illegible]

An Frau
Lilly Oppermann
Hoheneggelsen
b. Hildesheim

wireless telegraph station tsingtao.

青岛影像

明信片中的城市记忆

Tsingtau auf der alte Ansichtskarte

王栋 著

中国海洋大学出版社
CHINA OCEAN UNIVERSITY PRESS

目录

胶澳揭秘·01

胶州湾事件 / 总兵衙门 / 城市开端：1898年青岛的第一份城市规划方案

沧桑老街·15

邮政街：印证早期城市发展与变迁 / 广西路：繁华落尽的"欧人街" / 太平路：悄然逝去的海岸风景 / 中山路：跨越三个世纪的百年老街 / 江苏路：俾斯麦大街上的老房子 / 兰山路："洋行街"的转瞬繁华 / 湖南路：伊伦娜大街上的昔年旧事 / 百年三迁崂山街

山海之间·42

青岛栈桥 / 衙门桥 / 小青岛 / 团岛与游内山灯塔 / 信号山 / 观海山 / 观象山与青岛观象台 / "大窑沟" / 青岛新町 / 海滨浴场

旅店时光·75

海因里希亲王饭店 / 特伦德尔与Hotel Trendel / 车站饭店 / 海滨旅馆 / 侯爵饭店

愉悦休闲·93

海军士兵俱乐部（水师饭店）/ 海军军官俱乐部 / 青岛俱乐部

贸易之港·105

建造大港与汉堡维林公司 / 阿理文与胶海关 / 百年小港 / 被淡忘的旧港海岸 / 冰封的港口 / 施迪克弗特别墅 / 寻找维林别墅

石刻历史·127

棣德利石：德国强占胶州湾的"见证碑" / 叶世克纪念塔 / 叶世克墓碑 / 海军第三营纪念碑 / 日本"忠魂碑"：太平山下的侵略罪证 / 建筑师毛利与青岛的"胜利大道"

军事堡垒·145

青岛口要塞的"和平时光" / 炮队营 / 高地营与临时检疫所 / 伊尔蒂斯兵营 / 俾斯麦兵营 / 毛奇兵营 / 要塞工程局 / 末任总督麦维德 / 海军第三营官邸

三色旗下·174

总督官邸 / 总督府 / 总督临时官邸 / 美国领事馆与威廉·开治

警法溯源·187

青岛监狱 / 大法官住宅 / 警察公署 / 皇家法院 / 格尔皮克－柯尼希别墅

卫教往事·202

督署医院 / 福柏医院 / 督署小学 / 督署学校新楼 / 德华大学 / 日本小学 / 日本中学

传教福音·224

圣言会 / "教会山"往事 / 青岛新教教堂 / 青岛神社：贮水山上的屈辱记忆

财富新城·240

德华银行 / 谦顺银号 / 哈利洋行 / 顺和洋行 / 嘉卑世洋行百货店 / 弗里德里希大街商业综合楼 / 海恩大楼 / 福利洋行商业综合楼

邮电百年·267

胶澳皇家邮局 / 电报与电话 / 日本邮局 / 台西镇电报房：团岛的"海岸古堡"

路矿岁月·282

山东铁路公司 / 山东矿业公司 / 青岛火车站

工业先声·291

青岛电灯厂:开启城市光明的钥匙 / 青啤百年 / 总督府屠宰场

山林公园·303

胶澳高等山林局 / 中山公园

东海崂山·309

崂山道士 / 梅克伦堡疗养院 / 沙子口

战争风云·317

"切萨列维奇号":曾被扣留青岛的俄国战舰 / S90:击沉"高千穗"号的德国雷击舰 / 青岛之战

附录·328

青岛街道名称对照表(1898—1922)

后记 在路上·339

胶澳揭秘

01　胶州湾事件

每年的 11 月 14 日，在青岛上空，都会如约地响起尖厉的防空警报，提醒生活在这座城市的人们，勿忘 100 多年前胶州湾被列强侵占的日子。因此，我们对百多年所发生的事情经过进行追述，也就显得极有意义。近年来，由于海内外史学研究者不断努力，许多关于胶州湾事件的详细史料被翻译或出版，比如时任德国远东舰队司令棣德利的日记等。我们也试着将这些资料进行必要梳理，尽量对整个占领行动的过程进行还原，借以能最大限度地了解这一彻底改变了青岛命运的历史事件……

整个事件的发生还要从行动的前几天说起。1897 年 11 月 13 日，平日常驻上海吴淞口的德国远东舰队突然出现在青岛南面的外海。而在此前的 11 月 7 日，德皇威廉二世就"决定立刻动手"，对"巨野教案"的发生给予中国报复。是日深夜，他电令德军远东舰队司令棣德利做好准备。8 日，德舰起航向胶州湾进发。

棣德利率领的这支舰队由五艘军舰组成：排水量 7 650 吨的旗舰"皇帝"号（SMS Kaiser）、排水量 4 300 吨的"威廉王妃"号（SMS Prinzess Wilhelm）、排水量 5 200 吨的"鸬鹚"号（SMS Cormoran）和因故未参加实际行动的"伊伦娜"号（SMS Irene，排水量 4 300 吨）、"阿克纳"号（SMS Arcona，排水量 2 370 吨）。

画家笔下的德国远东舰队。人物肖像为时任德国舰队司令棣德利。中间为舰队旗舰"皇帝"号,左为"伊伦娜"号和"阿克纳"号,右为"威廉王妃"号(金立生 提供)(明信片)。↑

（注："伊伦娜"号当时在香港，"阿克纳"号在上海的船坞中维修，均无法赶到。）

实际上，在13日上午德国舰队一出现，就被驻防清军的瞭望哨及时发现。得到信报的胶澳驻军司令——登州镇总兵章高元立即派出使者，在得到"借地演习，进行临时休整，很快就会离开"的答复后，章总兵才如释重负。为了表示友好，并尽地主之谊，章高元表示要在总兵衙门设宴招待棣德利一行，但被德方婉言谢绝。

13日上午，棣德利与"皇帝"号舰长兼舰队参谋长、海军上校蔡耶（Hugo Zeye）和参谋部的几个军官从今栈桥一带登陆，并查看了清军的枪械、火炮和弹药。而此时的清军对突然到访的德国军官毫无防备，还热情地接待德国人到处参观。由于此前，每逢冬季常有俄国舰队前来暂泊，而且德国历来对华"友好"，又在"三国干涉还辽"事件中，表现出异乎寻常的"公正"……或许诸多的因素蒙蔽了曾参加过甲午战争的章高元，他的懈怠与麻痹大意，直接导致了次日他与德军的对峙与博弈满盘皆输。

长途奔袭的德国舰队，在入夜后有了充足的时间来进行占领前的部署。"皇帝"号和"威廉王妃"号留在今小青岛附近的外锚地，准备在遇到抵抗时炮击沿岸的总兵衙门、兵营和炮台。而"鸬鹚"号则乘机驶入胶州湾，系泊在马蹄礁附近，准备伺机占领位于小鲍岛的军火库和军械库，并从背后进行迂回包抄。

1897年11月14日，依照旧历是光绪二十三年的十月廿日。黎明时分，"鸬鹚"号放下几艘小船，船上所载的100余名德国士兵，趁着未散的晨雾，一举占领了清军后海营房和不远处火药库。在获知"鸬鹚"号得手的消息后，早上7点，棣德利命令舰队实施登陆。他在此后的日记中写道：在极好的天气下，登陆部队登上栈桥，并在守军营房前的广场上集合。德国人的到来还引来了几个好奇的中国人观看……登陆后，德军通过翻译雇用了几个苦力，仅花了很少的钱，就迅速把旗杆和信号器材运到了附近的山顶，信号官策佩林伯爵迅速设立了能够进行联络的信号台。

德军登陆后，负责指挥的蔡耶上校立即带领部队按预先部署的计划，分兵抢占制高点和沿海炮台，并包围总兵衙门和各处营房，切断各营之间的联系。对此，棣德利曾惊讶地写道，令他难以置信的是，面对早在德国舰队从上海起航时就已经沸沸扬扬的传言，竟没有电报透消息给青岛的中国指挥官。上午11时左右，棣德利派副官海军上尉冯·阿蒙（von Amon）带领两名军官和翻译夏礼辅（Emil Krebs）上岸拜会章高元，并将最后通牒和占领布告送达，限其于下午3时前全部撤退至女

德国占领之初的胶澳,左侧是今栈桥,右侧为今小青岛↑

姑口和崂山以外,只能携带火枪,以48小时为限,过此即当敌军处理。此时,据说在众人影响下章高元曾考虑抵抗,但却发现枪里没有子弹,而军火库也早已被德军控制。无奈之下,章高元曾亲自出马,面见据守信号山山顶的棣德利,称"未奉本国公文,碍难撤离"。但棣德利坚持下午3时德军必须接管防务,并建议章高元在德国的保护下留在青岛。章高元返回衙门后,急电山东巡抚李秉衡和北洋大臣王文韶说:"元欲战恐开兵端,欲退恐忝职守,再四思维,惟有暂将队伍拨出青岛附近,后

Die erften Deutfchen, die in Tfingtau Fuß faßten:
Offiziere des Landungskorps

1897年11月，第一批登陆胶澳的德军士兵（明信片）。

撤至四方村一带……"

  中午12时，大清国的总兵旗从衙门前的竿头落下，德军占领了章高元及其家眷还未来得及撤出的衙门。下午2时30分，登陆的海军士兵在嵩武中营（德军称东营盘）集结，听取棣德利为德国的统治和文化找到一个落脚点的讲话。而停泊在青岛湾海面的德舰"威廉王妃"号也鸣放了21响礼炮，庆祝这一次占领行动的胜利。随着对德国皇帝的三声"万岁"，德国海军的三色战旗在胶澳升起。

11月15日早上，章高元与其家眷离开总兵衙门。此后，棣德利派"鸬鹚"号和"威廉王妃"号到胶州湾内附近各地张贴布告。宣布占领胶州湾及附近一切海岛与陆地，并声称倘有中国人敢滋事端，定加严惩。新的临时政府也同时成立。11月18日，棣德利接到德国驻芝罘（今烟台）领事馆转来的电报，称章高元要求增兵，并在距青岛30千米处构筑工事。11月9日，德军将已退至沧口的章高元逮捕，并监禁在东营盘，后移至"皇帝"号上，直至12月3日才释放。此外，德军还派遣了一支分遣队，前往最近的即墨县城，但在德国人达到之前，驻守的清军就望风而逃了。随后，这支部队继续向胶州前进，追击溃退的清军。

02　总兵衙门

从严格意义上说，1892年登州镇总兵章高元自蓬莱移防胶州湾后建造的总兵衙门，是中国享有这片土地主权的标志性建筑。这座具有鲜明中国北方传统官衙风格的建筑，在1897年11月德国侵占胶州湾之前，曾一直是青岛地区军事与政治中心的所在……

1891年农历六月初六，北洋大臣李鸿章与帮办大臣兼山东巡抚张曜由威海卫军港乘船抵达了太平洋西海岸这个他们以前从未涉足的美丽港湾。虽然已经在此设立常关的东海关道在陆上为李鸿章准备了行辕，但他最终还是决定留在军舰上。经过一天的考察，李鸿章得出了"口门系属湾形，从东至北，环山蔽海，形时天成，实为旅顺、威海以南一大要隘"的论断。并于六月十一日上奏朝廷称"胶州海澳宽深，门口紧曲，在此设防，实为要图……"朝廷很快批准了李鸿章的奏折。是年冬天，李鸿章的安徽同乡、登州镇总兵章高元率淮军四营由登州府（治今蓬莱）调防胶澳。

章高元的总兵衙门，位于青岛村（今龙口路、张店路至东方饭店一带）东南，青岛口（今大学路、太平路路口）西侧。整组建筑依照自然的地势面向东南而建，官衙的主体房屋均为砖木梁架结构，建筑风格采用中国传统式样。官衙前后分两大院落，前院两进，大门五开间，总兵大堂、后堂各五间，左右另有厢房各三间。建筑屋顶均采用庄重的中国传统灰色筒瓦，围墙为花岗岩砌筑，周边以青砖

Jamen in Tsingtau.

约建于1895-1896年的总兵衙门是一座中国传统式的官衙建筑(明信片)。↑

总兵衙门前的大照壁,通宽约15米,上绘灵兽彩色壁画(明信片)。

包饰。官衙后院正厅五开间,东西厢房各两间,房屋的外檐下建木制回廊,院中天井设花坛,内植松柏、修竹等花木。官衙大门外依规制,建有砖石结构大照壁一座,通宽约15米,上绘灵兽彩色壁画,照壁外侧设木制旗杆,杆头悬总兵旗。按照清代官署的营建制度,章高元衙门的等级与规格均远远高于管辖青岛地区民政事务的即墨县县署。这在地位等级非常森严的封建时代应是极为少见的个例。

1894年7月,中日甲午战争爆发;章高元奉命从胶澳开赴奉天盖平地区作战。1895年2月,战争最终以北洋水师全军覆灭和清廷割地赔款的惨败而告终。是年冬天,章高元率所部步兵2000人、炮兵1000人回防胶澳。

1898年3月德租胶澳后,总兵衙门在相当长的时间里一直是德国总督临时的办公地点。1906年总督府迁走后,衙门又成为高等法院的暂住地。1914年2月,法院亦迁往位于督署广场西侧的新建大楼。

1914年11月德国人离开后,衙门曾先后成为日军临时兵营和《青岛新报》的职员宿舍。20世纪30年代,政府曾有计划在衙门旧址筹建青岛历史博物馆,但遗憾的是,因"抗战"爆发,这项计划最终也没能付诸实施。1940年,后来成为伪国民政府警备司令的李仲刚在此设立东文书院。5年后,日本战败投降,书院随即解散。

1949年6月之后,总兵衙门先是成为一所学校的课堂,后又改为青岛二中的分校校舍。1959年5月,青岛市人民政府决定在此兴建新的人民会堂,以庆祝共和国成立十周年,总兵衙门的建筑随后被悉数拆除。一年后,一座新的、按照北京人民大会堂风格建造的新楼落成。在此后相当长的时期里,它一直是青岛绝大多数重要会议召开的场所。

如今,章高元在19世纪末所建造的这座古老建筑已经没有任何可以找到的遗迹。

03 城市开端:1898年青岛的第一份城市规划方案

青岛的第一份城市规划方案是在1898年9月2日完成的,距《胶澳租借条约》签订仅不到半年的时间。没有在第一时间对外公开的原因,大概是与准备较为仓促,其中的某些细节尚需讨论、商榷有关。但在如此短的时间里就拿出了相当完善的城市规划方案,间接地也说明了德国占领胶州湾的行动是早有预谋,只不过是在等待适合的时机和借口而已。

德国人早期对胶州湾的了解很大程度来自著名地质、地理学家李希霍芬(Ferdinand von Richthofen)。虽然他没有亲自来过胶州湾,但他在1877年向德国政府提交了一份名为《山东的地理环境和矿产资源》的报告中,就强调了胶州湾优越的地理位置,并认为这里可以建造现代化的港口和一条与中国腹地衔接的铁路。李希霍芬的考察报告得到德国政府的认可。因此,他的许多结论也在很大程度上影响了第一份城市规划方案的制定。

1897年9月,基尔筑港总工程师格奥尔格·弗兰西斯(George Franzius)在对胶州湾进行了秘密考察后,也认为这里地质结构、水深和没有暗流干扰的优势符合建设一个大型港口的必要条件,同时,修筑通往内地铁路线的工程也不存在技术问题。铁路不仅可以运输坊子、黄山一带丰富的煤,也能为未来的港口提供充足的货源。弗兰修斯还建议将新城市的住宅和商业区设于港口东侧,以便能把两者紧密地联系在一起。但充分考虑到胶州湾地理气候特点,规划者却有完全不同的

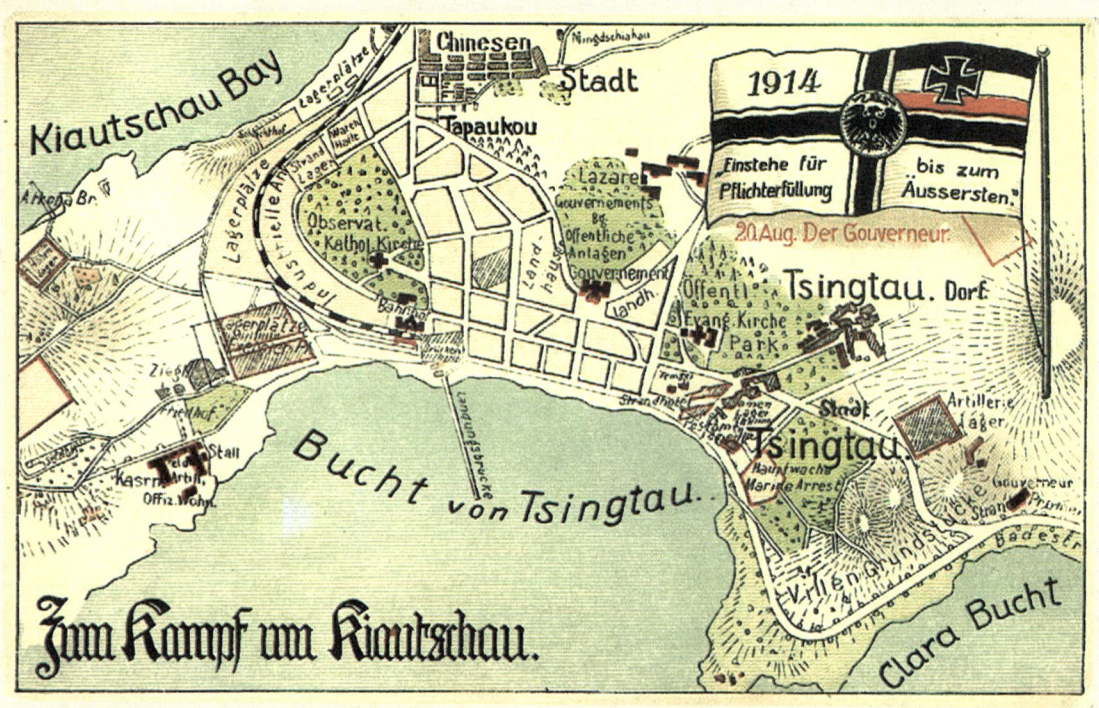

▶ 根据1898年9月的城市规划方案所绘制的地图，标注黑字为原有建筑或村庄，蓝字为规划建造的设施或功能用地↑

构想。胶东半岛冬季盛行寒冷的北风,而夏季的炎热则由柔和的南风带来。因此,新建的住宅区北面应以山丘作屏障,而南向则应开放式地接受凉爽海风。原有的中国村庄就能够适应这个特点。"村庄几乎都位于山之阳侧。房屋北面亦不设门窗。当地居民摸索出的经验当然应该在新城市的规划中予以考虑。"

这份建设规划还参考了中国其他租界的经验。比如英国在香港的殖民地和上海租界,中国居民增长速度远远高于外国居民,这一比例也可用来估计青岛的将来。按照翻译官、中国事务专员单威廉(Wilhelm Schrameier)的观点,在青岛应当避免"对欧洲人的限制和排挤"。因此,总督府计划将居住区分为两部分,即欧人居住区和华人居住区,华人可在欧人区购地与建设,但不可在此居住(为欧洲人服务的华籍佣人除外),但在城市的其他区域"华人和非华人享有均等的居住权"。

1898年9月2日,即测绘开始的三个半月之后,对新城市之规划终与公众见面。在同年10月出版的《胶澳发展备忘录》就收录了这一方案的总体规划图和相关概要:"面向胶州湾的地区,因为无法阻挡冬季的西北风,夏天也没有新鲜的东南风,因此不适合居住,规划只建设必不可少的设施。住宅区、商业区将设置在面向青岛湾的丘陵地带南侧。以青岛村为中心,西侧将设商业区和政府办公区,东侧在原有的基础上设兵营和炮兵营,还将分别建设别墅区和海水浴场。如有可能,所有的兵营最好都布置在丘陵的西南部,对规模较大的建筑,如教堂、政府、医院、天文台等,应特别注意选在合适的地点。火车站应根据城市规划的总体要求设置于商业区内,并靠近青岛湾。铁路要根据地势,沿胶州湾设置,穿过计划中的工业区与仓储区,并在港区设置铁轨进行必要的衔接……"

研究者认为,这个建设方案并不是某一人的单独作品,而是由开始时经常更迭的总督、海军测量工程组、建设部长格奥尔格·格罗姆施(George Gromsch)和他的同事以及华人事务专员单威廉共同合作完成的。作为对规划的补充,同时出版的《帝国公报·城市各部分的角色》上,还确定了每个街区和区域的功能。

从这份规划图上看,规划者将各种功能系统地安置于不同的区域中,计划中的城市以今观海山为中心,政府大楼设在山的南面,东西两侧为住宅用地。在欧人区,海岸大街两侧将建设欧洲商行和饭店,商业建筑则布置在北边首条平行于海岸大街的街道上。次条平行街道两侧规划为别墅住宅区。山的东北侧为野战医院。新教教堂和天主教堂分别设立于一条规划大道的东西两端,教堂周围附设公园。天文台与天主教堂比邻,公共墓地设在西边的野战炮兵营附近,火车站预留地在栈

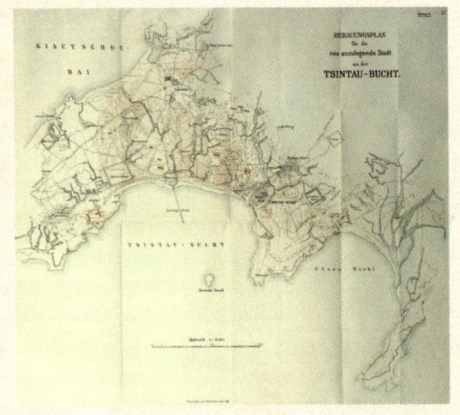

1898年9月公布的规划方案←

桥旁边,仓库被安置在栈桥西侧的海岸上。铁路线沿胶州湾向西北延伸,东侧设工业用地、兵营、货场、市场,西侧设练兵场、屠宰厂等。华人区在城北当时的大鲍岛村周围,规划为纵横交错的棋盘式道路网。总督官邸和别墅区都在炮兵营南侧的丘陵地带。

这一计划正式对外界公布是在1899年2月9日,内容和地图均刊登在德国《插图报》副刊——《今后的胶澳》中。但实际上,这个计划在推出后不久,就遭到了一些批评。比如鲁南天主教会的主教安治泰(Johann Baptist von Anzer)就对将天主教堂设在城市的西端极为不满:这个位置除了远离华人区和商业区,不利于教会开展活动外,其位置也不如新教教堂所占据的高地显著。山东铁路公司经理锡乐巴(Heinrich Hildebrand)也对铁路和火车站的规划提出了批评,因为火车站的位置太过靠近栈桥,导致铁路的弯度过大,这在当时的技术条件下造价过高且难以实现。火车站与大鲍岛之间的道路衔接也显得过于简陋。此外,这份建设规划并未对中国劳工的住宅做出明确规划。起初一些劳工在附近村庄过夜,但因青岛的工资水平要高出附近州县近四倍,不久,大量涌入的劳工们就使这些村庄变得拥挤不堪。后来劳工们开始用竹子和草席自己建造临时住处。

在这张以早期城市规划蓝本绘制的明信片上,右上角的帝国海军旗内的德语是"承担责任,完

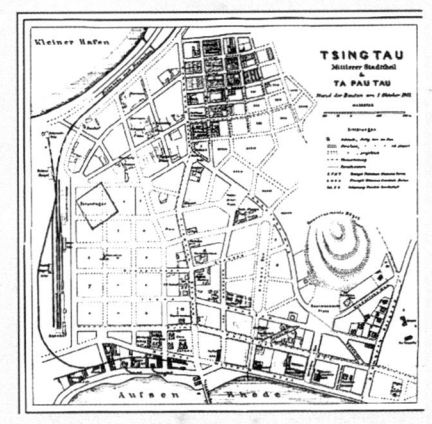

1899年5月4日公布的修订规划方案←

成义务,直到最后",其下还有"总督,8月20日"的字样,左下角的德语是"为了胶澳而战斗"。文字可以体现出明信片应该印制于德日青岛之战时期。相对于正式的图纸,明信片上的例图多少有些简陋,部分名称和道路的标注也存在着一些错误。大概明信片的发行商只是想告诉人们,在遥远的东方,还有一群德国人在与日本人为了一块土地而战斗罢了。

1899年5月4日,城市建设规划的第二稿推出,这是一份手绘的蓝图。安治泰和锡乐巴的建议都得到了采纳。火车站向西进行迁移,取消了那个角度极大的转弯,并重新设计了车站。天主教会则从总督府无偿地得到了欧洲区与大鲍岛华人区相接处的一个高地上的3万余平方米土地。总督府还新设了一条从大鲍岛穿越市政广场直抵督署医院的道路。此外,火车站与大鲍岛华人区之间的街区道路也重新进行了设计分割,公墓也转移到了东面的俾斯麦山(今青岛山)东麓。规划中的工业用地、市场和天文台等也进行了相应的调整。

另一个被增加的工程是台东镇的建设。规划者最初认为可以控制这些村庄和劳工居住地卫生,但这些华人聚居区卫生状况极其恶劣,由于不洁的饮用水和卫生习惯,经常发生瘟疫,还有斑疹伤寒症,这些传染病严重威胁着当地的外国人。1899年秋,总督府决定拆除城市之中的村庄,在距市中心直线距离3.5千米的地方建设台东镇劳工住宅区。仅仅在街道建设工程完成后的四五个月后，镇上已经住了超过6 000的中国人。

台东镇的建设严格执行了总督府规定卫生法规。纵横交错的笔直街道将400米见方的土地划分成小地块，形成四方的街区。街道的东南—西北走向是这个区域规划的显著特点。这样一来，阳光可照到每座建筑的立面上。街道的走向可以使冬夏的季风穿城而过。长25米、宽50米的小街区和8至10米宽的街道可以保证通风和采光。基于相同的规划概念和思路，1901年夏，总督府又在城市的西端设立了规模略小的第二个劳工住宅区——台西镇。

这个经过两次修改的城市规划方案在1900年正式确定，刊登在1900年3月10日出版的《德意志建筑报》上。这份街区图对以总督官邸为中心，西至栈桥，东到青岛村的沿海一带做出了更为详细的描绘。这份图纸的明显特征是试图在保留已有建筑物的基础上，通过道路网的合理设置，把以前有些杂乱的街区变得井然有序。除了在1904年建造警察公署，将两个街区合并为一个八角形时，进行了修改之外，在接下来的十年里，这一规划基本得到了遵循。规划者在街道的走向及重要建筑的选址方面充分地考虑和利用了地势的影响，天主教堂、基督教堂、警察署以及信号山总督官邸的选址都是较为成功的例子。青岛与同期开始建设大连形成了鲜明的对比。在大连，城市空间和重要的建筑作为大想法被确定下来；而在青岛，城市空间则体现出规划者对地域特色的系统分析。这份规划的制定、完善，以及在后来的城市建设中被严格的执行和遵守，最终奠定了之后近半个世纪青岛城市发展的基础。而且这样一种严格的规划，也使我们在100年后仍可以感受到这种积淀所焕发无限生机。

沧桑老街

01 邮政街：印证早期城市的发展与变迁

在青岛，邮政很早就与这座城市产生了直接的联系。广西路上留有当年德国邮局的旧址，堂邑路上也存在过早期的日本邮局。而青岛曾经有条以邮政为名的街道，恐怕还鲜为人知。邮政街（Post Strasse），顾名思义，就是早期的邮局设在这条小街上。1892年春，随着章高元率部驻防胶澳，这个远离国家中心，也远离主要官道的偏隅海湾也热闹起来。小规模的民船贸易，还有绿营兵们的到来都带动了青岛口的发展，不到几年，一个拥有店铺60余家、三四条街道的小城镇也在渔村的基础上逐渐形成。

在章高元驻防时期，并没有对任何街道进行过命名。衙门街（Yamen Strasse）、市场街（Market Strasse）、东营盘街（Ostlager Strasse）和邮政街都是在德国租借之后才有的路名。1898年1月26日，临时邮所就从邮政街上的一所平房中发出了第一封电报，这同时也标志着德国邮务在胶澳地区的开始。德国学者昆德勒（Joachim Kundler）认为："由于对陌生的土地缺乏基本的了解，在最初的官方电报列表中把青岛错拼为'Tsintan'。到1898年3月，又改为'Tsintau'。直至1900年6月，混乱的名称才被统一为'Tsingtau'。"从这张并不易见到的早期图片上，我们可以直观地看到当时的邮政街，原本狭窄的路面已经进行了拓宽平整，路

1899年的邮政街,远处可见天后宫戏楼的屋顶和标志性旗杆(明信片)。↑

的两边是黑瓦白墙的中式平房,幼小的树苗也像是新植不久的。远处可见天后宫的殿宇屋顶和标志性的两根高大旗杆。街道前方可清晰地看到早期的邮局。昆德勒在其著作中考证说:"邮局最初暂时借用的房子,曾在一个由当地商人组成的社团提议下,以每年2000马克的价格出租。从1901年5月至1910年11月,其共为邮政机构押得25000马克,但却仍有2563平方米的面积一直没有抵押出去。"

随着1899年城市规划与发展方案的制定和实施,在昔日的青岛口,除了天后宫、总兵衙门和旁

曾设于中式平房里的德国邮局（明信片）←

边的左营,旧有的街道和住房开始被悉数拆除改造,邮政街也在其中。不过幸运的是,虽然历经了百余年的岁月,与邮政街交汇的市场街的一段至今仍在。这条已经改叫常州路的小街,因其"E"字型的走向和青岛第一所清真寺而为人所知。然而,在很长时间里,人们都错误地认为清真寺就是当年的邮局。事实上,邮局的那座简陋平房早已不复存在……

02 广西路：繁华落尽的"欧人街"

从滨海大道太平路向北,第一条与之平行的大街就是广西路,它西起火车站前的泰安路,向东穿越中山路、安徽路、江苏路等路口,一直延伸到与龙口路的交叉街口为止,全长约1565米。

从修筑时间上看,广西路应是德国租借时期最早完成的街道之一,根据《胶澳发展备忘录》的记载,这条街道修建于1899—1901年之间,路面宽度为20~25米,道路基础用花岗石及三合土填筑,地下安设排水管道,并铺装了沥青路面。另外,在这条道路修筑中,还首次将车行道与人行道分隔,车行道两侧设有车轨石、沟沿石和雨水排泄口,人行道则铺设黄沙路面。

[沧桑老街] ... 17

德租时期的广西路处于最初的经贸商务核心地带,所以它也成为当时青岛最为重要的街道之一(明信片)。↑

德租时期的广西路正处于最初所设想的经贸与商务区域的核心地带，所以它也成为当时青岛最为重要的街道之一。在新的城市发展规划中，进一步巩固了广西路在区域功能上的中心地位。资料显示，有不少来自欧美的著名商业公司青睐这里与滨海大道只相隔一个街区的优越位置和舒适、宽敞的办公居住环境。除了来自德国的捷成洋行（Diederichsen Jebsen）、美最时洋行（Melchers）、西门子洋行（Siemens）；英国的太古洋行（Butterfield & Swire）、怡和洋行（Jardine Matheson）、英美烟草（British-American Tobacco）；美国的标准石油（Standard Oil）、德士古石油（Texas Oil）、亚细亚火油（Asiatic Petroleum）、通用电气（General Electric）、大来洋行（Robert Dollar）等公司均把最初驻青岛的分支机构设立于广西路。也因此，当年的广西路曾被形象地称为"欧人街"。而总督府在命名这条道路时，采用了德皇威廉二世的弟弟普鲁士亲王海因里希的名字。或许在德国人看来，这条道路的非凡地位和重要意义，以及所被给予的期望，仅次于威廉皇帝海岸（今太平路）。

1898年，威廉二世提出了"我们的未来在大海"的言论，并将他野心勃勃的放手开拓政策提高到了世界的范围。在其支持和影响下，以国务秘书蒂尔匹茨（Alfred von Tirpitz）为首的海军部决定将胶州湾建设成为一块德国在远东的"样板式殖民地"。德国政府向胶澳投入巨额资金进行铁路、港口以及基础设施建设的财政预算，借以最好的政策和投资环境来吸引来自欧洲和中国的商人。实际上，这一举措和姿态也的确打消了许多商人的顾虑和观望态度。不久，他们便纷纷开始在胶澳投资和拓展业务。

随着城区建设的开始，阿尔弗莱德·希姆森（Alfred Siemssen）等地产承包商们开始在广西路上购买土地并陆续建造了多幢公寓、旅馆和商业大楼，以满足日益增长的各种需求。由于自1898年秋天就开始实施的建筑规划中只对城市不同地区的用途做了明确的规定，在建筑设计方面，并没有对艺术风格进行的严格限制，因此，世纪之初的广西路便成为建筑师们张扬激情、展示个性的试验场。这其中较为著名的建筑有博德维希综合楼（1901—1902）、胶澳皇家邮政局（1900—1901）、祥福（地产公司）综合楼（1901）、德基洋行商业综合楼（1904）、赉寿药行（1905）、侯爵饭店（1910—1911）和吉利百货公司（1912）等。在青岛的城市发展史迈向20世纪的第二个十年时，广西路的两侧已经几乎建满了各式各样的商业建筑。百余年后，一个前来青岛的德国人曾这样写道："漫步于青岛的街道之间，只有来往的人群才可以看到一些东方的痕迹……走在广西路上，仿佛就像在柏

1902年的广西路，左侧可见山东铁路公司、德华银行、海因里希亲王饭店等早期建筑（明信片）。

林的一条街道上。街道是德国式的，房屋风格以及许多树木和植物也都是德国式的，让你感到惊异地只是怎么会有这么多亚洲人的面孔……"

对比不同时期广西路的图片，我们似乎不难发现，除却那些现代化的护栏和商业招牌，广西路并未发生面目全非的改变。不过，道路两侧经过精心剪修的栗树已被高大的雪松所替代。这虽然使得道路纵深感有所增加，但似乎也多少影响了欣赏沿街建筑。东端皮哈利洋行1903年建造的商业综合楼至今仍在。这是一个由廊柱、拱券所组成的简洁明快的对称立面，不过屋顶上设计别致的老虎窗已在后来被改造得平庸了。早期低层面海的明廊也被封闭，毕竟明廊——这种热带风格的建筑元素在青岛并不是非常实用，所以后来人们把绝大多数的明廊用窗户封闭起来，以创造更多的使用空间。在皮哈利洋行西临，是建于同时期的祥福（地产公司）综合楼。除了被封闭的明廊，楼顶的山花造型有所改动，带有中式风格的屋顶也因年久失修而变得破旧不堪。最令人感到惋惜的是建筑西端的点睛之笔——塔楼，这个具有典型北德风格的饰物，却已在20世纪60年代的一次大修中被拆掉了……综合楼西侧，另一座由祥福开发的公寓楼，在1993年冬被拆除改造，我们已经无法从翻建的建筑中找到一丝一毫的旧日痕迹。远处，胶澳皇家邮局新巴洛克风格的尖塔和斜陡的屋顶依然高耸，不过清水墙粉线勾边的立面已被一劳永逸者改造得平庸。隔街而望的德基洋行商业综合楼依然是道路北侧别致的街景，但漂亮的塔楼却未按原貌修复。道路南侧的博德维希大楼、吉利百货公司等建筑则都在历次破坏性的商业开发和改造中被拆除殆尽，使得这条原本在国内罕见的欧式街区，骤然失去了应有的韵味。

1914年11月，日本人对青岛的围困和占领彻底改变了这座城市的历史进程。曾经的海因里希亲王大街改为了佐贺町，路两边那些属于德国人的商店、旅馆和公寓也均被日军没收后重新拍

日据时期的广西路，曾被命名为"佐贺町"。↓

卖。虽然在战争结束后一些难舍旧梦的德国人重返青岛，但这时的城市已远非从前。1922年12月，经过与日本艰难地谈判，中国政府终于收回青岛的主权，1923年，这条历经风雨的街道被最终命名为"广西路"。

03　太平路：悄然逝去的海岸风景

　　从栈桥回澜阁回首北望，人们一定会被曾经在太平路东侧海岸上那一幢幢风格与式样各不相同的欧式建筑所吸引，它们连同青岛湾优雅的海岸线构成了一道和谐美丽的城市风景。1913年夏天，一位在青岛旅行的英国游客曾将青岛的威廉皇帝海岸（今太平路）与当时上海的外滩以及香港的维多利亚湾相比较，最后他得出的结论是，青岛的威廉皇帝海岸比起后两者更为赏心悦目，也更加能够让在中国工作或旅行的欧洲人从思乡的情感中释放出来。

　　然而，时至今日，从昔日卢伊特坡尔德大街（今浙江路）到威廉大街（今青岛路）的这段城市海岸，却仅有一幢古老的房子（海因里希亲王饭店客房部）得以保留。在相同位置后建于20世纪90年代之后的新建筑，无论从设计风格的展现，还是与海岸环境的协调程度上，似乎都远逊色于前者……今天，当我们站在相同的观景角度，试图去想象或解读当年的城市海岸时，除却感慨岁月变迁的无情和不同历史时期可能会对城市不同诠释的无奈之外，忽然发现，原来记忆深处的那道优雅和谐的海岸风景已经悄然逝去……

　　这张印制于20世纪初期的风光明信片所展现的，就是太平路今天已不复存在的城市景观。德租时期，这里以德皇威廉二世之名，被命名为"威廉皇帝海岸"（Kaiser-Wilhelm-Ufer）。1914年冬，日本攻占青岛后，将其改称"舞鹤町"。中国接收青岛主权后，正式更名为"太平路"。明信片的近端，新文艺复兴风格、孟莎式屋顶的建筑是1901年建成的德华银行青岛分行，银行西侧是建于1899年的海因里希亲王饭店，远处还可以看到同年建成的中和饭店。明信片左侧可见前海防波堤半圆形小花园中的叶世克总督纪念塔（Gouverneur Jaesschke-Denkmal）。

　　相比早在20世纪50年代就已经消逝的兰山路和栈桥西侧海岸的城市景观，显然，这片如今同

德租时期的太平路曾被命名为"威廉皇帝海岸"（明信片）。↑

样业已发生改变的滨海街道，留给人们的是更多的美好记忆。因为你几乎可以在大多数青岛人的家庭相册中找到拍摄于20世纪80年代或者更早的照片，相片中的人们通常都会选择背靠栈桥的铁制栏杆，以明信片中的海岸与建筑为背景，留下这一纪念的瞬间……

20世纪30年代的太平路（金立生 提供）（明信片）。↓

04　中山路：跨越三个世纪的百年老街

中山路或许是绝大多数青岛人最为熟悉的一条街道。曾几何时，这条路已经成为我们生活中不可或缺的重要组成。它与这座城市的关系，就好像北京与王府井、上海与南京路、纽约与曼哈顿、巴黎与香榭丽舍大街那样紧密相连。

从栈桥北侧桥头与太平路的交汇处开始，中山路向北越过青岛老城的主要街区，终止于大窑沟五路相交的街口，全长约1.5千米。作为青岛这座城市开埠初期最早建成的道路之一，中山路的变迁足以贯穿整个青岛的城市发展史。

中山路是青岛百年沧桑历史的见证，它所留传下来的许多旧闻逸事，至今仍为"老青岛"们津津乐道；中山路是青岛的一座生活舞台，从过去到现在，每天在这里都会上演一出出或快乐、或悲伤的现实活剧；中山路是青岛生生不息的跳动脉搏，清晨与黄昏、白天与黑夜、匆匆而过的行人与车辆总会带着这里的发展与变化走入这座城市的千家万户……

今天，这条百年老街的历史已经悄然跨越了三个世纪，当我们再次走在中山路上，虽然一些令人难忘的地段已经发生了不可挽回的改变，但两边许多留存至今的老房子，总能让行走的路人不禁止足观望。虽然这些古老的建筑，由于岁月的变迁和人为毁坏，如今都已变得斑驳破损，但许多往往被人所忽视的装饰细节，却总能让人倍感建筑之美。

根据《胶澳发展备忘录》的记载，中山路修建于德国租借初期，最早分为南北两段，位于欧洲人居住区的南段修筑于1898—1899年，采用了1757年统一普鲁士的腓特烈大帝（Kaiser Friedrich）的名字来命名此路。而位于大鲍岛、修筑于1901年的北段，则被命名为山东街（Schantung Strasse）。不过居住于此的中国居民，一般俗称其为"大马路"。日据青岛后，路南段被改名为"静冈町"，北段则称"山东町"。中国收回青岛主权，这两条名称不同的道路，被合并统称"山东路"。1929年，南京国民政府接管青岛，接收专员公署于是年5月22日签署命令将山东路改为中山路。

从这张印制于德租时期的明信片上可以看到，今天的中山路与肥城路一带已然是一幅洋溢着欧洲风情的美丽画卷。最右侧的建筑是商人恩斯特·凯宁（Ernst Keining）开办的咖啡西餐厅，它的隔壁是宝满（Arnold Baumann）的旅馆和百货店。路口装饰着尖顶塔楼的建筑是由马丁·克罗

Tsingtau.　　Friedrichstrasse.　　Friedrich Road.

▶ 德租时期的中山路（南段），就像一幅洋溢着欧洲风情的美丽画卷（明信片）。↑

格(Martin Krogh)1901—1902年所建造的福利洋行。福利洋行的北面，一街之隔是建于1901—1902年的海恩大楼(Geschaeftshaus Henn & Co.)。这幢造型别致的德国商业建筑与克罗格的福利洋行组成了昔日中山路上最为美丽的城市风景。

而今，由于1999年对海恩大楼的"改造"和2003年对福利洋行的拆除，这一优雅的城市景观已永远消逝……

明信片中左侧带有两个绿色对称塔顶的建筑建于1907年，是建筑承包商阿尔弗莱德·希姆森

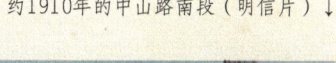
约1910年的中山路南段（明信片）↓

建造的公寓楼。北侧的商业建筑是日本人开设在中山路的第一家商号高桥写真馆（T. Takahashi）。如今这两幢隔街而望的建筑同样有了不同程度的改变：公寓楼已经在一次改造中被涂抹成艳俗的玫红色；而高桥写真馆被拆除重建，南侧别致的梯形塔楼早已不复存在……

05　江苏路：俾斯麦大街上的百年老房子

　　根据《胶澳发展备忘录》记载，包括道路、排水系统在内的市政基础工程，实际上在1898年首个城市规划总体方案公布之前就已经展开建设。鉴于青岛地区起伏的丘陵地况，如何最大限度地减少开支以使工程的造价更为经济等因素便成为总督府首先所要考虑的问题。最初隶属于德国海军的规划机构，在道路开发设计上，选择了新兴的自由式城市路网框架。这种依照自然地势，尽可能地与地貌特色相结合的道路结构，使得街道顺应地势的变化而改变，既能有效地衔接规划中的各功能区域，又可以构成一种自我完善的路网体系。再加上德国人严谨的城市设计理念和此后陆续建成的欧式风格建筑，最终构成了青岛生动、别致、至今为人所赞叹的城市景观。

　　在这种指导思想下，此后公布的城市总体规划修正方案中，将最初尚比较笼统的概念进行细致的分化。除了自由放射状的道路，当局还在华人聚集的大鲍岛按照中国传统的市镇营造理念，设计出了纵横交错棋盘式的街区路网。根据总督府的解释，这种设计方式是为了充分尊重华人市民的风俗习惯，进而利于进行有效的管理。在备忘录中，每年也都会用大量的篇幅来叙述道路以及其他市政工作的进展情况，以表明当局对于道路等市政设施的重视程度。至德国租借末期，青岛市内所筑道路已达100多条，共计80.065 0千米。

　　曾经以德国"铁血宰相"俾斯麦（Otto von Bismarck）来命名的江苏路，是德国租借后最早建成的道路之一。而位于观象山南侧这片坡地，则早在道路出现前，就被规划用于建造单体住宅和公共绿地。在道路尚未形成的1899年，这一面海街区的建筑活动就已经展开了。在伊伦娜大街（今湖南路）和俾斯麦大街路口南侧，一座属于天主教圣言会的住宅在是年冬天开始着手建造。1898年9月2日，总督府开始向个人和公司出售土地。圣言会在青岛的教会也投入了不少资金，他们在欧洲人居住的青岛区以及华人居住的大鲍岛都购买了土地，并用于建造房屋。当1899年这幢黑砖

德租时期的江苏路,远处可见山东矿业公司办公楼和小青岛,为这条别致的景观街道形成了一种良好的视觉延续(明信片)。↑

约1902年,建成之初的江苏路(明信片)。↑

灰瓦、两翼各有一座哥特式塔楼的三层建筑最终完成后,施工者按照欧洲的习惯,将两块雕刻有建筑完成年代的石匾分别镶嵌在房屋两侧入口的上方。

  由于现存史料的匮乏,明信片中右侧建筑(今江苏路12号)的名称和确切完成时间,目前尚无法考证。而这幢清水墙面、建筑立面装饰华丽、给人以强烈视觉美感的三段式单体建筑,最初的主人同样也无从查找。1902年之前,这里曾有一幢为解决临时居住而建造的木制房子,房子的主人是埃里希·冯·法尔肯海因(Erich von Falkenhayn)。法尔肯海因在1900年离开青岛,1913—1915年,他在柏林任德国国防部长。这幢被俗称为"二提督楼"的建筑,曾被认为是当时德国总督副手的私人官邸。但由于缺少记载,很可能也仅是猜测。据1913年的土地登记显示,这幢建筑在此时已为前津浦铁路北段总办李德顺的房产,房屋登记的所有人是李德顺的德国籍太太李柯氏(Margarete Krueger)。1922年8月,这座建筑被1912年开始在青岛拓展业务的三井洋行所购买。至1945年8月日本战败投降,这里一直是该行青岛支店经理的住宅。抗战胜利后,小楼于1947年7月成为青岛保安总队队长高芳先的私宅。从1952年起,这里成为青岛市人民检察院的驻地,直至20世纪80年代。

  李德顺房产南侧的建筑(今江苏路10号),是由美国长老会在1899年建造的。虽然在房屋的风格上略为逊色,但其临街立面漂亮的屋顶,却也常给人留下深刻的印象。1913年的土地登记显示,此时这座住宅的主人已经变为贝尔根·米勒夫妇,他们同样都是美国长老会的传教士。此后,我们便查不到这幢住宅产权变更的详确记载了。但我们有理由相信,至少在太平洋战争爆发之前,该建筑的业主应一直为美国长老会成员。画面远端,山东矿产公司办公楼和小青岛也隐约可见,为这条别致的景观街道形成了一种良好的视觉延续。

1914年11月20日,根据日本守备军司令部所发布的军令,青岛所有的德文地名被变更为日文,曾经的俾斯麦大街改称"万年町"。中国收回青岛主权后,将这条道路正式命名为"江苏路"。

06 兰山路:"洋行街"的转瞬繁华

兰山路上的转瞬繁华,实际上早在20世纪最初的几年里就已经无可奈何地终结了。在如今的青岛,兰山路已经沦落得极为平淡,平淡得可能已经被绝大多数的青岛人所忘却。东起太平路、浙江路路口,西至火车站前费县路、郯城路路口的兰山路,全长仅有约470米。而就是这条历经岁月变迁,今天早已面目全非的小街,在100多年前,却是青岛开埠初期最为重要的贸易与商品集散地……

德国租借胶州湾后,曾将栈桥西侧作为大量建设所需物资的主要卸运码头。出于交通以及早期的胶海关(今兰山路5号,原址建筑1938年被改建日本海军军官俱乐部,住宿楼于1992年被拆毁)和海关检疫所(兰山路1号,原址建筑1934年拆除,改建青岛市礼堂)均设立于此的缘故,来自德国和欧洲其他国家的商人陆续在道路的两侧建造他们的公司兼住宅。从欧洲海港发出的商船,停泊在青岛湾外侧的锚地,将货品分批装载于胶州驳船公司吃水较浅的小船,在栈桥码头露天堆放或存入海关仓库和各洋行自设的小型仓库。贸易公司们从欧洲进口的各种工业产品,通过青岛码头和山东铁路销往中国内地。同时,他们也从内地收购一些农副产品,直接或者经过初级的加工,再装船运往欧洲。这种买进卖出所谋取的利润自然是相当丰厚的。在当时,贸易公司林立的兰山路曾被人形象地称为"洋行街"。

1901年4月1日,根据租借条约开始建造的山东铁路筑至胶州,并于是年4月8日局部通车。此时,已经被以德国皇室家族命名为霍恩佐伦大街(Hohenzollern Strasse)的兰山路,成为青岛车

德租时期的兰山路,右侧为建于1901—1902年的哈利洋行,远处可见青岛火车站(明信片)。↑

站与栈桥旧港码头之间重要的交通要道。随着修筑大港码头、山东铁路和这一时期城市拓展所需物资的大量到来，使得兰山路上热闹非凡。一时间，小街上车来人往，伴随着嘈杂的人声和火车的刺耳汽笛声，从清晨直至夜幕降临……相关记载显示，早在1904年，霍恩佐伦大街已经没有可供开发的空闲土地，道路两边已经都是德国商人设立的贸易公司。总督府在每年向国会呈报《胶澳发展备忘录》也认为，随着土地大批出售和商品交易的持续增长，青岛作为重要贸易场所的意义也正在不断加强。

然而好景不长，随着城市结构机能的进一步完善，带有应急和临时性质的栈桥码头已无法满足这座新兴城市的迅速和继续发展的巨大需求。从1904年3月开始，自1898年秋天就开始兴建的大港各码头开始陆续投入使用，贸易公司们的业务渐渐地转向了拥有先进的装卸设备、深水泊位及更大仓储场所、堆栈、铁路专线的新港，这也使得青岛货物往来与交易的中心逐渐地转向西海岸，火车站至栈桥港区的地位不可避免地开始衰落，兰山路短暂的繁荣也随着旧港的沉寂戛然而止……

如果不是明信片远端建造于1900—1901年的青岛车站，我们似乎很难想象这里会是昔日的青岛。因为那精美的山花外饰、黑铁锻造的灯柱、别致的庭院围墙，完全是一幅欧洲市镇的异国景观。《青岛及其近郊指南》对此时的兰山路这样叙述道："走过栈桥向西拐便到了霍恩佐伦大街，其右侧是建筑优美的帝国海关大楼，右侧依次是哈利洋行（Sietas, Plambeck & Co.）、德威洋行（Eberhardt, Bollweg & Co.），左侧是海关事务所和海关的仓库，接下来是顺和洋行（F. Schwarzkpf & Co.）、礼和洋行（Carlwitz & Co.）、耀记（Cheap Jack）和兴泰公司等商号，他们一直延伸到威廉皇帝海岸。在车站附近，面对着车站广场的是车站饭店，这幢旅馆是位于霍恩佐伦大街最尽头的建筑……"

不知是不是某种命运巧合，兰山路两侧各式的洋行建筑也如同这条街道昙花一现的繁荣一样短暂。今天，当我们再次站在拍摄图片的相同位置，却是一种恍若隔世的感觉。因为在经过最近半个世纪的变迁，这里已经没有一幢当年洋行的建筑，唯一幸存的是道路西端的车站旅馆（Restaurant zum Bahnhof），但这幢经"改造"后已经面目全非的建筑，却再也无法见证那段转瞬而逝的过眼繁华……

1914年11月，日本攻占青岛后，德国人苦心营建的青岛和其所有的财产均被日本人占有。霍恩佐伦大街被改为"姬路町"。1922年12月，中国政府接收青岛主权后，曾拟将路名改为"临沂路"，

德租时期,由太平路一带俯瞰兰山路,可见哈利洋行、胶海关旧关等早期建筑。↑

但因与小鲍岛附近的临邑路发音相同而改用昔日沂州府附廓首县(今临沂市市区)的名字,将其命名为"兰山路"。

20世纪20年代,兰山路日渐沉寂。1930年,政府在兰山路早期海关的旧址开办了一所兰山路小学。1939年,第二次侵占青岛的日本人将其改建为供日本海军军官休闲娱乐的"水交社"(日本海军军官俱乐部)。1935年,青岛市政府在原海关检疫所旧址建成了一座礼堂。如今,这座现被改为音乐厅的建筑已经是兰山路上仅存的历史遗迹……

07　湖南路："伊伦娜大街"上的昔年往事

东西走向的湖南路,是青岛最早修筑的街道之一。从目前的资料看,该路全长1447米、宽15米,距海相隔两个街区。早在1898年9月,总督府发布的《城市发展与计划》的初稿上就已经描绘出了这条道路大致轮廓,路的东西两端还分别规划建造新教教堂和天主教堂。虽然此后的城市规划几经修改,但湖南路的基本走向未变。唯一不同的是,早期的地图上显示,当时湖南路的东端仅到江苏路,由此向东再延伸至龙口路的部分是1909年之后才修筑的。

这条道路在基本完工后被命名为伊伦娜大街(Irene Strasse)。伊伦娜不仅是海因里希亲王妻子的名字,同时它还是远东舰队一艘曾参与胶州湾军事行动的二等巡洋舰的名字。这样的命名明显带有某种纪念性。早期的湖南路以中山路为界,自然地分为两个区域。中山路以西的部分由于靠近火车站,曾被规划为货场和工业用地,但实际上并没有按照这一思路来进行。从1913年绘制的地籍图上看,湖南路西段的土地多为华人业主所购买,其中不少是在辛亥革命后来到青岛的遗老贵族所建造的房屋。

从今中山路向东,是当时青岛最好的地段,根据丰富的文字和图片资料,我们大致可以还原近百年前湖南路上旧日风貌。1900年开始建造的督署学校寄宿公寓的花墙外越过中山路,左边是瓦格纳(E. Wargner)的时装商店和礼和洋行董事绍姆贝格(Adolf C. Schomburg)的住宅,右边是一座建于1905年的漂亮清水砖墙附带塔楼的商业综合楼。继续向东越过卢伊特坡尔德大街(今浙江路),左侧三幢样式相同的公寓楼为阿尔弗莱德·希姆森在1900年所建,摩尔施特太太的公寓和《青岛新报》编辑部都曾设在这里。穿过阿尔贝特大街(今安徽路),是一个小上坡。左侧的建筑曾属于承包商卡尔·波特尔(Carl Poetter),右侧是建于1926年、被俗称"狗熊楼"的三层公寓楼。

这张从今湖南路与莒县路路口西望的明信片大约保存了1909年的湖南路风貌。西侧是罗达利洋行(Kiautschau-Gesellschaft m. b. H.)商人魏斯(C. Weiss)的住宅,这座建筑上山墙上的向日葵的纹饰和"C. W. 1903"的字样至今清晰可见……再向东,就是宽阔的督署广场,西边是1914年建成的皇家高等法院,东侧是威廉·开治(William Katz)的公寓式酒店。穿过广场,左侧是律师、公证人曼弗莱德·齐默尔曼(Manfred Zimmermann)的住宅,东侧的两座房子分别曾属

德租时期的湖南路,左侧商人魏斯的住宅和右侧地产商波特尔的公寓至今保存(明信片)。↑

约1904年的湖南路。↑

美国长老会和进出口商人里特豪森（Otto Ritthausen）。东侧与布洛夫大街（今日照路）交会街口的房子是1912年天主教会所建。20世纪30年代,这里曾是福柏医院三位德国大夫的公寓。医生公寓的隔壁是过去的安治泰主教公寓,这座建于1899年的房子是青岛现存较早的建筑之一。它的北侧隔街曾是总督府为大法官魏克尔和克鲁森准备的公寓,不过早已被拆除。

伊伦娜大街穿过俾斯麦大街（今江苏路）的部分为后来所增筑。西侧是建于1899年的小礼拜堂,可惜已在1998年学校的改造工程中被拆毁。南侧是1907年建造的督署学校教学楼,由于火灾和后来的改建,这座建筑已经基本看不出原来的样子。由此再向前,可到伊伦娜大街与炮兵营大街（今龙口路）交会的终点。由此向北可到1910年建成的新教教堂,沿山路向东可到总督官邸。

现在的湖南路以安徽路为界限,东面的历史面貌保持较好,一些老建筑都被保留了下来。但西面除了为数不多的几座老房子,基本已经改造殆尽,旧有面貌已不存在……

08　百年三迁崂山街

从 1898 年 3 月开埠至今，青岛的城市发展史已经走过 118 个年头。从渔港时期无名的小街村巷，到今天超过 1278 条有名的大道通衢，青岛街道也一如这座城市的岁月发展，充满了曲折变迁，也蕴含着丰厚的历史故事……由于在历史上曾经历两次外国统治，青岛老城的许多街道从命名至今，都曾有过至少两次（甚至更多）的名称更迭。但是，却没有一条街道像我们所要讲述的崂山路这样，历经百余年，被命名了三次，而且皆为位置不同的街道。这大概在国内的也算是罕见的个例……

《胶澳租借条约》签订之后，随着城市总体规划的推出和大规模开发建设的展开，不过几年的时间，青岛就从之前默默无闻的渔港小镇一跃成为中国沿海最富发展活力的口岸城市。德国总督府也陆续对一些已建成、在建或规划中的道路进行命名，在大鲍岛的中国街区，棋盘式的道路采用了青岛附近各州县，以及北方主要省份或城市来命名（如四方街、胶州街、即墨街、山东街、直隶街等），青岛东北面的崂山也被列入命名街道的序列。

从德国时期的地图上看，崂山街（Lauschan Strasse）被命名是在 1902 年之后，这条长度约为 0.5 千米的街道，位于青岛区与大鲍岛区的界限区域。它西南起阿尔贝特大街（今安徽路）与柏林大街（今曲阜路）、霍恩洛厄街（今德县路）交汇的路口，向东北方向延伸，中间与平度街（今平度路）、芝罘街（今芝罘路）汇合，再穿越与黄岛街（今黄岛路）相交的路口后，又折向偏北方向，止于济宁街（今济宁路）。

当时的崂山街并没有太多的建筑，除了临近德县路的几座单体别墅，靠近济宁路、黄县路的区段还多是标价待售的空地。在仅有的几座建筑里，最有名的大概就 1907 年开业的福柏医院（Faber-Krankenhaus）了。这家医院由一个在青岛居住的德国市民自发成立的组织——"在青岛建立和经营一所公共医院协会"成立于 1906—1907 年。医院主要面对在青岛的欧美人士，并为他们提供较为高档的医疗服务。根据该协会的董事会报告所述，这座医院不仅要拥有完全符合现代需求的设施，而且力求建立一个在远东独一无二的市区疗养院。1912 年 10 月，德国普鲁士亲王海因里希访问青岛，在胶澳总督麦维德及随员的陪同下专门参观了该院，并对医院的环境和设施大加赞赏，福柏医院也因此获得了极高的声誉。许多居住在东南亚、日本、俄罗斯西伯利亚的欧美人士

德租时期的崂山街,并没有太多的建筑。其中最著名的是1907年开业的福柏医院(明信片)。↑

都千里迢迢慕名来到该院就诊或疗养。

1914年11月,在经过两个半月的围困与激战之后,日本占领青岛。11月20日,日本守备军司令部就迫不及待地颁布法令,废除了青岛所有的德文街道名称,并更改为日文。从1915月2月日本陆军经理部印制的地图上看,此时的崂山街已被并入大村町(今安徽路)。从命名到消失,第一条崂山街(路)仅仅存在了十余年的时间。

1922年12月,中国收回青岛主权。1923年初,胶澳商埠政府将使用了8年之久的日语路名废除,并以山东省内各地地名或各省省份重新命名。崂山路在消失了9个年头之后,也再次出现在重新出版的地图上。根据《民国十二年(1923年)胶澳商埠警察厅管辖区域新旧路名对照表》,位于台东镇青海路与峄县路之间一条无名小路被命名为劳(崂)山路,同时被命名的还有嘉禾路、兴隆路、康宁路、武林路(今杭州路)等十余条街道。

从1919年的地图上看,这条当时还没有名字的道路实际上在日本第一占领时期就已经存在了。路的大致为东南—西北走向,东南起有乐町(今峄县路),向西北方向依次穿过老松町(今寿光路)、千岁町(今曹县路)、弥生町(今华阳路)等几个路口,止于品川町(青海路)铁路线旁。日本占领青岛后,因循了德国时期的规划蓝图,将台东镇以西、小鲍岛以东的地带用于发展轻工业,并将该区域命名为"工场指定地"。因此,旧崂山路的两侧多为日本商人投资设立的小型企业,如日本金属工所、青岛骨粉制造所、青岛制罐会社等,但其中也不乏当时有名的企业,如山东火柴工厂、东和油坊等。

区域功能的限制也注定了这条崂山路鲜为人知,旧崂山路在很长的时间当中除了工厂企业,甚至连一户居民都没有。记得20世纪90年代,曾有新闻报道载,有外地游客慕名寻找崂山路,却发现这条当时已经沉寂了80余年的小街,与那座驰名海内外的道教名山相去甚远,遂发出呼吁,希望政府能让崂山路实至名归。

自20世纪80年代崂山撤县设区以来,20余年的基础设施建设和项目开发让这个曾经只能靠海吃饭的区域焕发出新的活力,崂山区日新月异的改变也让将崂山路回到崂山区的呼声重新进入了政府的决策之中。1997年5月4日,青岛市政府发布了《青岛市人民政府关于市区部分道路命名更名的通告》(青政发【1997】70号),将原湛流干路东段与流清河向东至垭口处区段的道路命名为崂山路。新的崂山路西起崂山高科技工业园与石老人旅游度假区分界线接香港东路,向东经流清河至崂山垭口止,全长22千米,路宽26米。新的崂山路可谓实至名归,除了位于崂山区,直接通入风景区,还是游客前往崂山南线参观游览的必经之路。

位于辽宁路附近的旧崂山路在当年被更名为青海支路。然而,事情并没有因此而结束。在2004年的媒体报道中,还有读者反映有"两条"崂山路,令人困惑。报社记者在辽宁路的青岛酿造公司东侧小路上看到了崂山路2号甲和崂山路2号乙两个门牌号码。记者询问住户得知这条路以前叫崂山路,现在改成了青海支路,但记者再问为什么没改门牌时,住户也说不清楚。这条看似普通的旧闻,也成为旧崂山路最后留给人们的记忆……

约1910年的崂山街,左侧是广包公司(F. H. Schmidt)经理密斯的住宅,右边是福柏医院。↓

山海之间

01　青岛栈桥

"烟水苍茫月夜迷,渔舟晚泊栈桥西。乘凉每至黄昏后,人倚栏杆水拍堤。"这是一首原刊载于1937年版《青岛游览手册》中,胜赞夏日栈桥夜景的优美诗句。栈桥是青岛前海一线最具人文价值的建筑之一,也是青岛建置之初仅存的几处珍贵历史遗迹。虽然在青岛百余年的城市发展史中,栈桥历经多次改建扩建,但却依然无以能替代它在青岛历史和青岛人心目中的重要地位……然而,栈桥在其建成后的前几十年里,却并非一个使人留连忘返的风景胜地,开始它仅仅是用于军事目的的简易码头。直到20世纪30年代那次成功的改造,栈桥一跃成为青岛海滨,乃至整个城市的标志性景物。

自1892年开始,于是年秋天奉旨驻防胶澳的登州镇总兵章高元,在总兵衙门西0.5千米处开始建造一座用于布雷船装卸水雷的军用码头,也就是今日栈桥的前身。早期栈桥的桥面全长约350米,前部为钢木结构,后部为石砌,从岸延伸向海中的部分架构在一片落潮时露出水面的礁石之上。桥两侧建有铁制栏杆,桥头安装有的吊卸设备,并可以靠泊吃水较浅的下雷船。

德租胶州湾后,尚未完成的栈桥也同时易手。1900年,总督府投资开始对栈桥进行加固。根据1900—1901年度的《胶澳发展备忘录》记载,工程自1900年

早期栈桥的架空部分桥面为木板敷设，从岸延伸向海中的石砌部分架构在一片落潮时露出水面的礁石之上（明信片）。↑

冬季开始,至1901年春季竣工。续建后的栈桥桥长增加至约440米北段桥身为石砌,南段则仍然维持钢支架的木制桥面结构。桥前端增加了用于夜间导航的煤气灯和轻便铁轨,可以运行小型的翻斗装卸车。从图中这张印制于20世纪初的明信片上,我们还可以看到栈桥续建后的样子。1901年,位于后海的小港完工,栈桥逐渐失去了作用,仅保留入港引水(领航)和船舶检疫两项功能。

　　1922年12月,中国收回青岛主权,从接收军舰上岸的中国海军从栈桥登上了阔别已达25年之久的土地。10日正午,中日双方在原总督府门前举行了正式的交接仪式。

20世纪20年代的栈桥,早期铺设的铁轨尚未拆除 ↓

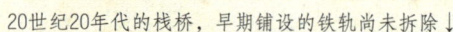

20世纪30年代的栈桥,以回澜阁为主景的"飞阁回澜"(明信片)。←

1931年8月,由于历年海水与风浪的侵蚀,栈桥南段钢木结构的桥体已经开始朽烂。政府决定投资25.8万元对栈桥进行彻底改造。工程由德商信利洋行中标承揽,并于1932年4月竣工。经过这次改造,栈桥桥面全部以水泥铺面,桥身增加减压设施,延伸部分增加两排间隔约2米、直径约20厘米的铸铁气孔,每逢大潮,海水拍击桥墩的浪花可由气孔直上桥面。桥的南侧尽头增建三角形挡浪堤,堤上建中国传统样式的八角重檐亭阁一座,名曰"回澜阁"。阁顶覆蓝色琉璃瓦,周围设24根圆形立柱。阁内为圆形厅堂,中间有34级台阶盘旋而上。登上第二层,向北可观青岛街市的红瓦绿树,向南可望胶州海湾的碧海蓝天……1936年评选的"青岛十景"中,以栈桥为主景的"飞阁回澜"成为其中的第一景。

1938年1月10日,日本海军陆战队由栈桥登陆,再次侵占青岛。抗战末期的1944年,穷途末路的日本人拆走了栈桥两侧的护栏和灯饰,熔化后用于制造炮弹,只剩光秃的桥面和孤独的回澜阁在冬日的寒风中默然而立……

1945年8月15日,日本宣布无条件投降。美国海军陆战队第六师于10月19日由关岛抵达青岛,并于栈桥登陆。一时间,青岛的前后海布满了美国海军的大小船舰。

1952年,青岛市政府再次出资对栈桥进行了大修,桥面照明设施改为漂亮的华灯式,桥栏锁链也由单排改为双排。1966—1976年"文革"时期,栈桥同样遭到破坏,回澜阁的匾额不翼而飞,阁顶的飞檐与脊兽也都被拆除。

1984—1986 年,因遭到台风的毁坏,青岛市政府对栈桥进行了两次维修,栈桥也逐步恢复了 1952 年大修后的样子。1998 年 8 月—1999 年 5 月,青岛市政府再次对栈桥进行大修。2013 年 5 月——2014 年 4 月,青岛市政府对栈桥进行加固维修。2014 年 4 月 25 号,栈桥维修完毕,并重新对游客开放。

02 衙门桥

相对于栈桥这座青岛海岸线上的标志性景物,长仅约 100 米、宽约 6 米的衙门桥,已经彻底被时间所湮没了。从研究者最新的考证上看,我们曾认为由驻防胶澳的登州镇总兵章高元始建的"衙门桥(Yamenbrücke)",实际上是德国租借胶州湾之后出现的。因为位于总兵衙门前方,而被俗称为"衙门桥"。由于早期史料与图片的缺失,我们对衙门桥知之甚少。迄今最早一张能看到衙门桥的图片来自 1898—1899 年《胶澳发展备忘录》,在备忘录所附的一张全景图片上,此时的衙门桥仅有三个桥墩,显然桥在这时还没有竣工。但我们仍很难推测一座小规模的桥为何迟迟未能完成。从桥后来有五个桥墩的规模来判断,衙门桥在之后应该进行了扩建。

衙门桥的现址位于今人民会堂的东南前方,即今莱阳路游艇码头处。从这张约印制于 1910 年的明信片上看,桥的结构于栈桥的钢木结构有所不同,引桥部分为石砌,筑于礁石之上,桥身采用的以桥墩为支撑的形式,桥身均匀地架在五个石砌桥墩上,桥面铺木板,并附钢梁承重,桥两侧建有木制栏杆。由于其所处位置吃水较浅,该桥只能靠泊小型船只,因此或许仅供驻军人员上下。

1899 年 7 月胶海关成立后,曾于衙门桥设立过常关。1906 年,位于后海的大港各码头相继完工,海区域的码头功能转向了新港。衙门桥在此时也应转为民用。1909 年 1 月,由总督府设立的海军军官俱乐部在距衙门桥不远处建成开放,或许它此时已开始用于接送军舰上来此"寻欢作乐"的海军军官们。当衙门桥再次出现在我们眼中的时候,已经是在那场改变青岛历史进程的战争之后。一位跟随围攻部队进入青岛的日本摄影师从观海山上拍到了衙门桥的身影,此时的桥已经仅存桥墩。相信是德军在投降前夕,恐桥资敌而将其破坏。

在此后的历史影像中,间或能从一些全景的明信片中看到衙门桥,似乎桥在战争之后并没有进行修复,其中的原因我们无法猜测。但这处战争遗存的"断桥"或许也会成为昔日凭栏观海的绝好去处吧。

从建造衙门桥起,青岛的历史已经刻下了116道岁月的年轮。今天,当我们再次来到衙门桥所在的位置,桥当然已不复存在,但其百年前所承载的部分功能却延续了下来,此时此地已经是一处在旅游季节异常繁忙热闹的游艇码头。在这一年一度的喧闹之中,船主们招徕游客的吆喝声和游

约建于1900年的衙门桥,桥身采用的以桥墩为支撑的形式,桥身均匀地架在五个石砌桥墩上,桥面铺木板,并附钢梁承重,桥两侧建有木制栏杆(明信片)。↓

艇马达的轰鸣声汇成一片,鲜活地演绎出了这座城市生机勃勃的旅游经济。

03　小青岛

　　在青岛前海海岸的正南方,有一座面积仅为 0.024 平方千米、海拔 17 米的小岛。它距离东侧的陆地海岸仅有约 400 米,最初并没有堤坝与陆地相连。根据地质学者的研究发现,这座小岛原本也是陆地的一部分,但在海浪千万年来不停地拍打与侵蚀下,逐渐与大陆分离。在清代同治《即墨县志》中就对小岛有过"青岛县西南百里"的确切记载。

　　德国租借胶州湾后,将小岛命名为"阿克纳岛"(Arkona Insel)。1899 年 12 月,德皇威廉二世最终确定租借地中心城市的命名时,采用了这座小岛的原名——青岛(Tsingtau)。1913 年,一位叫哈里·弗兰克(Harry Franck)的旅行者在日记中对小岛这样描述道:"青岛,这个名字原本是属于威廉皇帝海岸对面约 1 英里处的那座孤立小岛,它的面积甚至不到 1 平方英里。人们在岛上建造了一座漂亮的白色八角形灯塔,它很像我在苏格兰北海海岸旅行时,所看到的一座灯塔……一位在青岛工作的德国生物专家和他的同事,在这座小岛上发现了一种在欧洲从来没有被记载过的物种,这种稀有的开黄色小花的植物,被称为'青岛百合'……"

　　1900 年冬,总督府在小青岛上设立了两盏绿色的灯光,用来向靠泊青岛的航船指引港口外侧的锚地。进入胶州湾的船只,均由德国的领航员在小青岛附近上船,引导船只入港。1904 年,为了有效安全地对来往的航船进行指引,总督府港务管理部门又在岛上建造了一座永久性的导航灯塔。

　　这张印制于 1906 年的明信片所显示的就是阿克纳岛灯塔刚刚落成后的样子。根据世界灯塔协会的记载,这座灯塔为八角形,塔身高 15.5 米,全花岗石结构,分上、下两层,塔顶部装有一盏乙炔气灯,每三秒钟闪白光一次。天气晴朗时,可以在 15 海里外看到。1914 年 11 月日本占领青岛后,也效仿德国,以参与封锁胶州湾的日本第二舰队司令海军中将加藤定吉的姓氏阿克纳岛改名为"加藤岛",并在 1915 年修复了在战争期间被德国人破坏的灯塔。1921 年,灯塔的照明设备更新为先进的五级亮度屈光射线灯,每五秒闪红光一次。天气晴朗时,可以在 15 海里外看到。

　　1922 年 12 月,中国收回青岛主权后,废除了带有殖民色彩的名称,正式命名小岛为小青岛。

建成之初的阿克纳岛（今小青岛）灯塔为八角形，全花岗石结构，塔顶部装有一盏乙炔气灯，每三秒钟闪白光一次。天气晴朗时，可以在15海里外看到(明信片)。↑

1900年冬,总督府在小青岛上设立的绿色灯光,用来向靠泊青岛的航船指引港口外侧的锚地。←

20世纪30年代,随着青岛城市地位和形象的提升,小青岛及灯塔也逐步成为这座年轻城市中的标志性景观。1933年,市政府将小青岛开辟为公园,并修建了道路和来往陆地的游艇码头。1936年评选的"青岛十景",其中"琴屿飘灯"所指的就是夏夜满潮时,远观小青岛灯火的诗般景色。民国版《青岛旅游手册》中曾有诗这样盛赞小青岛:"领略青山不在多,水中一岛小如螺。云鬟别有飘箫态,似向风前浴晚波。"

日本第二次侵占青岛后,于1942年修筑了一条长377米、宽8米的堤坝,使小青岛与陆地相连,并在岛上设立军事禁区,把小岛的山体凿空,用于存放军用物资。1949年后,小青岛归属海军管理。20世纪50年代初,对灯塔进行了大修和设备更新,塔顶部装上了水晶棱镜镶成的反射镜,并以牛眼形旋转式造镜电力发光。射程为12海里。

1988年,小青岛被辟为公园重新开放。规划园林机构在岛上种植了黑松、樱花、碧桃、石榴、木槿、紫薇等花木,并在灯塔西侧增建了一座琴女雕塑。1990年,又依托小岛建立了国内首家海军博物馆。如今的小青岛公园,已是青岛前海旅游线上必不可少的重要景点。

04　团岛与游内山灯塔

在青岛半岛的最西端,今日的团岛已是一处突出海岸的"Y"形海岬。而在 1898 年之前,它还是个只在退潮时才与海岬有一道沙岗相连的小岛,在小岛隔海相望的北面是海拔仅有 24 米的游内山。关于游内山(Ju nui san 或 Yunuisan)这个名字很长的时间里并没有具体的中文字相对应,因此后世根据德国人按读音创造的拼音而将其揣度为"玉牛山""玉女山"等充满了传统神话色彩的称谓。"游内山"这个三个字的正式写法,是在 1914—1922 年日据时期所确定的,也因此,至今还有人以为这座小山是由日本人命名的。

由于扼守胶州湾湾口,团岛海岬距对岸的薛家岛仅 3 000 余米,湾口处不但水流湍急,而且分布着暗礁,明清两代的官方文献和世代在胶州湾以渔为生的船家,通常称这里为"淮子口"。由于缺乏具体的记载,我们无法获知在灯塔建造之前有多少船只在搁浅或沉没,但有一点是可以确定的,即如果没有先进的导航设施,将严重阻碍胶州湾作为一个优良港口的发展前景。

觊觎胶州湾已久的德国清楚地看到了这一点,因此在他们获得胶州湾的租借权之后不久,就把在团岛修建一座出入港指示灯塔列入了首要的建设项目。在灯塔筹建期间,德国人先将小岛与大陆之间填平,并采用了 12 盏绿色的灯光临时为进出胶州湾的船只导航。在《胶澳发展备忘录》中对游内山灯塔的修建这样写道:"计划修建潮连岛导航灯和游内山出入港指示灯,预计后者的灯塔为先建项目。游内山灯塔灯光高出水平零度线 35 米,其塔身在 1898 年已经砌筑了一段,灯塔可望在 1899 年 12 月全部完成,灯具及发光设备均从德国运往保护区……" 1900 年 11 月,灯塔在灯具及相关设施安装完成后于 12 月 1 日发出了胶澳青岛第一束白亮的光芒。两组采用电力发出的闪光,天气晴朗时,照远可达 16 海里。这座灯塔的启用,也标志着进出胶州湾的船只在夜间也能安全驶入锚地。

建成于 1900 年 11 月的游内山灯塔,是一座石砌逐渐向上收的圆柱形建筑。塔内有楼梯盘旋而上,灯塔的顶部是穹顶式的灯笼,内设以电力发出闪光的弧光灯。根据相关文字的记载,游内山灯塔应该在建成之后不久即成为一处不错的旅游景点。1903 年,贝麦和克里格在《青岛及其近郊指南》中就提供了如何从市中心前往游内山灯塔的具体路线:"坐人力车经过火车站或沿着海岸线

建成于1900年11月的游内山灯塔,是一座石砌逐渐向上收的圆柱形建筑。塔身被涂成黑白相间的水平色带,塔内有楼梯盘旋而上,灯塔的顶部是穹顶式的灯罩,内设以电力发出闪光的弧光灯(明信片)。↑

西行,经过海军陆战营到台西镇,然后步行便可到达团岛。这是一处眺望山景和城市市容的地方。建于1900年的灯塔装有弧光电灯,通常它的可见距离为16海里……"

1914年8月,日本围困并攻击德国统治下的青岛。扼守要地的游内山灯塔也就成为战争双方争夺的重点之一。为了给炮台留出射界,德军工兵自行炸毁了灯塔。事隔8年之后,由时任胶海关税务司大泷八郎撰写的《胶海关十年贸易报告(1912—1921)》,为我们提供了灯塔在原地重建的记载:"在相当长的一段时间里,这座灯塔由于原有设备全部损毁,不堪修复,所以暂时采用在旗杆顶上安装一支临时灯光的方法。1919年8月新建一座灯塔,该处装有一盏固定的三级亮度的屈射光线灯,可在15海里外看到灯光。新灯塔的构造全部石砌,是座八角形的建筑,高50英尺。另装有内燃机带动的警报器,它在雾天每隔30秒发出警报哨声3秒钟。"

在目前有关著述中,关于现存游内山灯塔的建造时间均为1900年。但根据研究者通过历史图片的比对,以及实际的考察与测量,分别建于1900年和1918年的两座灯塔,在外观、高度等多方面均存在着明显的差异。灯塔唯一保留至今的原装灯具也非德国产品,而是英国伯明翰附近的一家工厂所制造。另外,值守该灯塔近30年的王炳交还找到了一根在房屋大修时换下的标有"东洋木

位于青岛最西端,团岛半岛上的游内山灯塔。↓

栈 萩工场"字样的木材,应该也可以证明该灯塔为日据时期重建的观点。

不管灯塔的历史是 114 年还是 96 年,与游内山这个名字渐渐被遗忘所不同的是,岁月的变迁并没有更改灯塔的重要作用。今天,它依然傲立于胶州湾口,为进出的各类船只指引航向。关于团岛灯塔的建造时间,还有灯塔顶部避雷球上那两个曾引发争议的神秘小洞等至今仍无定论。这些谜团尚未彻底揭开,争论还会继续下去,这也为那些渴望知晓答案的人们,提供继续探求和发现的动力。

05 信号山

就纯粹的地理高度而言,紧邻观象山的信号山显然并不是市内众多山丘中的最高点,不过这座海拔 98 米,占地仅为 6 万余平方米的小山,却在青岛短暂但又曲折的城市发展历程中占据着一个异乎寻常的重要地位。在当时,它的地位甚至可以与曾代表青岛主权象征的前海栈桥相提并论。除却在导航、远程通信等方面的实用价值,这座虽不高峻但颇陡峭的小山,在青岛的整个外国占领时期,显然被涂上了一层浓厚的殖民主义色彩。而对于前后两任异国占领者而言,这座山丘所拥有的象征意义,或许已经超出了我们今天所能探讨的范畴与深度。

与其周围的几座山丘相似,信号山在德租之前,同样没有正式的名称。因此,在非常有限的早期文献中,找寻对于此相关记载,也就显得极为困难。有观点认为,因此山植被稀少、山势较陡,且山间多裸露的巨石,而被俗称为"大石山"。在青岛开埠之前,大石山的南侧山坡曾有自明代就已形成的胡姓聚居的小村落,村名亦以南面海湾中孤立小岛而得名为"青岛村"。

1897 年 11 月 14 日,德国占领胶州湾。时任远东舰队司令棣德利曾将一面德国海军战旗插上信号山的突出悬崖上。因此,在这一军事行动之后不久,此山就被命名为"棣德利山"。次年,一座昭示着德国占领的巨大纪念碑落成。1898 年,为了有效、安全地指引进出胶州湾的各种船舶,总督府在山顶设立了一座信号站,并在竖起的高杆上悬挂各种不同颜色或不同形状的旗帜,向市民报告当天的天气、风力以及船只进出港口的情况。《青岛及其近郊指南》记载,如有船舶进港,信号山上

海拔98米的信号山,在青岛的城市发展历程中占据着一个异乎寻常的重要地位(明信片)。←

就会挂出一面"倒三角旗",如果有船正离港,就挂一面"正三角旗",挂出的如是一面小红旗,就表示此时正有一艘油轮进港等等。此外,信号山平日还会悬挂代表不同国家的小旗,来表示目前停泊在湾内的各国船只的数量。渐渐地,棣德利山,这个更多地体现在象征意义上的名字,在实际的使用当中被信号山替代了。而对于远离亲人与故土的普通德国人来说,面对早期城市拓展时的荒芜,信号山上表示有船舶入港的三角旗,在当时几乎成了这些旅者们所有的精神寄托。于1899年5月就抵达胶澳的卫礼贤(Richard Wilhelm)在一封给未婚妻的信中这样写道:"很高兴收到你4月27日的来信,星期一晚上七点半终于盼到了信号山上的信号站发出的邮船抵达的信号……但还需等待信件的分拣,夜里十一点,我终于能够带着我的信回家。在这里人们需要自己到邮局取信……每当有来自欧洲的邮船抵达,在这里总是一件大事……"

1905年10月,总督官邸破土动工。除了地理位置的因素,我们似乎也不难理解官邸选址在今信号山东麓山间的象征意义。1907年,总督府还在信号山设立军用无线电台,以便能与来往青岛与德属南太平洋岛屿的远东舰队进行联络。从这项作用来说,信号山在德国人的看来,显然还拥有不可替代的军事价值。

1914年11月，日本攻占青岛后，亦效仿德国，以围攻部队司令、第十八师团长神尾光臣中将之名，将此山改为"神尾山"，并在"占领纪念碑"上，用日文加刻上"大正三年十一月七日"的字样，以示占领。

1923年，胶澳商埠公署将此山正式定名为"信号山"。不久，信号山被辟为登高望海的山头公园。虽然占领纪念碑所在的位置还明显地留有切割的痕迹，但笼罩在山上的那层象征着占领、殖民以及武力炫耀的阴霾终于开始渐渐褪去……

06　观海山

位于青岛老城区中心地带的观海山，海拔仅为66米的高度在青岛市区内仅高于其东南不远的小鱼山（海拔60米）。这座山势平缓，占地约为85亩的小山丘在德国租借胶州湾之前，并没有正式的名称。因此，对于此山最早名字的考证也众说纷纭。有观点认为，观海山在开埠前曾是附近村民的山场，所以曾被俗称为"东山"。另外，还有"葫芦埠""小北岭山"等如今已无法考订其来源的称谓。

1898年4月，德国在青岛设胶澳总督，管理胶州湾地区的各项事务。根据1899年4月的青岛城市规划与发展方案，观海山南麓一片依山望海的坡地，被规划预留用于建造政府的办公大楼。因此，这座小山被正式命名为"总督山"（Gouverneur-Hügel）。

1904年7月，俗称"总督府"的办公大楼正式开工，由来自汉堡的建筑商广包公司负责施工。1906年1月，大楼投入使用。这幢宏伟的公共建筑与滨海区域相隔两个小街区的巨大广场，以及从前的威廉大街（今青岛路）组成了直通大海的连续景观。有评论认为，总督府大楼最终选址于此，除了出于城市规划与发展的需要，中国传统的"风水"理念也是其中的原因之一。总督府后枕总督山的格局，常使西方人想到"北京紫禁城+景山"的中国模式。

在建造政府办公大楼的同时，总督山上还广植黑松、刺槐等树木，随后还修筑了一条半环山的道路——瓦德迈尔亲王街（今观海路一路）。《青岛新报》的一篇游记曾这样描述观海山："总督大楼后面的总督山曾是个满目荒凉的地方，现在这里已经出现了郁郁葱葱的树林，并且还能听到欢快的鸟鸣。登上山顶，越过总督大楼的屋顶，青岛湾、阿克纳岛、叶世克角……在这里可以尽情领略青岛

Tsingtau von der Arcona Insel aus gesehen.

德租时期远眺总督府后的观海山,这座海拔仅为66米小山位于青岛老城的核心区域(明信片)。↑

德租时期,从小青岛眺望观海山(明信片)。←

的优美海景……"

日本占领青岛后,根据守备军司令部发布的军令,青岛所有德文地名在11月20日均被变更为日文,总督山被改为八幡山。

中国接收青岛主权后,将此山命名为"观海山"。1927年,时任胶澳商埠督办赵琪在游览观海山后,认为此山是登高观景绝好去处,因此决定在山顶修筑一座方形观海台,以供游人凭栏观海。同年,观海二路竣工,观海山亦被辟为公园。观海平台建成之后,引得游人和市民纷至沓来,流连忘返。曾有旅者登台观海后这样写道:"登台一望,不仅澳内全景历历在目,即澳外海轮,亦可一览无余……"还有人赋诗道:"风帆叶叶远浮空,海色天光上下同。最是雨余东望处,红楼翠岩夕阳中。"以盛赞这幅"红瓦、绿树、碧海、蓝天"交织而成的诗情画意。1928年《胶澳志》也称:"观海山,当市内之中央,遍山植松,山巅有观海台,登山遥望海西胶州湾之曲折,了如指掌。"

观海山麓在德租时期少有建筑。因远离闹市,环境清幽,大约在20世纪20年代初,开始陆续有移居青岛的外国侨民和一些富有的中产阶级在此建房居住。王献唐、王统照等学者作家亦在20世纪30年代于观海山置地建房或购房。经过近20年的建造,在环山修筑的两条道路两侧已经布满了各式高低错落、疏密相间的红瓦洋楼。观海山这些由私人购建的别墅住宅,许多已无法考证其最初的业主和具体的建造时间,且因年久失修,多已斑驳破损,但这似乎并不影响我们徜徉于其中,尽情地欣赏这自然、建筑与艺术美感的有机相融。

07　观象山与青岛观象台

在青岛市区因地势起伏形成的众多山丘当中,海拔为79米的观象山仅高于60米的小鱼山(旧称衙门山)和66米的观海山。这座山势平缓占地约100亩的小山,在德租之前,并没有正式名称。

1901年,德国总督府在山顶处建造了一个容量为400立方的贮水池,并将山命名为水道山(Wasserturm-Berg),用水最初来自台东镇以北,于1899年开辟的海泊河水源地。总督府沿河床的横断面打深井50口,将所出淡水汇入集合井,加漂白粉进行过滤消毒后,用大功率柴油机泵通过直径为50毫米、长约4200米的输水管道,将水泵至山顶水池,再通过分支管线送入各户家中。据史料显示,初期每日可输送到市内的供水量为400吨。

1898年3月1日,负责胶澳建港测绘工作的德国皇家海军港务测量部,在大鲍岛以北成立了一个观测天文、气象以及土地测量的临时性机构。是年6月14日,该机构被正式命名为天文与气象观测所,并于次日开始进行气压、温度、风力等项目的观测工作。据记载,促使这一机构迅速设立的原因是,1896年7月23日,德国海军"伊尔蒂斯"号炮舰由芝罘(今烟台)驶往上海途中,在黄海遭风暴袭击沉没。海军方面在总结报告中认为,正是由于缺乏准确的气象预报,才导致了这一悲剧的产生。因此,在远东地区建立一个天文与气象观测预报机构,在军事和商业上都具有非常重要的意义。

1905年3月,德国政府委任天文与气象学博士布鲁诺·梅尔曼(Bruno Meyermann)为天文与气象观测所所长。5月10日,观测所由皇帝大街(今馆陶路)迁往水道山。同年水道山更名为观象山(Observatorium-Berg)。随着来自德国的先进科学仪器陆续抵达,观测所已可以开展多项观测活动。1908年,该所开始用先进的维歇尔地震仪观测地震,并成功地进行了预测。至1909年,观测所已拥有地震仪、地磁仪、黄道仪、子午仪、报时球等多种科研仪器。

德国中世纪古堡风格,立面为全花岗石砌筑的皇家青岛观象台,由来自汉诺威的建筑师舒备德设计(明信片)。

  1911年1月1日,德国皇家天文学会正式命名青岛观测所为皇家青岛观象台,并继续聘请梅尔曼博士为台长。1912年1月19日,一座由德国海外舰队联合会捐资建造的观象台大楼落成,该建筑由来自汉诺威的建筑师舒备德(Heinrich Schubart)设计,造价为17.5万金马克。当时在《青岛新报》和上海的《德文新报》相继报道了大楼落成典礼的盛况。这座位于观象山之巅的恢宏建筑,为德国中世纪古堡风格,主体七层,高21.6米,立面为全花岗石砌筑,顶部设城堡式雉堞。观象台的建成标志着花岗岩包面应用的高潮。伫立于山顶的观象台远远就可望见,迷人的塔楼让建筑散发出城堡般的魅力。根据德国海军的记载,大楼设有内宽敞的办公室、图书馆、公共阅览室以及恒温的地下室等。在大楼门厅内还镶嵌有一块石碑,碑文是观象台向全世界发出问候的抒情诗句。至1914年德国租借末期,皇家青岛观象台已经可以对气象、地震、地磁、天文、潮汐及海港测量等多个项目进行观测,并下设济南、潍县等十余个观测所,在规模与科研力量上已能够与香港、上海等远东著名天文台相媲美。

  1914年11月11日,日本军队强行占领了观象台,随后更名为青岛测候所,并任命间田毅为所长。但日据时期的测候所,仅对气象和地磁两个项目进行主要观测,并在李村、沧口、九水、浮山所

伫立于山顶的观象台远远就可望见,迷人的塔楼让建筑散发出城堡般的魅力(明信片)。←

等处设立测候分所,进行具有侵略意义的山东全省以及沿海气候调查。

1924年3月10日,胶澳商埠督办任命原中央观象台气象科科长蒋丙然为台长,并于24日接管了此前被日本人借口不予归还达两年之久的观象台。1925年,中国气象协会在观象台成立。同年建成小型观测台一座,内置16厘米折射望远镜,主要用于观测太阳黑子。1932年7月,观象台被正式称为青岛观象台。

德租时期,总督府通常采用发射空包弹引爆的方式来向全市进行报时。随着青岛主权的回归,观象台由海外陆续购入等高仪、里弗列尔钟、时辰钟等仪器,测时的准确程度大大提高。自1927年7月25日开始,青岛观象台用电笛代替了沿用20余年的午炮方式。

1930年秋,中国科学社于青岛召开会议,在蔡元培、杨杏佛、李石曾等人的建议下成立了中国海洋所,并决定由青岛观象台筹建水族馆。1932年,这座当时中国最大也是最为先进的海洋科学研究与展览馆在莱阳路海岸落成。

1931年,青岛观象台在山的西侧建成了中国第一幢自行建造的大型赤道仪圆顶观测台,内置法国造物镜口径为33厘米,焦距3.5米的标准天图式赤道仪,是当时中国最先进的天文望远镜之一。

位于观象山西南侧的报时球(明信片)

1938年1月,青岛观象台再次被日本人占有。其先后隶属青岛日本海军司令部、兴亚院华北联络部青岛出张所和日本驻青岛总领馆。1945年8月,日本战败投降。次年1月8日,王文华接任台长,观象台的天文、气象、地震、地磁、潮汐、洋流等观测工作也逐步得到了恢复。

1951年,观象台由海军接管,并命名为海军青岛基地观象台。20世纪50—70年代,由于当时政策的调整,青岛观象台的科研工作遭到了极大的削弱。先是1957年,气象部分被划归海军,天文、地震、地磁等项目由中国科学院管理,并于1958年迁往北京。1978年,青岛观象台的建制也被裁撤,直至1983年,才在孙寿甡先生的奔走下得以恢复。

08　"大窑沟"

"大窑沟"这个名字也许已经是青岛开埠以来仅存的几个地理名词之一了。今天,人们尚无法解读和探求其为何会有如此之强的延续能力。虽然"大窑沟"有窑有沟的历史总共不过几年的时间,可这个名字却伴随着一代又一代的青岛人流传至今……

在德国租借胶州湾之前,"大窑沟"一带仅是一片寂静荒僻的海滩。海滩东边是一条多年雨水冲刷而形成的大沟,沟的顶部是一个以孟姓为主,有百余户的村落。因此,村旁的这条大沟就被叫作孟家沟。

1892年,登州镇总兵章高元奉旨自蓬莱移驻胶澳后,曾于"大窑沟"附近设有一处弹药库。1914年11月14日清晨,于一天前靠泊在马蹄礁附近的德国海军远东舰队轻巡洋舰"鸬鹚"号上放下了几艘小船,船上所载的100余名德国士兵,趁着未散的晨雾,一举占领了附近清军兵营和弹药库。这一行动,使得守军不得不接受几个小时后一枪未放仓皇而逃的现实。

1898年,为发展贸易的筑港工程开始兴建,总督府将大鲍岛东山铲平,所得土方用来填造小港码头用地,孟家沟也在同期被填埋。1900年,随着青岛大规模城市拓展的开始,经营建筑材料的捷成洋行在这里设窑,就地取土,烧制建筑所需砖瓦。据记载,当时"大窑沟"一带的窑炉有几十座之多,窑工不分昼夜地烧砖制瓦,熊熊的窑火常常映红胶澳青岛深邃的夜空……由于质量好且比较廉价,包括总督府、总督府屠宰场等工程均使用过产自"大窑沟"的建筑砖瓦。

20世纪30年代的"大窑沟"。右侧为昔日的堂邑路邮政局,曾是"大窑沟"的地标性建筑物。邮便局左侧是2006年拆除的"安部幸"公司(明信片)。↑

1900—1901年,总督府以威胁城市卫生与市民健康的名义拆除了孟家沟村,并随之扩大了砖瓦窑的生产规模。1906年,在"大窑沟"周围陆续修筑了皇帝大街(今堂邑路—馆陶路)、罗尔曼大街(今莘县路)、莱希滕大街(今冠县路)等多条环绕港口的街道,"大窑沟"被重新规划为商业居住和港口贸易用地,砖瓦窑也拟迁往孤山和沙岭庄一带。

1914年11月,日本攻占青岛。胶海关日籍代理税务司大泷八郎在后来的贸易报告中记录下

早期"大窑沟"的捷成洋行窑厂

了"大窑沟"一带的战后惨景:那是一片混乱的场景,到处都是坑坑洼洼,妇女们忙着在积水的坑洼中洗涤衣物,还有坍塌的砖窑,愈加增添了某种荒凉的景象……

随着青岛局势的逐步稳定和战后重建工作的展开,大量的日本侨民渡海而来。根据当时的统计,青岛日本侨民的总数已由1911年的312人骤增至1917年18 600余人。德国人所留下来的房屋,显然已经不能满足日益增长的人口需求。1916年初,日本青岛守备军司令部下令,将"大窑沟"和小鲍岛两处待开发土地出售给本国侨民,供其建房居住。随着邮便局、公立市场、取引所等大型公共设施的陆续出现,以市场三丁目(今市场三路)、中野町(今聊城路)为中心的"大窑沟"逐步成为青岛最繁华的商业中心之一。

在这张印制于20世纪30年代的明信片上,右侧建筑即为昔日的堂邑路邮政局。这幢别具一格的集仿主义风格建筑,曾是"大窑沟"地区的地标性建筑物。在它的北面还可以隐约看到伊藤忠商社和三井洋行。可惜的是,邮局已于1984年被拆除改造,取而代之的是一幢15层的白色大楼。邮局左侧"和洋风"建筑于2006年春被拆除,当年这里曾是一家叫做"安部幸"的日本公司。在它的后面则是一些日本人开设的小型商铺。

20世纪30年代,由于远离纷争的中心,当时青岛地区的社会相对比较稳定,经济也得到了一定程度的发展。据《青岛时报》记载,由今中山路、市场三路、堂邑路、冠县路、济南路五路交会的"大窑沟"一带此时已成为繁忙的交通要道。马车、人力车、小汽车、自行车、胶皮大车……常常汇集在这里,虽然青岛当时已经出现了先进的红绿信号灯,但那时的人们似乎比现在更不遵守交通规则,尽管经常把指挥交通的警察忙得团团转,可交通秩序还是非常混乱。从明信片上虽说没有看到交通拥堵的嘈杂场面,但已可以看到那时青岛的各种交通工具似乎已经不少了。

位于"大窑沟"市场三路的青岛鱼菜市场,1993年12月被爆破拆除(明信片)。↓

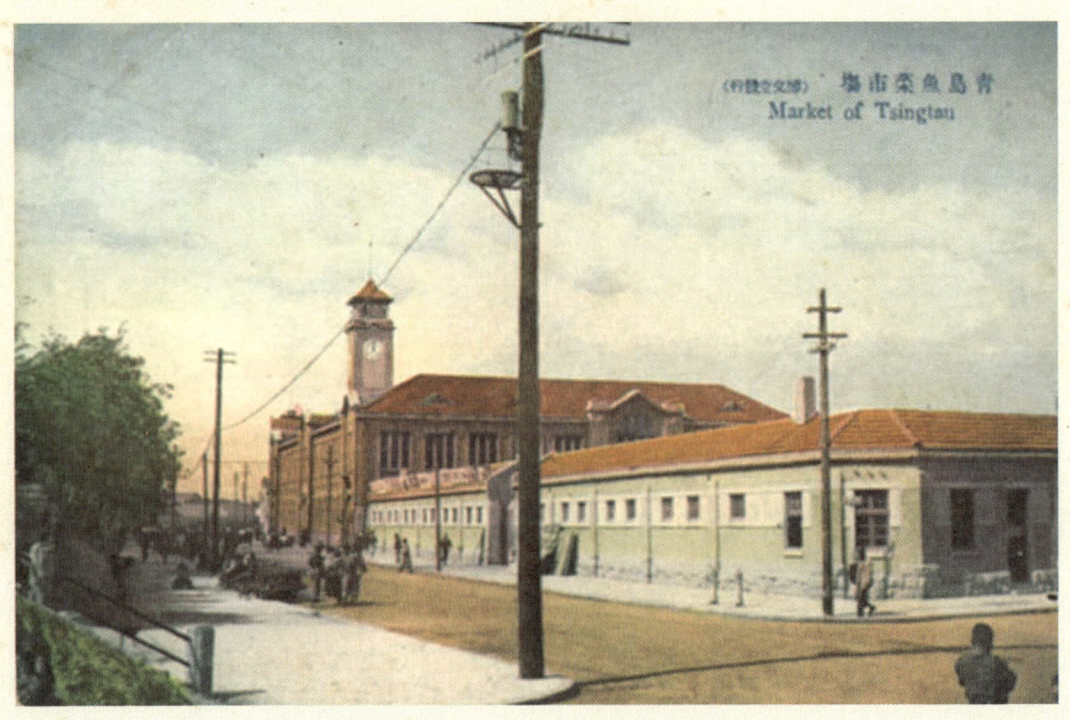

20世纪30年代寓居岛城的文学大师梁实秋先生,当时正执教于青岛的国立山东大学。闲暇时常随夫人前往"大窑沟"的市场楼买菜购物。可能是梁先生对青岛这个特色地名的来历不甚谙熟,认为这"大窑沟"可能与沧口路、李村路一带的妓馆有关。因此,在其描写青岛的著作中,"大窑沟"就变成了"大雅沟"。这一在"大窑沟"的记忆中出现的小小插曲,却让后来随国民政府去往台湾的梁实秋一直记忆深刻。

20世纪50年代,"大窑沟"的商户陆续参加了公有制改造,曾经繁华一时的街道日渐冷清。20世纪60年代初,由于生活物资的严重匮乏,在市场三路逐渐出现了一个自发性质的地下市场,虽然当时政府明令严禁这种民间的易货交易,但这个自发的市场还是顽强地生存到了20世纪70年代末。20世纪80年代,随着国家政策的调整,个体经济被承认,沉寂了近30年的"大窑沟"又逐渐恢复了往日的繁华。根据当时的记载,此时的"大窑沟"和比邻的即墨路已经成为青岛最大的日用商品集散地。1984年,日本人建造的邮局被拆除改造,"大窑沟"的旧式房屋绝大多数在随后的大规模开发中被改建为造型单一样式、呆板的住宅楼。这一今天看来并不成功的改造,使得"大窑沟"的商业再次陷入困境。1993年12月,随着一声沉闷的巨响,青岛鱼菜市场高达34米的塔楼轰然倒下,仿佛预示着一个时代的彻底结束。呛人的烟尘滚滚而起,最后随风飘散,似乎是在为这个曾经繁荣的商业区,留下一串串意味深长的省略号……

09　青岛新町

1914年7月末爆发的"一战"和同年11月对青岛的占领,无疑让日本这个在当时穷兵黩武、几近破产的岛国幸运地捞到了救命的稻草。在政府的鼓动下,许多日本人带着淘金的憧憬与梦想,或从中国东北,或从日本本土纷至沓来。根据《青岛日本中学校校史》所记,1914年末,在青岛的日本侨民还不足300人,至1918年就一举突破2万人。

由于在德国租借时期,青岛的总人口不过10余万人,外国侨民则更少。大量日本人的涌入,使原有住房很快就不能满足增长的需求。于是,如何对城市进行拓展,解决本国侨民的居住,就成为日本守备军需要尽快解决的诸多问题之一。

(博文堂發行)　FAMOUS PLACE OF CHINTAU,　青島新市街及小港

▸ 20世纪10年代由观象山俯瞰建成之初的"新町"（新市街）（明信片）↑

日据时期的新町全景（明信片）←

根据1922年出版的《青岛要览》所载，在日本占领青岛的八年间，制定了一个三期的城市拓展计划，其中对以市场町（今"大窑沟"一带）、中野町（今聊城路）为中心的"新町"进行的开发建设就是这个计划的第一期。所谓"新町"就是新城区、新街区，日本人冠之以新，应是为区别德国时期开辟的青岛、大鲍岛等区域。这块面积162万平方米的土地，大致相当于今天胶州路、上海路、馆陶路合围的区域。日本当局在此开辟了多条道路，仅以新町为名的支路就有七条，它们分别是新町一丁目（今武城路）、新町二丁目（今夏津路）、新町三丁目（今高唐路）、新町四丁目（今博平路）、新町五丁目（今茌平路）、新町东通（今清平路）和新町西通（今临清路西段）。此外，当局还在靠近上海路的东侧开辟了占地广大的新町公园（今第三公园）和守备军病院新町分院（今市立医院），进一步完善了这块新区的功能与布局。随着"一战"结束，日本经济开始复苏，被战争破坏的铁路、港口以及市政设施也逐步恢复，许多外国公司也重新恢复了中断的业务。这些都在客观上促进了新町以及整个城市的迅速发展。另外，较之德国时期严格的建筑法规，日本当局对新建房屋的材质和风格要宽松了许多。因此不过短短的几年，新町区域就出现了大量的住宅、酒店、旅馆，呈现出了一派东洋式的"繁荣"景象。

青岛日本中学第13届毕业生松崎强对于当时的新町曾这样回忆道："新町是闹市（欢乐街），中野町是这里的中心，一些旧时的片假名招牌至今仍在，比邻的花街柳巷（游郭街）一直热闹到很晚。

新町及其周边的街区图←

除此之外,还有 Star 跳舞厅和放电影的电气馆……来往新町的人很多,如果有军舰进港,水兵们能闹上好一阵子。当时,外国的军舰和轮船往来的很多,时常有酒后斗殴打架的,留下了不少的话题。"

20 世纪 20—30 年代,随着城市规模的进一步扩大,新町的日本居住区逐渐和与之同期开发的若鹤町日本居住区(今辽宁路小鲍岛一带)和为一体,再加上台东镇的工场地,日本人竟占据了沿铁路自大鲍岛至台东镇之间的整个地带。

"新町"这个名词在 1923 年日文街道名称改为中文后,就鲜有提及。而新町的商业"繁荣"则又延续了 22 年。1945 年 8 月,随着日本战败投降,侨民被分批遣返回国,新町的游郭街、中野町的日本商店街的畸形繁荣也随之灰飞烟灭……

由于日式建筑自身的弊端,再加上后来众所周知的原因,现在新町的原有区域里,绝大多数建于近百年前的日本建筑都已被拆除。虽然面目全非,但是根植于这个区域的商业传统,却没有随着拆拆建建而消逝。今天,以 901 即墨路小商品市场为中心,向外辐射的几条道路上,依然热闹非凡。但是与昔日的新町所不同的是,这里所演绎的已经是另外一番迥然不同的商业故事了……

10　海滨浴场

在远古的地质时期,今青岛沿海一带曾发生过导致大量岩浆喷发的地壳断裂,灼热的岩浆顺着地势流向大海,冷却后逐渐形成了一个个探入海湾的岬角。岬角之间的岩石经过亿万年的海浪淘洗、分解,渐渐地由砺石变为细沙。再加上由于滨海丘陵地带的特殊地形,使海岸线变得蜿蜒曲折。最终形成了青岛海滩与海岬交相辉映的别致风景。

位于汇泉湾畔的第一海水浴场是青岛最著名的天然浴场。由于海浪的堆积作用,沿岸砺石被不断地打磨成细小的沙砾,在海滩上沉积起来,形成了大片沙质细软、岸坡缓平的海滩。由于汇泉岬的阻挡,使进入海湾内的涌浪渐次衰减,仅能形成了浪高仅为一米左右的波涌,因此非常适合踏浪游泳。

在青岛建置之前,这片半圆形、东西长约六百米、宽达四十多米的沙滩只是附近会前村村民泊舟晒网的场地。每当鱼汛季节,这片空寂海滩大概也会热闹起来,黄昏时分也是一幅渔舟唱晚的优美画卷。1901 年,总督府开始将这片沙质极好的海滩开辟为奥古斯特 – 维多利亚湾(August-Viktoria Bucht)海滨浴场。此后的每年夏天,都会有来自中国其他城市的欧美游客前来消暑游泳。这其中既有来自上海、芝罘、天津等附近口岸的观光者,也有从北京、汉口、宁波、香港、神户、马尼拉等地前来的疗养客。一些富有的外商还陆续在海滩上修建各式各样、仅供私人使用的小型木结构更衣室。为了营造轻松、休闲的气氛,吸引更多的游客,海军第三营的军乐队在夏季每周都会在 1901 年建造的两座音乐厅内演奏欢快的乐曲。此外,海军还有专人在浴场负责教授游泳。随着游客人数的增加,常常是各大旅馆和客店满员,如果没有提前预订,许多人必须自己寻找住处。因此,在靠近浴场的地方建造一座大型的度假旅馆也就成为一种必然。1904 年,青岛旅店业股份协会投资建造的海滨旅馆开始营业。由于设施完备,各种服务齐全,更为重要的是环境优美和气候舒适,每逢旅游旺季,海滨旅馆的住房都会被预订一空。《青岛及其近郊导游》记载,仅在旅馆开业的 1904 年 7 月,就有 72 位游客因旅馆满员而无法安排居住。1906 年夏,总督府还特意安排了一次活动,邀请来德国、奥地利、美国、英国和日本的医生对青岛卫生条件和游泳条件进行了考察。

一位客居青岛的英国商人在 1910 年曾这样描述青岛的海滨浴场:"海滨旅馆前的那片沙滩是

德租时期的海滨浴场。陆续在海滩上修建的各式各样小型木结构更衣室绵延一里。海军第三营军乐队在夏季每周都会在1901年建造的两座音乐厅内演奏欢快的乐曲(明信片)。↑

从小鱼山俯瞰德租时期的海滨浴场(明信片) ←

露天浴的佳地,由于受到沙地海湾的保护,这里全然没有石块和贝壳。海滩延展之处,均设有可供休憩的长凳。下午4点至7点之间,是最为诱人的海浴时光。海岸线上由两三排更衣室,延绵一里之远。更衣室上五颜六色的彩旗组成了一幅有趣的画面。在更衣室之间还装有汲水龙头,供人们取用新鲜的自来水。有一付木筏系于岸边,以便胆大的戏水者用来逗海……"

日本占领后,将浴场改名"忠之海海滨浴场"。海滨旅馆也被没收,拍卖后成为青岛大饭店(Grand Hotel Tsingtao)的别馆。1915年10月,在青岛和日本国内同时出版的《日独战役青岛名所写真帖》曾对当时的海滨浴场这样描写:"洁白的浪花拍打着黄沙滩,海边吹起阵阵的微风,这里是远东最热闹、最理想的海滨浴场。在自然美丽的景致上,再加上人工的点缀,有高大雄壮的海滨旅馆,有漂亮别致的音乐亭,还有数十栋并排而立更衣室,看上去就像是座小城。如果是在秋天的霜降之后,绿树红叶交相辉映,将背后的伊尔蒂斯山麓装扮得或浓或淡,像一幅绚丽的织锦缎画页,耀眼夺目的令人眼花缭乱……"中国接收青岛主权后,正式命名为"青岛第一海水浴场"。从拍摄于日据时期的图片上可以看到,形如新月的海滩上,消夏避暑的人群,一幢幢精巧玲珑、造型各异的更衣室沿海滩排列,海滨旅馆的装饰性塔冠掩映在绿荫之中,构成了一幅生动迷人的盛夏风景。难怪在1934年曾来青岛的郁达夫也认为"恐怕在东亚,没有一处海水浴场能赶得上青岛。"

约翰斯顿（Tess Johnston）这样写道："青岛，WOW！为什么要 WOW？因为当这座海滨城市进入最为繁华的时候。许多富有的商人，包括那些贵族，都来这里避暑。在这里他们拥有度假的住宅，有些好像小型的宫殿。他们的生活潇洒、时尚、休闲。水边的旅馆在整个夏季都有彻夜的舞会。人们到那里游泳、赌博、跳舞以及违法交易……夏天他们把船停靠在那里，享受着凉爽的天气并在海里游泳……那可真是一年一度的盛会。如果乘坐人力车，15 分钟后你就可以看到这片远东最好的海滩。在海滩另一边，可以雇一辆 hoss 骑着进山，或者打网球，或者去跑马，去青岛俱乐部打保龄球，喝青岛生啤酒，吃美味的青岛德式牛排，或者在绝对高级的场地上打高尔夫球。然后在海滨咖啡或 Flossel 吃完晚餐，再去游泳，或者去"黑猫"夜总会放纵一下，25 元（5 美元）一大瓶香槟酒再加舞会的门票……"

1984 年，海水浴场进行大规模改造，德租时期建筑的老更衣室被悉数拆除，新更衣室的建筑面积由原来的 7 000 多平方米扩大到如今的 2 万多平方米，沙滩面积由原来的 1.18 公顷扩大到 2.4 公顷。52 幢更衣室分为木制、钢筋混凝土和砖木三种建筑结构。海水浴场主门，是一幅名为"奔向大海"的巨大釉彩壁画。正对海滩上设大喷泉一座，喷泉中间为三条海豚跃水出水面，追逐一颗不锈钢珠的雕塑。2003 年，浴场再次进行改造，为了突出了"显山透海"的设计理念，拆除了 1984 年建造的更衣室，沙滩面积由原来的 2.4 公顷扩大为 3.6 公顷。

旅店时光

01　海因里希亲王饭店

从 1899 年 1 月开始，来自上海的德国商人列德尔（Philipp Lieder）仅用了九个月就建成了青岛第一座可以提供食宿的大型旅馆。在当时，由于住房的匮乏，除了总督、部队高级军官可以住在由政府建造的别墅里，来自欧洲的商人和平民都还住在大鲍岛低矮、潮湿的中式草房里。列德尔愿意斥资建造这座大型饭店，显然是看到了孕育在这里的无限商机，或者还有德国总督府所描绘的美好蓝图。要知道，在 19 世纪末的青岛，虽然急需像样的住房，但是由于时间的仓促，不仅是建筑用的施工机械和专业工人，在当地，甚至连建筑材料都很成问题。因此，其建筑成本肯定极高。

由上海信义洋行（H. Mandl & Co. Shanghai）施工的海因里希亲王饭店基本采用中式建筑材料完成，并带有明显的应急色彩，在设计上也或多或少借鉴了中式建筑的元素。两层沿中轴对称的饭店，屋顶采用了黑色的中国瓦，圆窗上的铜钱装饰也完全中式风格，南立面的木构外廊，梁柱结构则仿照中国传统客栈。在饭店的两个侧面，代表长寿和吉祥的汉字"寿"凸现于装饰图案中。

由于所处的地理位置极好，从饭店南向的所有房间都可以看到海湾及远处的海岛。按照德国学者华纳引述的资料，海因里希亲王饭店高大宽敞的门厅里摆放

▶ 1899年1月开工,仅用了九个月就完成的海因里希亲王饭店采用了许多中式传统建筑的装饰元素(明信片)。↑

德租时期的海因里希亲王饭店内景(明信片)

着绿色的皮质沙发,厅后设楼梯间,两侧是宽敞的外廊,入口左侧是餐厅、台球室和阅览室,最后方是一个可容纳 80 个客席的大宴会厅。宴会厅内装潢摆设华丽,尤其是那些红底烫金的皮椅和精雕细琢的食品柜,会让人联想到欧洲本土的大宾馆。正门右侧是几间客房和活动室,其余客房均在二层。特别设有一个女士专用的沙龙。40 间客房都配有独立的浴室,每月的住宿费为 100~150 元。

1900 年,"青岛旅店业股份协会"接手了海因里希亲王饭店。1904 年,该会还投资在海水浴场的边上建造了拥有 31 个房间的海滨旅馆。1905 年,饭店北侧增建了一座风格别致、带有连续券拱状檐口的音乐厅。这座在后来赢得了许多赞誉的建筑,可能是建筑师罗克格(Curt Rothkegel)的第一件作品。当时年仅 22 岁的罗克格还是总督府建设局的一名普通设计师。罗克格设计的这座音乐厅正居饭店中轴的后方,靠东侧五个拱形大窗采光,临近道路的空地设置花园,这样可以避免户外的声音对音乐厅的影响。大厅内里可容纳 400~500 人,加上后面的画廊里还能增加坐席,其有效的使用空间要比 1901 年建造的海军士兵俱乐部(水师饭店)礼堂大出一倍。约翰斯顿这样写道:"这幢可爱的新派艺术建筑……不仅接待城市音乐会和文化活动,而且还是会议以及其他小型团体的活动会场。尽管外部没有什么变化,但内部却在过去的 90 年中经历了大量的改造。幸而那高高的拱形大窗依然可以让大厅浸满阳光,新派艺术风格还被较好的保留。显然,大厅还可以使用并一直被使用……"

1910年,在后来几乎垄断了青岛旅店业的哈利洋行买下了海因里希亲王饭店。此时的青岛,已经成为远东著名的旅游度假城市。在夏季,由于大量游客的涌入,各大饭店的床位会变得极为紧缺。为此,《青岛及其近郊指南》一书忠告旅客,"最好在4、5月份就向旅馆预订房间,因为在游泳的季节,住客非常多"。也因此,哈利洋行决定对饭店再次进行扩建。建筑师李希德(Paul Fr. Richter)严格按照青年派的风格设计了客房部的建筑。除了山墙上的植物花纹雕饰、窗台、勒角的花岗石,建筑鲜有以往的烦琐装饰,简洁实用的风格在夏日常给人清凉明快的感觉。三层的旅馆部共设24套带有独立卫生间的客房,可以极大地满足旅馆的需求。一位对海因里希亲王饭店留有深刻印象的游客在当时曾这样描述道:"当驶近青岛时,这组恢宏舒阔,在夜间配有眩目照明灯的欧式建筑群呈现出壮丽的景象。"日本人田原天南在1914年出版的《胶州湾》中也认为,海因里希亲王旅馆是远东少见的最高级旅馆。

1914年8月,日本对德国宣战。海因里希亲王饭店在战火中成了伤兵的临时病房。日本占领后,曾一度作为日本守备军阶行社的驻地。海因里希亲王饭店也改称"青岛大饭店"(Grand hotel)。1998年,已经改为政协礼堂的海因里希亲王饭店和被约翰斯顿描述为"可爱"的音乐厅被遗憾地拆除了,原址又建起了一座不怎么好看的饭店。饭店的客房部幸运地被保留了下来,现在它的名字已改为"栈桥王子饭店"。

02 特伦德尔与Hotel Trendel

1898年3月6日,清廷与德国在北京签署了《胶澳租借条约》,胶州湾也正式成为德国在远东的租借地。除了随驻防军队而来的军官、士兵之外,接踵而来的还有铁路和港口技术人员、政府官员、传教士,以及那些带着各种想法来到这片陌生土地的德国平民。来自巴伐利亚小城库姆巴赫(Kulmbach)、时年28岁的威廉·特伦德尔(Anton Wilhelm Trendel)就是其中之一。

一个多世纪前的青岛,不但缺乏必要的医疗和生活设施,甚至连能够过得去的住房都非常之少。1899年4月,传教士花之安(Ernst Faber)在写给教会信里就曾无奈地表示:"我设法布置所

建成之初的特伦德尔饭店,南墙上"Hotel Trendel"字样清晰可见。其粗糙的结构和造型更像是一家位于郊区的乡村旅店(刘逸忱提供)(明信片)。↑

租住的房间,还租下了阁楼,以便在睡觉时能得到比较新鲜的空气。直到第一次下雨前一切还好,但这场雨使两个房间都漏满了雨水。"一个月后抵达青岛的卫礼贤则在日记中写道,自己到达第一个晚上被总督府安排在一家名为"Agir"的旅馆里,"可不要被这样一个华丽的名字所迷惑,因为它仅仅是个草棚而已"。

这种令人窘迫的恶劣居住条件,肯定让早在1898年夏天来到青岛的特伦德尔深有感触,但似乎也让他看到了潜在的商机。就在1898年9月总督府开始对第一批土地进行拍卖后不久,特伦德尔就在距离栈桥码头和建设中的火车站都不远的地方,购地建房,开设了一家饭店。按照当时欧洲的习惯,特伦德尔用自己的姓氏将这家饭店命名为Hotel Trendel。如果我们依据开业的时间来推断,Hotel Trendel或许是中山路南段最早出现的饭店之一。

不知道仅仅是巧合,还是善于捕捉商机的特伦德尔眼光独到,他的饭店位置恰好位于弗里德里希大街(今中山路南段)与海因里希亲王大街(今广西路)的结合部位。从日后这两条主要街道所具备的城市功能看,饭店的地理位置实在是太优越了!

根据早期拍摄的照片所显示,特伦德尔饭店如同早期的许多房屋一样,带有明显的应急色彩,其粗糙的结构和造型更像是一家位于郊区的乡村旅店。除了缺乏像样的建筑材料和熟练的工人,经济上的考虑大概也是简陋的主要原因。

不久,特伦德尔的妻子也辗转来到青岛,与他共同经营这家小店,他们的两个孩子也相继降生。但是令人沮丧的是,两个孩子都在襁褓之中就夭折了,这对特伦德尔来说应该是个沉重打击。他认为是青岛糟糕的气候和医疗条件造成了孩子的早夭,于是他在1900年盘掉了仅仅经营了一年左右的饭店,前往条件略好的省城济南府,在那里他又开设了一家饭店。后来,特伦德尔去了天津,那里的各国租界聚集着更多西方人。或许是因为善于交际,还有丰富的饭店从业经历,特伦德尔受到了六国饭店(Grand hotel des Wagons-Lits, Peking)的青睐,不久他便应聘成为京城这家著名外国饭店的经理。

后来的事实证明,特伦德尔的离开对他本人的创业来说或许是个错误。随着铁路的贯通和港口的竣工,青岛迅速成为中国沿海最具活力的年轻城市之一,医疗与居住条件都发生了彻底的转变。Wirtz 在著作中认为:"青岛已经发展为自成一体的德国社区,这里的别墅、商业建筑和总督大楼,都使人们想到了靠近北海的德国北部城市或者柏林郊区。"

时任六国饭店经理威廉·特伦德尔（Hellmut Klicker提供）←

1914年8月，日本对德国宣战，动员了海陆军近6万人围攻青岛。同月，总督府也发布了动员令，要求在远东的18岁以上至60岁以下的德国男子都前往青岛报到。他们或被编为现役，或被编为预备役，参与保卫战。特伦德尔也应召重回青岛，他被编入了海岸炮兵营，成为一名预备役中尉。在10月31日，日英联军的总攻开始前夕，特伦德尔被任命为第I号炮台的指挥官，这个炮兵阵地位于伊尔蒂斯山（今太平山）一道位置暴露的山脊上，有九门从军舰上拆卸的90毫米旧式舰炮。特伦德尔发现，这个位置正好在日军陆军火炮和海军舰炮双重火力的覆盖之下，而他们的旧式舰炮在这种远程的炮击中根本毫无作用。为了避免被击中，特伦德尔中尉想出了一个计策，他在距离自己阵地200码的地方用圆木加工了一批外表粗糙的伪炮，并在周围堆上火药。在日英联军的总攻开始后，他点燃了火药，剧烈的爆炸把个假炮台伪造的像被击中过一样。特伦德尔的计策成功的骗过了日本飞机的侦察，他的部下没有一人伤亡，在德军放弃抵抗前，他命令部下炸毁了所有的大炮。

特伦德尔成为日本人的战俘，从1914年至1919年，他先后被羁押在福冈和习志野的俘虏营。1919年被释放后，特伦德尔回到了中国。据资料显示，特伦德尔似乎在战时还拥有一家自己的饭店，但由于战争的影响，经营困难、负债累累，他不得不卖掉饭店。或许是突如其来的战争和多年的俘虏生活，损害了特伦德尔的健康，1920年8月23日，时年50岁的特伦德尔故于上海。

特伦德尔在青岛建造的那家饭店后来改名"法尔克饭店"（Hotel Falke）。1901—1902年，一个叫赫尔曼·沃尔夫（Hermann Wolf）的德国人接手了饭店，在对其进行改建后，改名为"胶州饭店"（Hotel Kiautschou）。1912年，饭店被哈利洋行并购。胶州饭店约在20世纪50年代初被拆除，原址改建为一座四层苏式办公楼。

03　车站饭店

车站饭店（Resterant zum Bahnhof）位于火车站广场东南侧，耸立于路口的八角塔楼和巴洛克式的山墙，与其西北的车站钟楼彼此对倚、互为借景，勾勒出昔日城市西边优雅、别致的景观。在这张早期明信片所展示的历史影像中，车站旅馆的周围看不到人，一片空寂和宁静。沿霍恩佐伦大街（今兰山路）和威廉港大街（今郯城路）分别向东南两个方向伸展的车站饭店，华丽、典雅，宛如童话中一处坐落旷野之中的城堡。在图片中，饭店的屋顶所覆盖的还是早期的波纹铁皮，山墙和立面上的装饰与现在相比，也明显要复杂许多。附近的道路和广场没有进行美化的迹象，除了车站饭店和其东邻属于华人梁浩池的顺泰号（L. W. Sing Tai & Co.），只有沙土路面上几道明显的车辙印。

在近年的相关报道和介绍中，关于车站饭店的建筑时间，并没有形成一个公认的确切年代。目前，主要有两个年份被认作饭店的建造时间并经常提及。一是在《德国建筑艺术在中国》中，该书的作者华纳认为车站饭店的建造时间为1913年。但根据几张20世纪初兰山路的图片显示，车站饭店实际上早已存在。另外，在1904年出版的旅游指南《青岛及近郊导游》中，也清楚地记载了车站饭店在霍恩佐伦大街的尽头，看来认为车站饭店建于1913年的结论显然是个错误⋯⋯

另一种建筑年代的说法是1900年，这一观点的提出者在其著作中多次提及车站饭店建造于19世纪的最后一年。但是这一说法似乎也无法成立，因为在1899年，连接青岛与济南的山东铁路刚刚开工（1899年9月23日），而且在最初的设计方案中，铁路的终点是选在了栈桥北侧距离很近的一个位置，因为一些技术上的困难，才使开发者放弃了最初的方案。相信旅馆的建造者不会在铁路尚未开通，甚至连车站的位置还不能确定的时间，投资兴建这座饭店。

在马维立教授的帮助下，我们找到车站饭店的建造者和确切时间。或许是1901年4月8日山

德租时期的车站饭店,华丽、典雅,宛如童话中坐落旷野之中的城堡(明信片)。↑

▸ 德租时期车站饭店内景。(上)↑
20世纪90年代的车站饭店。(下)↑

东铁路局部顺利通车的消息,才促使来自胶州城的中国商人柴瑞舟(Tschai Jui-tschou)决定在是年 5 月,花费 3 800 墨西哥银圆购买这块 3 455 平方米的土地,并在随后用于建造这座饭店。后来的事实证明了柴瑞舟的这一正确决定。车站与栈桥旧港之间的商业货物往来,以及修筑港口、铁路和城市拓展所需物资的大量到来,显然会在这一区域聚集大量的人气。时至今日,面对眼前这个已经热闹了 100 百余年的路口,我们仍不得不佩服胶州商人柴瑞舟敏锐、超前的投资眼光。

由于在 1911 年之前,总督府不允许中国市民在欧人区(欧洲人的仆人例外)居住,所以那些富有的华人在欧人区买地建房之后,就向欧洲人进行出租。柴瑞舟的车站饭店在 1902 年建成之后,便出租给了德国人经营。饭店的首位经营者是保尔·里希特(Paul Richter),我们在图片上一块模糊的招牌上还能够看到他的名字,1907 年是约瑟夫·杜尔德(Joseph Dold),后来是玛特维希(R. Martwig)。相关的资料告诉我们,在 1913 年,车站饭店的最后一任德国经营者玛特维希在饭店的对面建造并开办了他自己的旅馆。但在这之后,除了在 1914 年之后,曾被金二商会、山东洗布所等日本商号租用,我们基本失去了柴瑞舟车站饭店的相关记载。

在后来近半个世纪的岁月里,车站饭店的相关功能和用途没有更为确切的记载,直至其在 20 世纪 50 年代成为铁路职员公寓。当时间跨入 21 世纪,车站饭店却迎来了其命运最为跌宕的时期。先是被废弃,后来又因失火而几近倒塌,相关部门在修复饭店时,仅保留了原建筑的两侧外立面,而那个曾经每每都会让人赏心悦目的绿色塔楼也被重新演绎为金黄色。一座在青岛绝对占有一席之地的建筑就这样被改造的面目全非了。

04　海滨旅馆

奥古斯特－维多利亚湾海水浴场的海滨旅馆(Strand Hotel)是"青岛旅店业股份协会"的公司在 1903—1904 年投资建造的。在此之前的 1900 年,该公司还从上海的列德尔手中购买了威廉皇帝海岸的海因里希亲王饭店。

随着 1901 年,总督府将这片沙质柔软的海滩开辟为浴场,每年都会有来自中国其他城市的欧美游客来此消暑游泳。随着人数的逐年增加,再加之由市区前来的路途较远,在海边建造一座大型

德租时期的海滨旅馆，白色与玫瑰色相互映衬的清水砖墙和敞开式的明廊仍在炎炎夏日里给人放松、清凉的感觉（明信片）。↑

的海滨度假旅馆也就多少成了某种必然。

　　可能是出于经济的原因，或者建筑师和投资方的审美观点，海滨旅馆的设计基本采用了中世纪古老的砖木结构，而没有使用花岗石这种在青岛被广泛运用的建筑材料。这样，与后来完成的大型建筑相比较，海滨旅馆明显给人一种应急的色彩。不过建筑师在主立面的装饰上，娴熟地将传统木架结构运用其中，并使之与建筑清水墙白线勾边的外立面相搭配，给人极为赏心悦目的舒适感觉，多少弥补了应急的色彩所带来的劣势。

三层的海滨旅馆正对海滩,门前是一个小型广场。旅馆面向大海是开放式的木结构明廊,可以让游客足不出户就能领略优美的海景。旅馆的主入口三座并排的拱形大门向外突出,上方的屋顶起山墙,顶部处理为具有个性化的折角,折角上方装饰有标志性塔冠。在旅馆的设计上,建筑师应该对房屋是否能够符合所在环境等因素进行了考虑,使之能够与前面的海滩、背后的丘陵,以及不远处的兵营较好地协调与搭配。

约翰斯顿在其著作中写道:"粗糙的重新装修并没有将海滨旅馆典型的德意志特色完全破坏……尽管这里已经不再作为旅馆营业,但敞开式的明廊仍在炎炎夏日里给人放松、清凉的感觉。旅馆的一些房间曾加装当时较为昂贵的彩色玻璃,但最吸引人的还是旅馆白色与玫瑰色相互映衬的清水砖墙。"

旅馆的大门内是高大、宽敞的门厅,中间为楼梯,内设 31 间双人客房,浴室、餐厅、会客厅和舞厅。旅馆的北侧是一个周长 1.5 英里的跑马场,从旅馆北向的窗户就能观看激烈的竞马比赛。在没有比赛的日子里,海军第三营的日常训练大概也会引起不少游客的注意。

每逢夏日,旅馆还向入住的游客提供免费的游泳更衣设施,因为不住旅馆,游客需要向政府交纳一定数量的疗养捐。为了更好地营造气氛、吸引游客,第三营的军乐队在夏季每周都会在 1901 年建造的两座音乐厅内演奏乐曲。此外,海军还有专人在浴场负责教授游泳。1911 年,哈利洋行从青岛旅店业股份协会手中收购了海滨旅馆。

1912 年月 9 月 28 日,海滨旅馆迎来了它历史上最为尊贵的客人——孙中山。根据上海《德文新报》的报道,孙中山顺访青岛的一行人员共 40 人,他们包住了海滨旅馆的 16 个房间。次日下午两点以后,孙中山在秘书陪同下以私人身份到总督府拜会了麦维德总督。出于礼节,麦维德在傍晚到海滨旅馆回访了孙中山。孙中山除了谈论中国的政治形势之外,还高度评价了青岛在 14 年里的发展,并说青岛的造林、港口、城市建设给他留下了特别深刻的印象。他认为青岛是城市建设的一个范例,中国完全可以按照这个榜样来建设自己的国家。在听了麦维德介绍的德华大学以后,孙中山认为德国的教育体系比英、美的更适合中国,更可作中国未来的典范。

1914 年 6 月末,由于奥匈帝国王储斐迪南大公夫妇在萨拉热窝遇刺身亡,整个欧洲笼罩在一片阴霾的战云之下。而远隔万里的青岛却丝毫没有关于战争的迹象,海滨旅馆被预订一空,在军乐队的欢快乐曲下,海滩上挤满了纵情饮酒欢歌的游客。但是正如一些敏感人士所预感的那样,战争

日据时期，海滨旅馆被改为青岛大饭店的别馆（明信片）。←

终于在 7 月 28 日爆发了……随后，8 月 4 日，英国对德宣战的消息也得到了证实，"人们想到了青岛也会遭到敌对国的狂轰滥炸，因此在之前两个星期内每天都有快乐人群光顾的热闹海滩，变得好像火车驶离车站后，月台上空寂无人一般"。英国在亚洲的盟国日本也趁火打劫，于 8 月 15 日对青岛的德国当局下达了最后通牒，并派遣舰队封锁了胶州湾。8 月 23 日，最后通牒过去不久，战争就在德国鱼雷舰 S-90 和从威海卫前来的英国驱逐舰"肯奈特"号之间展开。滞留在海滨旅馆的人们甚至能够从房间的窗户就能看到两舰相互对射的场面……11 月 7 日，驻青岛德军在抵抗了两个半月后，终因寡不敌众宣布投降。

　　日本占领青岛后，海滨旅馆被当作敌对国资产没收，随后被日本人购买，与威廉皇帝海岸的海因里希亲王饭店和中和饭店，一齐成为青岛大饭店（Grand Hotel Tsingtao）的一部分。1922 年，由于夏季赛马会的需要，海滨旅馆在一家有实力的赛马俱乐部资助下对旅馆进行了重新装修。由于仅在夏季开放，房间的价格高得惊人。1945 年 8 月日本投降后，海滨旅馆曾改为美国海军的士兵之家。21 世纪初，该楼在重新装修后成为青岛城建地产的办公楼。

05　侯爵饭店

很长时间以来,广西路与浙江路路口的这座曾经丢失了塔楼的老建筑一直都像是个谜,因为除了长期作为警务机构用房的历史,人们只知道这里最初是一家酒店。但是,是谁开设了这家酒店?又是谁设计建造了这座德国风味浓郁的老建筑?一切仿佛都被厚厚的历史尘埃所覆盖……恍如隔世,记忆就像逝去的时光,只剩碎片,一半融化于岁月,一半沉淀在时间之船的舱底……

1908年,来自慕尼黑的德国商人保尔·达克塞尔(Paul Dachsel)和他的妻子来到了青岛。此时的青岛已经是远东一座初具规模的现代化城市。除了壮丽的海港、先进的铁路,德国建筑师还设计了一个极为舒展、和谐和充满生活气息的市区。或许是这种氛围也深深地感染了达克塞尔,同时似乎他也看到了这里所存在的商机,于是达克塞尔决定在本地投资,他买下了蒂尔匹茨大街(今莒县路)的橡树餐厅(Restaurant zur Eiche)并将其改名为"普绍尔啤酒餐厅"(Restaurant zum Pschorrbraeu)。普绍尔(Pschorr)是达克塞尔的家乡,也是慕尼黑一家著名啤酒厂的所在地。橡树餐厅易手后的生意一直不错。1910年,达克塞尔又买下了海因里希亲王大街(今广西路)与卢伊特坡尔德大街(今浙江路)路口东北侧的地块,并投资在这里建造一座规模更大、并带住宿的酒店。在此之前,这一地块已经闲置了近十年之久。

这座被人文学者李明的笔下多少有些"隐晦、非主流的温情夏日酒店"被命名为"侯爵饭店"(Hotel Fürstenhof),由当时青岛著名的德籍建筑师李希德设计。这座两层的酒店,具有典型的德意志建筑风格,大角度倾斜的屋顶,排列有序的老虎窗、墙面的竖条窗和圆券窗,没有太多的装饰。米黄色墙面简洁明快、干净整洁。在冲向路口的转角设有一座日耳曼传统风格的,装饰性圆柱形塔楼,使建筑由正面向侧面的过渡自然伸展。建筑师李希德在饭店的底层运用了他熟悉的粗石贴面,主入口前平台围墙也是花岗岩砌筑,凿成相同大小的粗石间隔搭砌,成为透空,顶压条石。塔楼底层转角处装饰的五根粗短石柱,与粗石的厚重与稳定形成对比。正门入口的门楣是一块完整的花岗石,也做成曲线形式。另外,李希德还把部分粗石点缀在墙面上,使得立面变得生动活泼。

饭店的内部一层为餐厅、咖啡厅、会客厅,楼上设客房。由于所处的位置极佳,无论在楼上的哪个房间,只要推开南向的窗子,视线都可以穿过卢伊特坡尔德大街,欣赏青岛湾的海景。建筑的主

德租时期的侯爵饭店由建筑师李希德设计,具有典型的德意志建筑风格(明信片)。↑

侯爵饭店的主体并不临街，除了可以减少干扰，还在门前形成了一个小型的庭院（明信片）。←

体并不临街，这样除了可以减少干扰，还在门前形成了一个小型的庭院。夏日里，大大的遮阳伞，一张圆桌，几把藤椅，三两个朋友，各式的冷饮、咖啡，凉爽的海风……都可以让人悠闲地享受着宁静、惬意的午后时光。根据田原天南在《胶州湾》一书中的记载，该饭店有 40 个房间，其规模仅次于海因里希亲王饭店。

在此前对这座建筑物的一些考证中，都认为其建成的年代是 1906 年。但实际上达克塞尔的侯爵饭店建于 1910—1911 年，并于 1911 年 11 月 7 日开业。为此，达克塞尔还在青岛、天津、上海、汉口等主要口岸城市的外文报纸上投放了广告。为了把主要精力放在侯爵饭店上，达克塞尔在同年将蒂尔匹茨大街的餐馆卖给了格奥尔格·瓦瑟曼（Georg Wassermann）。

不幸的事情发生在 1913 年，达克塞尔的妻子在青岛病故，这个意外显然对达克塞尔的打击很大，他似乎已经无心继续去经营这家应该有着美好前景的饭店。一年之后，在把生意交给别人打理后，达克塞尔远渡美国……

不知道是不是命运使然，达克塞尔丧妻后的决定改变了他之后一生的命运。就在他前往美国之后，战争爆发了，两个半月的围困与激战后，日本占领了青岛，这一天恰好也是他的酒店开业三周

[旅店时光] ... 91

年的日子,几乎所有参加过防御战的德国男人都成了战俘,被羁往日本。

饭店的建筑师李希德的命运也随着战争改变了,因在战争期间入伍,李希德从1914年11月至1920年作为战俘被关押在日本。1920年,他和家人回到青岛,并再次以从事建筑设计为业。1945年11月9日,李希德死于一次中风。李希德太太留在青岛,直至其1953年去世。

日本占领军以敌对国财产的名义没收了德国在青岛所有的官产和私产,侯爵饭店也在此范围之内。1915年,它成为专供日本军人寻欢作乐的乙卯俱乐部。该俱乐部是日本陆军专门为参加过"一战"的军官们设立的娱乐场所。1922年12月,北洋政府接收青岛主权,侯爵饭店的原址改为第一区警察署。1929年,南京国民政府接管青岛后,改称青岛警察局市南分局,此后该建筑一直为警务机构所使用。

愉悦休闲

01　海军士兵俱乐部（水师饭店）

1898年10月18日奠基的海军士兵俱乐部（水师饭店），是在普鲁士亲王海因里希访问青岛期间，根据他的提议为驻防部队和巡洋舰队的士兵和下级军官们建造的。据1899年10月28日《胶州消息》的论点，兴建"水师饭店"的意图是"为士兵和水兵……提供修养栖留场所，以免他们游荡街头、出入下等餐馆和酗酒，并由此引起道德沦落。此外，俱乐部还能够成为德国驻东亚海陆部队伤兵员的疗养所"。此处"既有一流的疗养条件，又能提供各种开蒙心智、陶冶情操的讲演报告。总之，来访者应该在这里得到各种有益身心健康的机会"。根据德国国内的规定，由设在基尔的海军公益协会来负责在世界不同的港口为德国海军的水手建造这样的俱乐部。因此，俱乐部建筑设计应该是在德国国内完成，然后送往青岛的。

为了营造这座俱乐部大楼，总督府将弗里德里希大街（今中山路南段）以东、皇储大街（今湖北路）以北的一块土地拨付给公益协会。1901年5月，大楼正式开工。这座俱乐部的建造，涉及了许多建筑师。建筑监理是筑港总负责人格奥尔格·格罗姆施，建筑师是莱恩哈德（J. Reinhard）。承包商是希尔贝格–施吕特（Selberg & Schlueter）公司。除此之外，建设局还预约了建造伊尔蒂斯兵营的建筑师拉菲尔特，建筑师乌兹勒（Wutzler）和金德（Kind）也参与这座大楼的施工。

1902年5月竣工的海军士兵俱乐部（水师饭店），采用了欧洲中世纪的新文艺复兴风格，高耸的塔楼效仿了中欧庄园古堡的形式(明信片)。↑

海军士兵俱乐部（水师饭店）木结构拱形屋顶的礼堂，厅内的三面墙设计为回廊式，能容纳座席约200个。←

一年后，俱乐部完工，并投入了使用。

　　水师饭店大楼采用欧洲中世纪的新文艺复兴风格，高耸的塔楼效仿了中欧庄园古堡的形式，不过这个漂亮的塔楼在20世纪40年代末因火灾焚毁而进行了改建，除了样式发生了变化，也矮了许多。大楼的一层为石基砖墙，二层面向大海的方向设木制游廊，至今保存完好的廊内结构采用了起稳固桁架以木支架相互交叉的形式。位于城市东边的总督临时官邸也采用了这种装饰方法，但是这种交叉却是在中国传统建筑中极为忌讳的，并会引起反感和不安，因此，在之后的建筑中这种装饰的形式就被完全取消了。与同一时期开始建造或完成的兵营相比较，水师饭店几乎没有装饰。俱乐部内设有阅览室、台球室、桥牌室、酒吧、咖啡室，户外还有网球场。在建筑的后部还附有一个宽约14米、纵深20米，有木廊楼座和木结构拱形屋顶的礼堂。礼堂内部以玻璃罩顶灯和北窗为照明手段，厅内的三面墙设计为回廊式，能容纳座席约200个。在这里，除了上演各类由旅居德侨演出的各类剧目，还定期上映在德国拍摄的无声电影。根据俱乐部在1907年8月9日的《青岛新报》发布的广告，放映电影的时间是晚上七点，门票票价预售25分，现购30分。通常在一年一度的换防仪式结束后，士兵们都会带着新朋旧友们逛逛大鲍岛的中国商店，再顺路来到水师饭店喝上几

20世纪30年代改为日本居留民团的德国海军士兵俱乐部↑

杯,并且其高谈阔论德国及其在远东的这块属地。

1914 年 8 月开始的战争,让水师饭店成为战时的临时病房。日本占领后,水师饭店被改为日本市民会。1922 年 12 月,中国收回青岛主权,但根据中日在此前双方达成的协议,俱乐部大楼成为 11 处日本政府财产之一。驻在这里的市民会改组的青岛居留民团,是当时青岛最大的外侨组织。1932 年 1 月 12 日,因刊登朝鲜义士刺杀日本天皇未遂而引发的日本浪人火烧国民党青岛市党部、捣毁《民国日报》报馆的事件,就是在居留民团的一手策划下进行的。1938 年,日本再次占领青岛,日本当局把居留民团变成了准军事组织,通过其对日本侨民进行严格统治、管理。

1945 年 8 月日本战败投降,滞留青岛的日本侨民被陆续遣返回国,居留民团在青岛横行了 20 余年后也随之解散。之后,由于大量的美军在青岛登陆,大楼成为美国海军士兵俱乐部(U.S. Navy Enlisted Men's Club)。一些华人也在俱乐部内租赁了房屋开办供美军消费的照相馆、古董店等。1949 年之后,俱乐部大楼成为青岛市共青团团委驻地,后又改为青岛市人民防空办公室。2016 年,经过重新装修改造,这座历经百年的老建筑成了一家已电影为主题的餐饮娱乐场所。

02　海军军官俱乐部

在 1910 年 1 月一本由青岛印书局出版的《青岛摄影集》(Tsingtau Album)中,一张别墅式三层建筑的图片,曾让许多建筑与史学爱好者困惑不已。因为除了图片说明中的德文"Marine Offiziers Casino",在现有的资料里还没有任何关于这幢建筑的详确记载。这幢历史建筑究竟在哪里? 它是否依然伫立在青岛的某个地方?

有观点认为,根据 1906—1907 年度的《胶澳发展备忘录》,在当时德国驻军的俾斯麦兵营里曾有一座军官餐厅将于秋季进行改造的记载。故该建筑应位于兵营内。不过根据几张该建筑拍摄角度不同的图片显示,这幢建筑似乎位于距海很近的岸边,而且在其中的一张图片中,该建筑的一侧还看得见小青岛和岛上的灯塔。因此,该俱乐部位于俾斯麦兵营的说法,显然不成立。另外,在 1910 年贝麦和克里格出版的旅游手册《青岛及近郊导游》中,还有"从大衙门过桥后步行约五分钟是一座新建成的'官员伙房'"的记载。这座所谓的"官员伙房"是否就是我们曾无从找寻的那幢建

▸ 从建筑整体的风格上看，舒备德在1907—1909年设计建造的海军军官俱乐部形成了一种稳定的、具有青岛特色的建筑风格（明信片）。↑

筑,过于简单的记载,显然还无法给予我们更为可靠的答案……

在德国波恩大学地理学院马维立教授的协助下,研究者们考证到这幢房子正式的名称是"海军军官俱乐部"。它是一家由胶澳总督府授权,专门为常驻青岛的德国海军第三营以及远东巡洋舰队的高级军官们提供食宿和聚会的娱乐场所。该俱乐部建造于1907—1909年,并于1909年1月29日正式对高级军官们开放。俱乐部的设计者是总督府从德国聘任的建筑师舒备德。除了这座该俱乐部,舒备德还负责了皇家青岛观象台、索尔夫别墅、狩猎俱乐部等建筑的设计。

根据文字和图片资料的指引,我们如愿以偿,在今海军博物馆大门内的左侧,找到了这幢今天已十分破旧的俱乐部。由于旧址所在地域多年来一直为军事管理禁区,才久不为人所知。

这座建筑平面为不规则的矩形,砖石结构。主体建筑为三层,立面朝向东。可能为了增加建筑主立面的高直感,并利于楼上聚会主大厅的采光,建筑师舒备德在俱乐部主体上部设计了三组规整的竖直分割的窗户,主入口设于主立面下方,三座拱形的门洞亦处理为虚空间,这种设计手法在11年后还被一名日本建筑师运用于堂邑路日本邮局的设计当中。入口前方是一个实心矮墙围成的小平台,当时,由此可向东远眺奥古斯塔－维多利亚湾、汇泉角以及伊尔蒂斯山的优雅景色。也许是为了适应不同需求,亦有可能是为了建筑更为美观,建筑师舒备德在附属房屋的设计上,对建筑物的立面和高度都采用了不同处理。他用几组建筑体巧妙地组合成了整个俱乐部。主体建筑南侧延续有类似中国传统歇山式屋顶的两层建筑,北侧贴建的则是三组造型各异而又相对独立的裙房。这种手法虽然打破了德国建筑严谨的对称平衡,但却丰富了两侧立面的立体感,使之更为美观和具有情趣。值得注意的是,俱乐部的其他三个立面的底部各有一处设计独特的便门,可能是供特殊用途。

和同期建造的许多德国建筑一样,俱乐部亦采用普遍使用的牛舌瓦屋顶。从建筑整体的风格上看,德国海军军官俱乐部还与舒备德负责的毛奇兵营有许多相似之处,建筑的平面趋于清晰,立面变得简明,明廊和哥特式拱券等热带特色和异国风情的结构符号均已不见了踪影。德国学者林德认为,这种明显的转变除了建筑成本的因素,追求一种稳定的、具有青岛特色的建筑风格也是原因之一。林德同时还认为,这种风格应该是德国元素与当地气候以及中式建筑特点相融合的产物。

就在我们即将着手对这幢建筑的勘查和考订之时,还有学者考证到了该俱乐部在1914年之后的一些使用线索。青岛回归前夕,日本当局曾把筹备中的青岛商科大学事务所设立于此,这所大学最终在筹备当中便宣告搁浅。而建筑此后的一个使用机构——中国政府接收青岛的临时督办公署,却使得这栋老房子被赋予了极为特殊的历史意义。"1922年2月4日,日本在太平洋会议上被迫与中国签订《解决山东悬案条约》,同意将青岛归还中国。然而,以后的具体谈判中日本人层层设置障碍,妄图继续霸占青岛。就在临近交还之时,还勾结土匪人为地扰乱社会秩序,造成社会动荡,以期借口拖延甚至拒绝归还。在这种情形下,许多与青岛命运相关的历史决定就是在这座临时督办公署内做出的。"

相信临时督办公署在这幢前俱乐部中办公的时间极为短暂,虽然我们未找到临时督办公署迁

德租时期的海军军官俱乐部,远处可见小青岛及灯塔(明信片)。↓

入和离开这里的具体时间,但根据一些当时的记载进行推测,临时公署很可能仅在接收青岛前后的半年当中设立于此。

03　青岛俱乐部

　　青岛俱乐部位于栈桥与威廉皇帝海岸(今太平路)交汇处,南面青岛湾的旖旎风光可以一览无余,背后是弗里德里希大街的中心商业区和海因里希亲王大街的商务居住区,可以说是青岛沿海最好的位置。因此,这块地早早就被购买,并预定用于建造俱乐部。按照《青岛新报》一篇评论的说法,虽然俱乐部是英国人发明的,但在胶州湾殖民地建立之后,竟然没有人想到在每个欧洲人开辟的新土地上都不可或缺的俱乐部,让人感到有些遗憾。同时作者认为,或许居住在青岛的德国人多数认为,同老酒友凑在一起泡上一个下午或晚上已经足以取代俱乐部的作用。但不容否认的,是俱乐部会为成为商人、政府官员、卫戍部队和巡洋舰队的军官聚会中心,其无拘无束和惬意的形式,可以促进了殖民地各界人士的日常交流和相互了解,对殖民地的社会生活有重要作用。

　　青岛俱乐部在成立之后,并没有立刻建造自己的房子,而是租用了海因里希亲王大街的博德维希大楼上的一些房间,组织酒会、舞会、高尔夫球赛等增进交流与了解的活动。1910年,已经移居天津的建筑师罗克格严格按照青年派风格为俱乐部设计了这座庄园别墅风格的现代化房屋。虽然房子仍采用传统的大屋顶,但却没有传统、烦琐的装饰,粗朴的花岗石仅仅用于窗台和檐口。虽然朴实无华,但显然更为简洁实用。在当时的德国,热衷装饰的潮流趋于没落,由建筑师路德维希·霍夫曼和阿尔弗莱德·梅塞尔引导的将传统与新潮有机结合,虽然源于传统,但却显示出革新的倾向的潮流开始盛行。当年出版的杂志 *Deutsche Bauhuette* 则认为,青岛俱乐部在风格上"与德国郊区那些非常舒适的富家住宅非常相似"。

　　由总督官邸的建筑师魏尔纳·拉察洛维茨(Wernar Lazarowicz)负责的内部设计也极为适宜,主入口开在楼西侧的边房上,入门后需沿斜绕进宽敞的长厅,这种思路明显受到了中国建筑传统中风水概念的影响。长厅两侧的房间分别设置游戏室、台球厅,有舒适沙发的阅览室,有遮篷座席的露天酒吧和几间办公室。在楼梯间的下方还设有一个存衣处,长厅内带有镶金箔的德意志帝国鹰

▶ 德国画家Hans Mützel笔下的青岛俱乐部。庄园别墅风格的房屋,显得简洁实用（明信片）。↑

徽的蓝色壁炉至今仍保存完好。二楼设一座大型餐厅,南面有出挑的大露台,可远眺青岛湾的美丽海景。经理室和秘书住房也设在二层。地下室有一个造型粗朴的酒窖,储存着来自法国和德国的高级葡萄酒。另外,带配菜室的厨房、洗衣间、工具间、储藏室和仆人的住房也都充分利用了地下室的空间。

1914年8月,战争爆发了。这座建筑物在青岛被日本占领后成为守备军的军事法庭,用于审理涉及军队的有关案件。1921年,在侨居青岛欧美人士的建议下,时任守备军司令由比光卫决定

德租时期的青岛俱乐部,在风格上"与德国郊区那些非常舒适的富家住宅非常相似"(明信片)。↓

```
TSINGTAU-CLUB

       Der Club bezieht seine Weine direkt und ist durch günstigen Einkauf
in der Lage, an seine Mitglieder zu nachstehenden Preisen abzugeben:
Moselwein:  Trittenheimer                    per 12/1 Fl. $ 13.—
            Piesporter Goldtröpfchen          "  12/1  "   29.—
Rheinweine: Bodenthaler                       "  12/1  "   13.—
            Winkeler                          "  12/1  "   13.50
            Enghöller                         "  12/1  "   14.—
            Erbach. Schloss Rheinhardshausener "  12/1  "   19.50
            Geisenheimer Lickerstein          "  12/1  "   24.—
Burgunder:  Macon                             "  12/1  "   13.—
            Mersault                          "  12/1  "   16.—
            Beaune                            "  12/1  "   21.—
            Chablis, weiss                    "  12/1  "   15.—
            Pommard                           "  12/1  "   27.—
            Chambertin                        "  12/1  "   35.—
                              Der Vorstand.
```

← 德租时期青岛俱乐部的酒单

将这座建筑重新作为一座俱乐部使用。1923年6月3日出版的《汉诺威信使报》这样记载道："在当年威廉皇帝海岸边，青岛俱乐部的华丽建筑已有了国际俱乐部这个新的名字，其中德国人也作为平等成员被接纳。俱乐部保存得很好，如同其他从前德国的官方和非官方建筑都由日本人保存的完好一样。"

从此时开始，俱乐部的成员也不仅仅局限在欧美人士，越来越多的富有中国人、前清贵族、重要官员和自由知识分子也加入了进来，使之成为一座名副其实的国际俱乐部。1949年后，国际俱乐部被中苏友好馆取代。许多人应该还有在这里的图书室里借阅苏联最新出版的《鳄鱼画报》和《中苏友好》的记忆。从20世纪60年代开始，一个大众化的科技馆又取代了中苏友好馆，后成为科技协会的驻地。2010年前后，俱乐部旧址开设了一家欧式风味的高档餐厅。

贸易之港

01　建造大港与汉堡维林公司

德国租借胶州湾后，建造一座可以通行大型军舰、远洋客货轮船的现代化港口便成为城市发展的首要目标之一。在此之前，虽然早在章高元驻防时期年就已建造了一座伸入大海的栈桥，但这座简易的军用码头仅能靠泊吃水很浅的小型船舶。经过德国海军测量部细致考察与勘测，这座现代化港口最终选址建在胶州湾内，因为在那里船舶夏天能不受东南季风和可能到来的台风影响，冬季也可以躲开强劲的北风。

筑港第一步是建造一座巨大的半圆形防波堤，以保护港内锚地免受北风的影响。这座大防波堤的建造开始于1898年10月29日，工程指导工程师马格恩斯（Magens）。1899年，防波堤的建筑工程由广包公司（F. H.Schmidt）公司接手。

总督府筑港工程部的首位负责人是格奥尔格·格罗姆施，他是受海军部建港顾问埃米尔·莱希滕的派遣，在1898年5月16日来到青岛，直至1903年离开。格罗姆施制订了整个大港，包括后来的半圆形大防波堤和I、II号码头的建设规划。（格奥尔格·弗兰西斯和阿尔弗莱德·盖德兹也各自绘制了关于大港的建设规划，但这两个完全不同的规划都被格罗姆施否定了。）格罗姆施和总督府都认为，大港应交由一家私营公司来建造。因此，大港的码头工程是来自汉堡的维林公司（C.

1899年正在施工的大港半圆形防波堤(明信片)↑

1904年3月6日，大港I号码头举行竣工典礼。←

Vering & Co.，旧译回利格公司）所负责的。1875年，维林还是不来梅的一个铁路工程师，但后来他转行从事港口工作。1879年，维林在威廉港参与了海军码头的大规模扩建工程，1883—1889年，他在汉堡建造了3个远洋轮船的港池（耗资1000万马克）。之后，他还参与了耗资3200万马克的北海至波罗的海的运河工程。1898年11月23日，维林在汉堡和海军部进行了首次会谈。会后，维林说，他愿意负责建造青岛港，他会把工程师施迪克弗特（John Stickforth）派往青岛。施迪克弗特在1896年曾考察过墨西哥和危地马拉。但他在1899年来到青岛后，只看了看施工现场就离开了。显然，他和格罗姆施或者叶世克总督不合，所以总督府取消了与维林公司的合同。但是柏林的海军部已无法再找到另一家愿意建造青岛港的德国公司。维林问施迪克弗特："这项工程的造价会有多高？"施迪克弗特的估计是8 501 000马克。但维林说："这根本不够"，并向德国海军提出了他的报价：9 519 250马克。

在经过长时间的磋商谈论后，1901年3月25日，德国海军最终在汉堡与维林公司签订了合同，同意支付9 336 840马克的建港费用。正如目前所知的，码头工程是由施迪克弗特和他的助手弗里德里希·施瑙克（Friedrich Schnock）负责建造的。I号码头在1904年3月6日投入使用，II号

The pier Tsingtau　　　　青島阜頭

▶ 20世纪30年代，人来人往的大港码头(明信片)↑

码头在1906年。在结束了青岛港的建设后，施迪克弗特约在1910年离开青岛。在此之前，施璐克已先于在1907年回国。

　　1914年11月，日本占领青岛，但这并没有彻底地隔断青岛港与德国的联系。1925年，受胶澳商埠督办公署的邀请，当年的筑港工程师施璐克又回到青岛，并从1927年2月起担任青岛港的顾问工程师,直至1937年他在青岛去世。就在施璐克去世的前一年,于1934年开工的大港III号码头在2月10日举行了竣工典礼,而这项工程同样是由来自德国的工程师沃尔特·伯特舍尔(Walter Boettcher)负责建造的。

02　阿理文与胶海关

　　早期的胶海关位于今天的兰山路上,历经百多年的岁月风雨,它已经消失得无影无踪。在如今的这个位置上,已经耸立起一座任何人都需要抬头仰视的商检大楼,人们则只能从留存至今的历史影像中去找寻那座曾经的旧港海关。

　　在德国人来到胶州湾之前,于1862年开埠设关的烟台东海关曾在青岛口设常关分卡。根据1898年10月10日由总税务司英国人赫德(Robert Hart)送各国总理衙门的关于胶州设关征税的申呈中所载,德国曾计划把青岛变成一座不设关征税的自由港,但后来权衡利弊,又希望能参照英国九龙海关的模式在胶州湾设关,不过前提是这座海关的税务司必须由德国人来担任。于是,赫德委派了曾任其私人秘书的宜昌海关税务司阿理文(Ernst Ohlmer)以调查员的身份来到青岛筹办设立海关,随后总税务司署又调派洋员4人、华员8人来青协助其工作。

　　鉴于此前英国在香港设关上面的一系列弊端和麻烦,使得参与筹办胶海关的阿理文等人清楚地明白,他们必须设计一种前所未有的全新方案,这项制度既能为商人们提供方便,让他们依法纳税,又不至于侵害青岛作为一个自由贸易港所应享受的一切利益。于是,在阿理文等人的努力工作下,一种新的模式,即在德国自由港上设立,并受到德国政府保护的中国海关诞生了。

　　1899年4月17日,李鸿章代表清廷与德国驻华公使海靖在北京签订了《会订青岛设关征税办法》。26日,总理衙门原则上同意了在青岛设关的方案,同时提出了几点的修改意见。3天后,赫德回复总理衙门,认同了修改过的文本,并通报补授阿理文为胶海关税务司。在这份办法中,除了重申税务司一职必须由德国人担任外,还规定高级管理人员也应从在海关任职的德国人中选任,往来的公文以德文为主,中文与英文为辅。1905年12月,两国又就这项办法在实际实施过程中存在的问题进行了磋商,并修改补充了其中的一些内容。

▶ 位于今兰山路的胶海关和其西侧的两座海关公寓，均由时任税务司的阿理文设计（明信片）。↑

　　在阿理文初来的那段时间，青岛的大部分地区还处于一种未开发的原始状态。胶海关租用了原东海常关青岛码头的四栋平房，作为其临时的办公室和宿舍。不久，胶海关在距栈桥西侧的一个街区的坡地上购买了一块约为13.3亩的土地，计划用于建造正式的海关办公楼和关员公寓。1901年8月，一幢有着漂亮的屋顶，在入口处的阳台下方书有"胶海关"三个大字的二层小楼落成。在它的西面是前后两座样式统一、带有券廊式拱窗的公寓楼，办公楼的北面则设立了用于临时堆放货物的货场。除此之外，胶海关还在奥古斯特－维多利亚湾（今汇泉湾）西北的山坡上购买了两块土地,先后建造了税务司阿理文的官邸和高级帮办艾瑞时(E. O. Reis)的房子。

根据华纳的观点,包括海关办公楼、税务司官邸在内的海关建筑,均由阿理文本人设计。另外,青岛的跑马场、1900年义和团之前的北京海关以及欧洲各国的驻华使馆也都是阿理文的作品。

1847年,阿理文出生在德国希尔德斯海姆(Hildescheim)附近的伯特恩(Betheln)。从小他就梦想着到世界各地冒险,因此,在成年后,阿理文成为一名水手,并去过许多地方。不过他来到中国的经历却颇有戏剧性。一次航行,阿理文乘坐的船在中国近海因触礁而沉没,他抓住一块木板,被海浪冲上了海岸。阿理文选择了留下,他学会了中文,并靠当照相师为生。1868年3月,21岁的阿理文成了中国海关的一名雇员。1870—1872年,他在上海工作期间,撰写了一份关于鸦片贸易的备忘录。通过这份备忘录,他受到了海关总税务司赫德的注意。赫德认为,阿理文是个有才能的雇员,就把他招至北京,做自己的私人秘书。在任赫德秘书期间,阿理文收集了大量的中国古瓷器。

位于汇泉湾畔的胶海关税务司邸,建于1899—1900年(明信片)。↓

1887年他成为粤海关的税务司。后来他又曾担任北海、佛山、北京、澳门及宜昌等不同城市的税务司,直至来到青岛。

1906年,随着山东铁路的全线通车和大港各码头开始陆续投入使用,青岛贸易中心也开始渐渐地转向了拥有先进的装卸设备、深水泊位以及更大仓储场所的港口一带。海关的工作重心也随着开始转移。1911年,在十年前建造的海关办公楼无论从规模上,还是地理位置上,都无法满足实际的需求。因此,向总税务司申请在大港入口的北侧建造了新的海关大楼。

阿理文在青岛一直工作到1914年5月,是月他退休回到了家乡希尔德斯海姆。1927年1月1日,阿理文去世。他收藏的那些中国古瓷器捐给了希尔德斯海姆市的罗默尔－佩利扎乌斯博物馆（Roemer-Museum）。1981年,乌尔里希·魏斯纳（Ulrich Wiesner）出版了阿理文的收藏目录和传记 *Chinesisches Porzellan. Die Ohlmer'sche Sammlung im Roemer-Museum, Hildescheim*。

位于霍恩佐伦大街的旧海关成为了宿舍。1922年,青岛接收期间还一度成为胶海关监督公署的驻地。1938年1月,日本海军强行占有了旧海关三分之二的土地,拆掉了旧海关办公楼,用于建造海军军官俱乐部（水交社）。不久后,由日本军方扶持的伪政府就把这块地全部送给了日本人。1945年8月,日本战败投降,旧海关所在地被美国海军占有。1992年,当年海关保留下来的最后一座公寓楼被拆除……

03　百年小港

在现代化的港口设施出现之前,在胶州湾东岸的南侧,只有一座附近村庄用于捕鱼的小型简易码头。德国租借之后,兴建一座可以通行大型轮船并能与深入山东腹地的铁路进行衔接的现代化港口,就成了早期城市发展中最为重要的工程。从实际勘探的情况看,前海一线水浅浪大,地质条件也不符合筑港的基本要求。于是,这座港口最终选定在胶州湾东岸的这个位置。

由于大量的建筑材料、军火以及其他物资的到来,前海那座简易的军用码头已经无法满足实际上的迫切需求。同时,建造一座现代化大型港口,也需要相应的辅助。在大港的防波堤开工不久,

德租时期的小港。民船贸易在青岛经济结构中的潜在张力,让小港成为青岛民间贸易领域最为活跃的元素之一。(明信片)。↑

1899年春,由筑港负责人格罗姆施设计的小港工程也正式开工,在原大鲍岛码头为基础修筑的小港工程进展迅速。工程仅仅用了两年的时间就基本完成,并投入使用。这座几乎完全用土石方填筑,近乎一个正方形的小型码头位于修筑中的大港南侧,大鲍岛西北侧。为防止西北风、西南风的吹袭,筑港当局兴建了两座侧坡式的防波堤。其中北堤长45米,南堤长142米,两堤之间的口门宽100米,港内水域约34000平方米。在近岸处,将原有的大鲍岛码头改造为一座宽6米、长150米的木栈桥,两边可停靠两艘小吨位轮船。栈桥上亦设有小型起重机,并有铁轨与同年局部通车的山东铁

位于小港西岸的大鲍岛码头（明信片）←

路干线相接。在小港完工后，总督府便可以不必过分依赖条件有限的前海，差不多有一半以上的物资可以转往小港进行卸运了。

在德国人看来，小港的作用不过只是现代化大港码头的前奏，或者是其应急和辅助的方式之一。但是，傲慢的日耳曼人显然低估了民船贸易在青岛经济结构中的潜在张力。东侧紧靠铁路，西边就是海岸，水陆两便，这里的地理位置实在是太优越了。方便的交通途径，自然也带来了大量的人员流动和频繁活跃的民间贸易。小港在德租后期，逐渐成为民船和帆船集中地，连历史上从未在青岛系泊的福建、宁波船也开始出现在了港务局的统计报表中。根据统计，1912年，小港进出口帆船合计已达10490艘次。当南来北往的帆船、沙船和小木船所带来的贸易总额直逼大港的时候，总督府这才恍然大悟。小港码头逐步成为青岛民间贸易领域最为活跃的元素之一。来自周边地区的商贩们，用木船装载着粮食、蔬菜、瓜果等各种农副产品在码头的堤岸上直接销售，当年的小港一带民船之多大概也可以用"舳舻相属，万里连樯，风帆遮海"等词语形容。

日据青岛后，出于更加疯狂的掠夺目地，没有延续德国人以大港为中心发展远洋和大宗货物贸易的港口发展思路，从一开始就把发展的重点放在小港。同时，大港也需要小港的内贸来拉动和补充。为了吸引更多的民船前来贸易,日本当局颁布了多项鼓励民船贸易的政策,并希望小港成为沿岸各地帆船最繁荣的贸易港和中国帆船第一集中地。除此之外,扩建工程也是日本当局繁荣发展的小港重要措施。1916年12月开工的堤岸扩建工程,沿北、东、南三个方向分别筑堤,堤内的空间进行填埋,扩大可以充分利用的土地。这项工程在1918年5月竣工。为保证吃水较深的大型帆船停泊,1920年,日本当局还对小港进行了大规模的疏浚,并兴建了一座长158英尺、宽30英尺的浮码头,提高货物装卸的效率。1921年,当局还拟投资25万金元,对北防波堤进行改造,并扩建帆船寄泊岸壁和货物存储场,但因中日两国关于交还青岛的交涉工作展开,而没有进行。

与此同时,依托小港而兴起的近海航运也逐渐兴起。1916年,日本大连汽船株式会社开设了青岛至海州(今连云港)之间定期航线。1922年,中国收回青岛主权后,民族近海航运业得到了发展,并逐步动摇了日本船公司的垄断地位。当时参与近海航运的公司有慎泰记、合兴行、英记行、裕东公司四家,共7艘船。到20世纪30年代,青岛已有中国船行10家,其中的长记船行有船的排水量达1000吨,公祥和裕泰也分别有600吨和700吨。船行的兴盛和发展,也带动了"海关后"这一商贸居住区域的发展。

1938年1月,日本再次占领青岛。停泊在小港的船只均被钉上了"大日本海军管理"的木片,并禁止近海的船只活动。这种情况直至半年后,才逐步开始改善。抗战胜利后,以招商局为首的航运公司相继开辟了从青岛到天津、上海、营口、芜湖、江阴等沿海沿江口岸的航线。小港的航运和装卸业务也出现了战后暂时的繁荣局面。

04　被淡忘的旧港海岸

人类对于过往的记忆似乎都是"健忘"的。在一座城市漫长的发展进程中,同样也会有一些早已失去了本来面目的印记,被后来的人们所渐渐淡忘。但是,有一天当我们翻开尘封已久的厚重历史,从中找寻这些至今只能留存在过往岁月之中的记忆时,对于眼前今昔跨越时空的比照,除却有感于这种变迁所带来的巨大反差,或许其中还多少存在着几许迷茫与怅然……

这张20世纪初印制发行的风光明信片上,所显示的是一片静寂的海滩和沿岸漂亮欧式楼房所

View over Tsingtau from the west

德租时期的栈桥西侧海岸,静寂的海滩和沿岸漂亮欧式楼房所组成的连续、优雅的城市风景。而今,只有曾经是礼和洋行的小楼得以保留(明信片)。↑

组成的连续、优雅的城市海岸。如果不是图景中一幢今天仅存的建筑,我们很难相信这里会是青岛,会是栈桥西侧。如今这里已经完全发生了改变,而且恐怕也早已是不被大多数青岛人所记忆的旧港海岸⋯⋯

德国租借胶州湾后,就立即着手对这片土地进行城市化开发。最初,由于缺乏必要的港口设施,只能先将章高元驻防时期修建的前海栈桥暂作为主要的码头。而面对初期的窘困,这里相对方便的交通条件和随后宣布将保护地设为自由港的优厚政策,使得许多德国企业在巨大商机的引招下,相继在栈桥西侧被规划为港口的这片街区投资建房,设立新的分支机构。

根据1898年秋颁布的《城市建筑规划条例》和《保护地建筑监督法则》规定的"一般建筑不得高于18米,限三层""建筑外观、立面不得雷同"以及"建筑的风格要于所在城市区域的功能相适应"等原则,这片街区的规划设计者很好地融会了上述的法规。1904年,当这片街区的相继建筑完成后,就立即形成了一道别具特色的海岸风景。是年冬天,一位叫作弗里德里希·鲁勒(Friedrich Ruhle)的德国传教士来到青岛时,曾对这片优雅的海岸赞叹道:"Zuviel Wilhelmshaven, zuwenig Hongkong!"在他看来这片新建的街区太像德国北部的海滨城市威廉港了,反而并不与东方的城市相似。

栈桥西侧旧港区的贸易公司,在20世纪初的中国被统称作洋行,能够在青岛的记忆中留有名称的有礼和洋行、顺和洋行、哈利洋行、禅臣洋行等几十家之多。它们除了自己所经营的进出口贸易外,许多公司还兼为德国国内的大型工业企业充当办事处或代理销售商,所以房子临街几乎都设有店面,院内还有存放货物的小型仓库。

1901年6月,连接青岛与济南的山东铁路筑至胶州。这一工程的进展无疑增加了贸易的商机。同时,在道路交通条件进一步便捷的情形下,旧港海岸和衔接栈桥与火车站的霍恩佐勒大街(今兰山路)成为车来货往、异常热闹繁华的交通要道。《胶澳发展备忘录》对此的评价:"随着土地大批出售和商品交易的持续增长,青岛作为重要贸易场所的意义也正在不断加强。"

然而好景不长,随着1906年大港一期工程的完成,曾经聚集在旧港的贸易公司纷纷把目光投向新港。因为相比较而言,新建的港口拥有深水的泊位、先进的机械化装卸设备和大型的仓库。渐渐地,栈桥西侧由旧港所衍生出的繁华与喧闹,如昙花一现般消失了⋯⋯

从1914年8月开始,随着日本对青岛的战争和同盟国在"一战"中的失败,德国人的公司和资产均被日本人占有。而在此后很长一段时间里,旧港海岸的建筑只被笼统地记载为胶济铁路和胶海关高级职员的公寓,这一模糊的功能一直持续到20世纪50年代初。

1951—1952年间,旧港海岸和曾经繁华热闹的兰山路开始陆续改造。经过半个多世纪的变迁。而今,只有曾经是礼和洋行的这幢小楼得以保留……

今天,当我们站在拍摄图片的相同位置远望,那条曾经的洋行街,已经找不到任何昔日旧港的风貌。相对如今平庸的建筑与街道,历史记忆中的海岸风景仿佛从来未曾存在过一样,就像一个人已经不能对自己人生的某个时期还有所记忆。面对这种改变,面对被人淡忘的旧港海岸,面对我们的城市……或许,我们从中所得到的不仅仅只是对一段过往,对一段城市发展历程的回望与追忆……

05 冰封的港口

青岛的冬天,经常会有纷纷扬扬的降雪把城市装扮得一片银装素裹,也让人们真正有几分冬天的感觉。20个世纪四五十年代出生的青岛人,应该还对因冬季严寒沿海出现大面积的结冰有所记忆。几十年前的冬天远比现在要冷得多,零下十几度的低温,再加上5~6级的北风,不但是后海,有时即便是南边向阳的前海都会结上一层厚厚的海冰。

从1898年青岛有了正式气象记录以来,沿海一带共发生过六次严重的海面结冰,其中最严重的一次发生在1918年1月。由于极度寒冷,胶州湾几乎全部封冻,港口外的积冰都厚达一米余!根据是年1月25日青岛军民政部向日本陆军省呈报的《青島ニ於ケル物價》文件中称:"自上月末以来,由于天气极为恶劣,连日风雪,气温降低到了零下十余度。大港、小港都发生了冰冻,停泊在小港内的船只全部被冻结,船舶进出大港也极为困难,只能把青岛栈桥作为客货上下的临时码头"。

这张由日本出版商印制的明信片,忠实地记录下了在那次严寒中,小港被全部冰冻的情景。从图上看,不但是距岸较近的民船,就连停泊在深水的船只都被白花花的海冰牢牢地冻住。由于没有必要的破冰设施,依靠港口进行的贸易自然也就停顿下来,无论是船家还是货商们,都要等到冰融雪化之后才能继续装卸积压的货物。

1917年1月，由于极度寒冷，在胶州湾内的民船几乎全部封冻（明信片）。↑

青岛军政署呈报的文件称:"自上月末以来,由于天气极为恶劣,连日风雪,气温降低到了零下十余度。大港、小港都发生了冰冻。"(来源:日本国立公文书馆)←

这种在当时被列为灾害的冰封景象,或许都会让现在的人们颇感新鲜。因为近几十年来,由于温室气体的超标排放,引发了全球性的气候变暖。如今在青岛,低于零下五摄氏度的天气都非常少见了,那种连整个港口都被冰冻的景象,自然也就不可能出现了。

06 施迪克弗特别墅

沿着绿树成荫的沂水路向东,西起第四座建筑就是沂水路5号,原施迪克弗特别墅(Villa Stickforth)。可能是一直为机关使用,建筑的屋顶保护完好,一眼望去甚至看不到有破损的瓦片。外立面同样没有明显修补过的痕迹,只有后来的使用者可能为防盗另加的白色铁栅栏,显得与建筑的整体风格极为不符。

沂水路在德租时期名为棣德利街(Diederichs Weg),在这条街道出现后相当长的时间里,建筑物多集中在地势较高的北侧高坡之上。从1899年竣工的海军营公寓(Bataillonshaus)和戈尔皮克 – 柯尼希别墅(Villa Gelpcke-Koenig)开始,棣德利街的建筑施工几乎涵盖了整个的德租

德租时期的施迪克弗特别墅,整体上已开始具有近代建筑的风格,但主入口、明廊以及几座拱形大窗的设计上还体现出复古的传统特色(明信片)。↑

时期,直至1912年美国领事馆落成,建筑活动才告一段落。

沂水路5号住宅建造于1904—1905年,其最初的主人是驻港工程师施迪克弗特。最初,施迪克弗特与其他工程师均居住在维林公司位于奥古斯特皇后大街(今武定路)的别墅里。1905年,其在棣德利街投资建造的这幢住宅完工后,便与家人乔迁新居。施迪克弗特有三个儿子,由于筑港工程师的职业,他的儿子们便在德国学校里有了Mole 1(Ⅰ号码头)、Mole 2(Ⅱ号码头)、Mole 3(Ⅲ号码头)这样的绰号。在完成了青岛的工作后,施迪克弗特约在1910年离开了青岛,并把房子卖给

从俾斯麦大街(今江苏路)看棣德利街,右侧为施迪克弗特别墅(明信片)。↓

了哈利洋行的董事汉斯·克里斯蒂安·奥古斯特森（Hans Christian Augustesen）。在被日军驱逐之前，奥古斯特森一家一直在这里居住。

与相邻的戈尔皮克-柯尼希别墅（沂水路3号）和捷成洋行公寓（沂水路7号）相比较，施迪克弗特的这座别墅一改早期建筑传统的半木构形式，平面和立面均变得清晰、简明，给人以清新流畅的感觉。除底层以粗石装饰外，建筑的外立面已无任何嵌石和木雕构件。建筑的屋顶红瓦折线，并重视屋檐变化。南、西两面分别起山墙，为增加建筑的视觉高度，设计师还将主立面的窗户处理为"高直式"。虽然别墅在整体上已经开始具有某些近代建筑的风格与意味，但在主入口、明廊以及几座拱形大窗的设计上还体现出复古的传统特色。因建筑坐落于高坡之上，其庭院与南侧道路的落差处理为与建筑风格相协调的护坡和围墙。从20世纪初开始，在德国本土的建筑设计中，过去那种为艺术而装饰的思路开始落伍，表现建筑的材料本身和实用主义风潮开始流行，而斯提克弗茨别墅正是青岛的住宅建筑界对这种变化做出回应的一个开始。

1914年11月日本占领青岛后，别墅被守备军当局没收并占为己有。1925年，于是年在青岛开设分行的英国麦加利银行（Chartered Bank of India, Australia and China）为其经理购买了这幢别墅。1941年12月，太平洋战争爆发。青岛麦加利银行的英籍经理被日本军事当局拘捕，住宅也被没收。1945年8月，日本战败投降，别墅重新为银行所有。

07　寻找维林别墅

在德租时期出版的大量印刷品中，有一张名为"青岛维林别墅（Tsingtau Villa Vering）"的明信片。在这张明信片上，漂亮的花墙内，一幢别致的两层小楼掩映在树丛中。维林别墅，这个陌生的名字，此前从未在对青岛老建筑的考察和梳理之中出现过……这幢别墅究竟位于何处？它是否依然存在？又会一些怎样的谜团等待我们去揭示呢？

明信片本身所能提供给我的信息很少，从图片上看，房子建在一处当时还比较荒僻的坡地，没有任何可以判断其所在的标志景物。通过电子邮件，我们请教了远在德国的马维立教授，但是马维立的回复让我们多少有些失望。虽然1930年出生在青岛，并在此生活了16年，但马维立对这座早

青岛维林别墅（Tsingtau Villa Vering）。手工上色的明信片上，一幢别致的两层小楼掩映在树丛中（明信片）。↑

期别墅的具体位置也无法确定。他只是告诉我们，这座建筑应该在当时的港口区，是1899—1900年，负责建造大港码头的汉堡维林公司为解决该公司几位筑港工程师的居住而建造的。

马维立教授提到的港口地区就是今天的大港一带，历经百余年的改造与拆建，这里面貌已经发生了巨大的变化，寻找又该从何开始呢？研究者们在由青岛三船写真馆1919年发行的《青岛守备步兵第四大队纪念写真帖》中发现了维林别墅的身影。不过图片的主景不是别墅，而是其西侧1917年建造的日本第一小学。建筑保存至今的日本小学在今天的武定路上，维林别墅应该就在它的旁边。在经过对武定路东端几幢老建筑的实地考察后，初步判断今包头路25号就是我们一直在寻找的维林别墅。不过从将这幢已增筑改建的建筑与图片中的别墅比对比，无论从结构还是风格上，都迥然不同。难道早期的维林别墅已经拆除，这幢建筑是后期翻建的？

半年后，严谨、认真的马维立教授寄来了一张港口地区的高比例尺地籍图。从这张附带建筑平面的地图上我们发现，曾被认为是维林别墅的建筑实际上属于当时总督府筑港建设局的技术秘书雷绍（Reichau）。可是维林别墅应该就在这个位置？又找出那张日本时期的图片与地图仔细地比对，发现在雷绍住宅与日本小学之间还有一片占地较大的土地，上面还有两幢楼房和一处平房，难道这里才是真正的维林别墅？可地图上标注的业主是Aglen，而不是维林。在此后与马维立交流中，我们又获取了一条重要的信息，Aglen就是时任中国海关总税务司的英国人安格联爵士（Sir Francis Arthur Aglen）。有了明确的方向，事情就变得顺利了许多。在一位供职于青岛海关朋友的帮助下，我们终于可以确定这里就是维林别墅曾经存在的位置。

维林别墅位于德意志大街（今包头路和热河路）与奥古斯特皇后大街（今武定路）路口的东南侧。1912年1月，胶海关以14 000关平两的价格从维林公司手中购买了这处占地总面积10.283亩的住宅，并作为宿舍供海关的高级帮办居住。20世纪30年代，这里为胶海关"同乐会"（即海关俱乐部）。太平洋战争爆发后，胶海关被日军接管，这处住宅亦被没收，成为日本海军的士官宿舍。"抗战"胜利后，住宅被美军占用。1946年美军搬离后，国民党空军又以此房是日伪财产为由而强行占用。海关方面力争但最终无法收回，遂于国民政府敌伪产业处理局交涉，准予该房与辽宁路282号蒲池大楼和淄川路1号两处房产相抵。20世纪80年代末，维林别墅被拆除。

今天，当我们再次站在武定路与包头路交汇的路口，这里已没有了关于维林别墅的任何记忆。回望这个寻找与探求的过程，虽然曲折，却让我们对这座城市有了增加一点新的了解。不过，在青

20世纪30年代,维林别墅曾为胶海关"同乐会"。↑

岛虽不久远但却纷乱异常的发展进程中,仍然有许多的谜团至今还未找到答案,许多鲜为人知的故事仍等待着我们继续去探索与发现。

石刻历史

01 棣德利石：德国占领胶州湾"见证碑"

信号山上的棣德利石（Diederichsstein），实际上就是德国占领青岛纪念碑。严格说来，这块巨大的石头，也是青岛第一座具有纪念意义的石碑。

德国以鲁南两个传教士被谋杀一事为借口，进而侵占胶州湾后，时任远东舰队司令的棣德利，曾将一面德意志帝国海军的战旗插上信号山的突出悬崖，以示占领成功。因此，在这一军事行动之后不久，德国人就根据海因里希亲王的提议，决定利用这里的岩石，建造一方巨大的石碑。

从早期拍摄的图片上看，1898年11月14日，在德国占领胶州湾一周年之际落成的高大纪念碑，由自然石构成的碑座和人工雕凿的碑体组成，总高度8.5米，宽2.2米。主碑以整齐的花岗石条砌筑，碑面上刻有德意志帝国的鹰徽图案，下方的碑文雕刻成上旋双弧线状，上书：他为皇帝，为帝国，赢得了这片土地，这块岩石以他的名字命名为棣德利石。"Der hier fuer Kaiser warb und Reich ringsher das Land, nach ihm sei dieser Felsen Diederichsstein genannt." 文字的中译：在主体石碑的下方山体岩石上，另刻有德文碑记："1897年11月14日，海军中将冯·棣德利在这里占领了胶澳地区。"右侧，刻有内容基本相同的中文碑记："伏维我大德国水师提督棣君德利，曾于光绪二十三年十月二十日，因在此处而据胶域之

曾经位于信号山南麓的棣德利石，是一块由自然石构成的基座和人工雕凿的主体组成的高大石碑（明信片）。↑

土地，凡我同僚，寔深敬佩。"

  1898年11月21日出版的《德属胶澳官报》，详细记录了纪念碑落成典礼当天的场景。庆祝活动开始于上午11点，首先由海军陆战第三营军乐队演奏普鲁士进行曲，随后由代理总督、第三营营长杜尔少校致纪念碑的揭幕辞。他向德皇威廉二世表达了衷心的谢意，并回忆起一年前占领胶州湾的情景。在对冯·棣德利将军和建碑人进行了褒奖和赞扬后，他又转向参加典礼的海因里希亲王，希望亲王继续为殖民地的公益事业作出努力。杜尔少校的致辞，在对德皇高呼三声"万岁"

1898年11月14日纪念碑落成典礼↑

后结束。随后,第三营军乐队演奏了德国国歌,并接着演奏了奥地利国歌和一支进行曲,以表示对前来参加典礼的一艘奥地利军舰的谢意。这一仪式后不久,总督府将信号山正式命名为棣德利山(Diederichsberg)。

1914年11月,日本取代德国占领青岛后,除了将棣德利山改名神尾山外,又在石碑的鹰徽上,增刻上了日本占领青岛的日期:大正三年十一月七日,以示占领。

20世纪20年代初,日本出于外交上的考虑,决定对这座纪念碑进行拆除。但是关于碑是怎样拆除的,一直没有详细的文字记录。2008年3月16日,本地历史研究者在对纪念碑的考察活动中,发现了德文附碑的残块,证实了中德文对照的两个附碑被爆破拆除的记载。但主碑的去向,却依然存有疑点。多数观点认为,日本人在1922年撤离青岛前,已将碑体拆散,并运回了日本。

02　叶世克总督纪念塔

如果那块曾经竖立在信号山南麓的棣德利石，标志着德国对中国东海岸这个美丽港湾的强占；那么建成于六年之后，位于青岛路尽头、前海防波堤前半圆形小花园中的叶世克总督纪念塔（Gouuverneor Jaechkle-Denkmal），也许就该意味着强取与豪夺的延续。

1899年2月，德国海军部国务秘书蒂尔匹茨（Alfred von Tirpitz）委任海军上校叶世克（Paul Jaechkle）为第二任胶澳总督。叶世克上任后，为保护德国在山东的传教士和教堂，在1899—1900年的义和团时期，采取了强硬的手段，多次派兵侵犯胶州、即墨、高密、日照等中国城镇。叶世克的措施有效遏制了义和团在青岛及附近地区的蔓延。因此，他也获得了德皇和海军方面的褒奖。可始料未及的是，1901年1月27日，叶世克总督却因感染伤寒，故于青岛。官方在追授他为少将的同时，对其的评价是最严峻时刻的一位坚强有力而且远见卓识的领袖人物。为了"纪念"这位德国总督并表达对他的"敬意"，青岛的德国商人决定在威廉皇帝海岸（今太平路）为他建造一座纪念塔，并将一海之隔的薛家岛象嘴改为"叶世克角"。

1903年3月，同时为"纪念"《胶澳租借条约》签订六周年，叶世克总督的纪念塔在稍早建成的前海防波大堤上落成。这是一座全花岗岩的八角形石塔，通高约为16米。塔身的中下部为石制的回廊。

1914年11月，日本占领青岛。叶世克纪念塔被改造为日本占领青岛的标志，1923年12月，为纪念接收青岛一周年，胶澳商埠政府将纪念塔改建为"接收纪念亭"，并在石塔重新撰写的文字中详述接收的前后事宜和参与其中的相关人员。1938年1月，日本再次侵占青岛后，石塔再次被改建，成为鼓吹日本侵略战争的"东亚新秩序纪念塔"。 1945年8月，日本战败投降后，青岛市政府在次年9月，为纪念"抗战"胜利一周年，而将此塔改为"光复纪念塔"，塔基刻有"山海重光"四个大字，为当时青岛市长李先良手书。

此后的20余年里，虽然青岛又一次发生了翻天覆地的改变，可是人们似乎已经忘记了这座饱经风雨、见证了青岛短暂而又曲折的城市发展史的石塔。然而，这种遗忘并没过多久，纪念碑就在骤风急雨的"文化大革命"中，被彻底摧毁了……

不久，这里又有了一座高大的水泥照壁，上面书写着当时最为流行的伟人语录。"文化大革命"

建成于1903年的叶世克总督纪念塔，是一座全花岗岩的八角形石塔，塔身的中下部为石制的回廊（明信片）。↑

结束后,照壁被拆除。这里终于恢复了久违的宁静,再也没有什么事情发生。而这段足以贯穿青岛城市历史的往事,似乎就像那座早已被毁的石塔一样,随着岁月不断的变迁,慢慢地开始从青岛的城市记忆中消逝了……

03 叶世克墓碑

　　1901年1月27日,德国派驻胶澳的第二任总督、海军上校叶世克因染伤寒病死于青岛。其总督的职权暂由罗尔曼(Max Rollman)中校代理。2月2日,总督府在《青岛官报》发布了为叶世克举行了葬礼的消息,并将其安葬在青岛山东麓的欧洲人墓地。

　　根据马维立编译的《1898至1914年青岛德国总督传略》记载,叶世克于1851年8月4日生于布雷斯劳(今波兰弗罗茨瓦夫)。父亲奥托·叶世克是个银行职员。1868年4月,17岁的叶世克以候补士官生的身份加入德国海军。1881年在西印度,叶世克晋升为海军上尉。1886年,他在东亚成为"狼"号炮艇的指挥官,并在1888年晋升为海军少校。1888至1892年,叶世克在基尔成为鱼雷局的负责人。1892至1895年,在柏林成为海军部中央局局长,并在1894年获得晋升海军上校。

　　1895年4月,叶世克被任命为巡洋舰"皇帝"号的舰长,并率领该舰从德国到达东亚。1896年5月,他被召回柏林,担任了海军最高统帅部外事局局长。1898年10月10日,47岁的叶世克被任命为胶澳租借地的第二任总督。1899年2月19日,叶世克到达青岛,开始履行他的总督职责。

　　1900年3月24日,叶世克在香港迎娶了他的第二个妻子海伦·沃琳。在叶世克死后,海伦曾在官方的《青岛官报》刊登了谢词,对叶世克病重期间各方给予的帮助表示谢意。总督府在叶世克身后给予了他很高的评价,认为在1900年那段困难时间里,"他不顾自己的健康,全力以赴的工作,才加速了生命的结束"。

　　叶世克墓位于整个欧洲人墓地的核心,墓碑由白色的大理石制成,碑的样式按照欧洲传统被制成了方尖碑式,墓碑高高的基座用优质的花岗岩砌筑,远远望去很像一支刺向天空的白色宝剑。在基座与由粗石砌成的底座之间设有一个碑托,中间半圆状的龛内设有表功的"铁十字"勋章浮雕。在墓碑的正前方,设有一个突出的祭台,祭台的前部刻有叶世克的姓名——Paul Jaeschke。墓碑

叶世克墓位于整个欧洲人墓地的核心,墓碑由白色的大理石制成,碑的样式按照欧洲传统被制成了方尖碑式(明信片)。↑

[石刻历史]

墓碑的四周设护栏，前、左、右三个方向设石质阶梯。←

的四周设护栏，前、左、右三个方向设石质阶梯。

叶世克墓于"文化大革命"期间被捣毁，其墓碑据说是用于铺设了道路。

04 海军第三营碑

海军第三营碑（Denkmal III. Seebataillon）位于俾斯麦兵营内，从图片上看它应该位于最先建造的Ⅱ连和Ⅳ连两座营房之间。关于海军第三营纪念碑的有关资料，从前并没有更多翔实的资料。如果不是在德国人印制的明信片和私人相册里的影像，可能我们还不知道曾经有这样一座碑的存在。

根据1912年出版的《海军第三营史》记载，这座海军第三营碑落成于1911年6月23日，是为了"纪念"11年前，在八国联军攻战天津的战斗中第三营阵亡的德军官兵。在这次镇压义和团的军事报复中，海军第三营派出两个连，这大概用去了当时驻青德军近三分之一的兵力。同时，时任胶澳总督的叶世克还派骑兵进驻胶州和高密两个中国城镇。不过与德国陆军一万余人的远征部队相

位于俾斯麦兵营内的海军第三营纪念碑，虽然体量较小，设计却极为讲究（明信片）。↑

比，海军的这些人少得可怜。有德国学者认为，历史上德国陆军和海军就素来不和，掣肘颇多。此外，海军也无意过多地参与激怒中国人的军事报复，因为这样会不利于其在青岛的统治。

根据《海军第三营史》的描述，为在镇压义和团的行动中，阵亡官兵立碑的想法，其实很早就提出了。第三营为此还设立一个纪念碑筹委会，负责预算、设计和施工工作。从历史图片上看，这座碑虽然体量较小，但设计却极为讲究。整个碑沿中轴对称，碑体采用了黑色的大理石。两侧的大理

[石刻历史]... 135

石小圆柱柱头采用了花岗岩,与观象台内的石碑如出一辙。三角形的碑首内还有一只展翅雄鹰的凸雕。碑的正面镌刻着:"Zum Gedaechtniss der waehrend der kampfe 1900—1901 fuer das vaterland gefallenen u.verstorbenen kameraden des III Seebataillons"(纪念在1900—1901年的战争中为国家牺牲的第三海军营的战友们),下方还有"Wer gestorbenist der ist nicht lot, der ist nur fern Tot ist wer vergessen ist"(逝去的人,其实未死,只是远离,被遗忘的人才是真正的死去)的字样。碑的背面是阵亡官兵的姓名。前方踏步的两侧狮身人面像的雕塑显得极为注目。

不过让树立这座碑的德国人所没有想到的是,1914年第一次世界大战的爆发,让这座碑仅仅存在了三年多一点的时间,就随着青岛被日本人的占领而被拆除。而碑上的人名或许也早已被遗忘,就是当年碑文的那首诗里所说的那样。现在碑所在的位置平和而且安静,已经没有任何的遗迹可寻。

05　日本"忠魂碑":太平山下的侵略罪证

1914年11月7日,日本在经过近三个月的鏖战之后,终于占领了青岛。在这次小规模的局部战争中,日本总共动员了5万余人的陆海军,战胜了不到5000人的德国守军。

根据战事结束后的统计,日军的战死或病亡者共有1014人,这些人的灵位被暂时安放在由前海天后宫改建的妙心寺。日本占领青岛不久,守备军当局就在司令官神尾光臣、参谋长净法寺五郎的提议下,着手在太平山(时改称旭山)南麓的一处山坡,设计建造用于祭祀战死者的纪念碑。

根据1941年出版的《青岛神社大事记》和1991年的《日本青岛中学校史》记载,这座纪念碑自1916年3月3日开工,建造期历时一年零一个月,于1917年4月3日竣工,被命名为"忠魂碑"。建筑师和监督均为陆军技师中村琢治郎,现场监督为陆军技手田村汇三郎,施工者为大仓组,整个工程共耗银46 080.86元。"忠魂碑"竣工的当天,进行了第一次招魂祭。

这座见证日本侵占青岛的"忠魂碑"的具体位置在中山公园樱花路的中段,今太平山索道站处,是一座四楞尖顶、内部中空的花岗石碑塔,底面积为12坪(约397平方米),高度约为21米。塔身面南,正中书"忠魂碑"三字,为青岛守备军司令官神尾光臣所书。碑塔四周皆由花岗岩砌成围栏,

"忠魂碑"的具体位置,位于今中山公园太平山索道站处,是一座四棱尖顶,内部中空的花岗石碑塔,高度约为21米(明信片)。↑

日本人称之为"玉垣"。围栏中立有92根石柱,前后两面均刻有日军阵亡军官的名字,每两根立柱之间还有六根小柱,前后两面是日军阵亡士兵的名字。碑体的正前方建有一条三段石阶,每阶有14级,两侧还建有辅助石阶。中空的碑内,供奉着陆军步兵少佐佐藤嘉平次以下666名陆军官兵、海军大佐伊东佑保以下338名海军官兵以及在占领南太平洋德属岛屿的战斗中阵亡的10名日军官兵的灵位。

1917年，日本守备军向"忠魂碑"内迁移官兵灵位。（上）↑
"忠魂碑"参拜神路前的石阶是至今唯一保存完好的原物。（下）↑

此后,每至春秋两季,日军都举行大规模的祭拜仪式。根据《青岛神社大事记》所载,时常有日本皇室成员和日军高级将领前来参拜,这种仪式一直延续到 1945 年 8 月日本战败投降。

1946 年,青岛市政府将"忠魂碑"改为祭奠供奉抗战中阵亡将士的"忠烈碑",但此举随即遭到了社会各界的质疑和反对。1949 年 6 月,这座纪念碑和青岛神社等建筑被陆续拆除,所拆石料多用于铺路。现在中山公园内的纪念碑遗址上,还存有参拜神路前的石阶和部分石件残体。

06 建筑师毛利与青岛的"胜利大道"

弗朗茨·伊克萨维尔·毛利(Franz Xaver Mauerer)也许是青岛纷至沓来的德国旅者当中最具喜剧成分的人物。他的一些行为常常让人们哭笑不得,不过这个"精神上稍微有些错乱,时常做些毫无意义的事情,有着各种疯狂的想法"的所谓神经病却是一个应为后人所知的优秀建筑师。

1898 年,毛利和许多踌躇满志的德国人一样,来到了可能在这之前从未听说过的青岛。1900 年 2 月,他为汉学家卫礼贤设计建造了礼贤书院(Richard Wilhelm Schule)中具有中国传统风格的住宅部分。显然,这是在卫礼贤的要求下,而刻意设计的。这组"能容纳两个家庭居住"的建筑虽然现已改为他用,但从保存至今的老照片上,我们还能看到典型的中式风格。毛利是如何在这么短的时间里,就能基本掌握中式建筑的特征与结构的?答案或许永远都是个无解的谜团了。不久,毛利又先后设计了其本人位于蒂尔匹茨大街(今莒县路)和北京街地块上的一座公寓楼和事务所。资料显示,1902 年毛利曾前往日本的一家医院,治疗其所患的精神疾病,不过这份资料并没有指出毛利在日本待了多长时间。1907 年是德国占领胶州湾十周年,为了以资"纪念",毛利居然想到在自己位于奥古斯特 – 维多利亚湾(今汇泉湾)畔"别墅区"克里斯特街的地块上设计建造一座观景台式的纪念碑——即所谓的胜利大道(Siegesallee)。

"正版"的胜利大道是德国首都柏林著名的景点,这条长约 750 米的林荫大道从科姆帕尔广场(Kemperplatz)开始,穿越蒂尔加滕公园(Tiergarten),至科尼希茨广场(Königsplatz,今共和广场)。大道的两侧,是雕塑家贝加斯(Reinhold Begas)与他的 27 名学生,自 1896 年开始,花费五年时间完成的 92 座普鲁士历代国王的雕像,大道的尽头是著名的、象征着德意志民族精神的胜利

曾位于栖霞路、福山路之间的"胜利大道",是一处可以俯瞰整个汇泉湾的观景平台(明信片)。↑

女神纪念柱（Siegessäule）。

毛利的"胜利大道"实际上也是一座纪念碑,但却并不是柏林胜利大道的"山寨版",除了借鉴了这个名字和其具有的纪念性意义外,他的设计思路与布置和柏林的胜利大道完全不同。从历史图片上看,毛勒的"胜利大道"位于阿达尔贝特亲王大街（今栖霞路）与克里斯特街（今福山路）之间的山坡上。沿着山坡的走势,毛利设计了三个递层而上的平台,平台与平台之间各有笔直的石阶相连,在设计上采用这种布局的意图非常明显,除了利用这种顺应地势而造成的空间变化,会增加景观的气势,无形中也会给人某种崇高的感觉。在石阶尽头是"大道"主出入口,两边设观景平台,在此可以俯瞰奥古斯特－维多利亚湾的优美海景。观景平台与克里斯特街齐平,观景台的围栏以入口为中心两边向东西伸展,两边依次排开九根石柱,在每根柱子之上都有一只神兽,这种狮子和鹰鹫结合的神话动物,在德国被称为 Leogryph（形似中国的辟邪）。

1907年11月13日,毛利发表了一份所谓的《告青岛居民书》:"值此殖民地建立十周年之际,本人在经过自己住宅基地的这段克里斯特街设立一条胜利大道。入口西侧,九个伫立有狮鹫的柱子一字排开,他们充满力量的前爪中握有象征德意志的徽标。柱子下面的说明文字刻有历任德国总督或他们代理人的名字、任期以及他们的圣骑士。东侧同样矗立着九根柱子,上面刻着十年以来山东巡抚以及其代表的名字,任期以及胶州和即墨的地方官。

每个底座上都有三个名字,即总督本人以及两位在其摄政期间起过重大作用的人士。本人谨以此作为一份对殖民地居民身份最诚挚的感谢,并诚邀青岛各界人士参加11月14日（星期四）上午11点"胜利大道"的揭幕仪式。

德国总督和官员的名字如下:

1）安治泰主教、能方济和韩理神父。（两位神父于1897年11月1日被谋杀,为我们占领胶州湾提供了机会）

2）冯·棣德利海军少将 1897—1898（单威廉博士,斯米德）

3）都沛禄海军中校 1898（锡乐巴,米勒工兵上校）

4）罗绅达海军上校 1898—1899（和士谦,戴姆林）

5）叶世克海军上校 1899—1901（阿理文,花之安）

6）马克斯·罗尔曼海军上校 1901（托马斯,迪佩尔大夫）

7) 都沛禄海军上校 1901—1904（莱尔舍,海恩尼格）

8) 师孟海军上校 1905—1906（克鲁森法学博士,哥克）

9) 都沛禄海军少将 1906(尤力乌斯·罗尔曼,施迪克弗特）

中国巡抚和官员的名字如下：

1) 李秉衡 1895—1897（罗志伸,朱衣绣）

2) 张汝梅 1898—1899 和毓贤 1899（张承燮,许涵敬）

3) 袁世凯 1899—1900（张承燮,王万牲）

4) 张人俊 1900—1902（张承燮,李恒诚）

5) 周 馥 1902—1904（余则达,李恒诚）

6) 尚其亨 1904（余则达,程云翰）

7) 胡廷干 1904—1905（余则达,程云翰）

8) 杨士骧 1905—1907（余则达,程云翰）

9) 吴廷斌 1907（德林,程云翰）"

当时出版的《青岛新报》对这座纪念设施的落成也进行了报道,虽然该报的评论认为"这件事情滑稽可笑",但是对毛利设立这座纪念碑的初衷却予以了充分的肯定,并希望他美好的愿望能够得以实现。毛勒的倡议也得到了回应,因为"许多先生和女士出席了昨天为 18 座纪念柱揭幕的小型庆典。海军乐团还为毛利先生提供了演出,随后主办者恭祝我们的皇帝和殖民地万岁"。

关于纪念碑上的德国名字,波恩大学地理学院的马维立教授曾进行了详细解读：单威廉,1897—1909 年任中国事务委员；斯米德,1899—1914 年任山东矿业公司经理,并兼任山东铁路公司商务经理；锡乐巴,约在 1899—1907 年任山东铁路公司技术经理；工兵上尉缪勒,在 1898—1908 年是负责建造防御工事的工程军官；和士谦,信义会的传教士；戴姆林在 1898—1901 任德国海军测量分遣队主管，负责绘制租借地土地地形与测量；花之安,同善会传教士,1898 年来到青岛,1899 年去世；托马斯,1898—1901 年为首任林务官；迪佩尔医生,花之安（华人）医院院长,1900 年 12 月来到青岛,直到 1905 年 1 月,1907—1908 年又回到青岛；莱尔舍,海军医生,1898—1902 年任野战医院首任院长；海恩尼格,1900—1906 年任青岛德国邮局局长；克鲁森法学博士 1902—1914 年任大法官；哥克,沧口德华缫丝工业公司经理；罗尔曼 1902—1907 年任港

"正版"的胜利大道是德国首都柏林著名的景点,这条长约750米的林荫大道两侧,是雕塑家贝加斯与他的27名学生,花费五年时间完成的92座普鲁士历代国王的雕像。←

口建设局长;施迪克弗特,维林公司工程师,1899—1909年负责建造大港。毛利把这些名字镌刻在纪念柱上的意图也非常明显,他希望用自己的方式为青岛十年来的发展进行纪念和小结。

从当时每年出版的通讯录上看,建筑师毛利在来到青岛之前就已经结婚,并有一儿一女。根据马维立的考证,毛利的儿子康拉德在1920年之后,曾作为德国著名企业拜耳公司的代表常驻汉口。

在早期的青岛,土地往往是投资和交易最频繁的东西。从当年的地籍图上看,毛利在青岛竞购的第一块土地在莒县路与湖南路的路口。据1902年8月的地籍图显示,他在北京路又购买一块地和一栋房子。相邻的地块在1902年初还属于纳格勒(Nagler),不过到了年底也归到了毛利的名下。此后毛利又竞得了栖霞路上建造"胜利大道"那块坡地。毛利曾经住在那里,通讯录并没有给出明确的信息,或许在莒县路2号那座至今保存公寓里,抑或在北京路上早已拆除的事务所里,今天我们已经无法准确地获知了。

辛亥革命推翻清朝的统治之后,毛利向新成立的民国政府提出了申请,他希望除了保留德国公民的身份,同时能够成为中国公民,并得到一本中国护照。这似乎并不算是个无聊或者古怪的想法,因为在当今承认双重国籍的国家,已是件司空见惯的事情。但在当时,毛利的举动更多给人的看法是,"这个神经病怕是已经不可救药了"。

1914年11月,日本占领青岛,多数成年的德国男子都被当作战俘分批羁往日本,许多人甚至是以莫须有的原因就被日本军事政府逮捕。因为患有精神病的原因,毛利没有参与战争,因此他成为了少数被允许留在青岛的德国人。就在这个惶恐不安、人人自危的年代,1917年,毛利却在公开的场合下抨击日本当局在青岛所奉行的政策,这一不合时宜的举动,也让毛利很快被日本当局驱逐出了青岛。离开之后的毛利去了哪里,我们还不知道,但是资料记录下他在1922年7月再次与青岛日本当局的冲突。毛利呼吁青岛的人们拿起武器把日本人赶出青岛,而日本人则指控毛利正在危及青岛平稳过渡的和平。这大概也多少应允了章士钊先生的一句名言:"不是神经病人,断不能百折不回,孤行己意"。

1922年12月,中国接收青岛主权之后,毛利回到了青岛。这一次他没有再离开,在这座饱经磨难的城市静静地生活了10年之后,1931年6月6日,毛利在青岛过世。

2009年年初,部分史学爱好者组织了一次对毛利的"胜利大道"的考察活动。与研究者们预料的一样,毛利的"胜利大道"已经没有任何东西留下,现址福山路16号,已经被一座20世纪30年代风格的近代公寓式建筑所取代。1944—1946年,曾在福山支路居住的马维立回忆道:"那时候我只有10岁,因为住的较近,所以我曾多次沿着福山路走过。左侧(北侧)已经有房屋建在山坡上。前面一所房子的花园里立着一座毛利'胜利大道'遗留下的雕塑,显然它已经成为一件私人装饰品,这很可能是'胜利大道',最后所留下的。"

军事堡垒

01 青岛口要塞的"和平时光"

在这张出版于 19 世纪末的明信片上,为我们展示了 1897 至 1898 年,德国占领胶州湾之初一个珍贵的写实片断。图景左侧所绘的是一座中式兵营。从兵营后方的山体和所附文字"Fort von Chin-tau-kou bei Kiaotschou"(胶澳青岛口要塞)来判断,这里应为最初的东营,即章高元驻防时期的嵩武中营。此时的青岛口要塞,平静的仿佛回到了占领之前的"和平时光"。可是,但营门之上飘扬的却已不是总兵旗。营门外,一队德海军士兵正在列队集合,旁边还摆放着几门轮式野炮。两名负责通信的传令兵正往来于兵营通向衙门或码头的道路上。右侧一只头戴王冠,代表着德意志帝国的黑鹰下,是两名军官的肖像画。左面人物为时任海军第三营营长的洛索夫中校。1898 年 1 月 27 日,洛索夫与 1155 名步兵和 303 名炮兵乘坐"克莱菲尔特"号和"达姆施塔特"号运兵船抵达青岛,同年 8 月洛索夫结束任期回国,继任者是杜尔(Major Dürr)少校。右侧则是轻巡洋舰"格菲昂"号(SMS Gefion)的大副、海军中尉弗朗兹·格拉波夫(Franz Grapow)。

1898 年秋,沂州府的中国百姓与德国天主教传教士发生了严重的冲突。当时,在沂州府日照县后街头村传教的德国传教士听信了教民所说"该村有人要聚众灭教"的传言,便要求知县进行追究。11 月 8 日,刚由曹州府调至沂州府的德国传教

德国画家笔下,被侵占之初的青岛口要塞。左侧人像为洛索夫中校和格拉波夫中尉(明信片)。↑

士薛田资赶到后街头村。次日,在与村民交涉之中引发了冲突,薛田资被愤怒的村民拖架至村外殴打。日照知县闻讯后急忙对此事进行了处理,并在一周后结案。但在兖州的德国主教安治泰和他的副手福若瑟对此并不满意。安治泰强烈要求德国"给中国的官吏和'黑会'(大刀会)点颜色看看"。1898年12月和次年3月,安治泰两次向青岛的叶世克和驻北京的德国公使海靖提议出兵日照。在得到了德国政府的批准后,叶世克立即组织了两支共160人的部队,在3月29日晚,乘坐格拉波夫中尉所在的"格菲昂"号前往日照。30日凌晨,第一支由120名海军陆战队士兵组成的部队在法尔肯海因中尉(Erich von Falkenhayn)率领下在石臼所登陆,由薛田资带路进攻日照县城。

另一支 40 人的部队则前往韩家村。在占领县城后,法尔肯海因宣读了叶世克给日照知县的信函,要求 6 日内缉拿各犯,10 日审明交罪,并进行抚恤。4 月 2 日抵达韩家村的分遣队纵火焚烧了大量的民房,使 40 多户村民无家可归。5 月 15 日,驻德公使吕海寰前往德国外交部交涉,要求从日照撤军。但德方却说,"尚需再待数日,看中国是否实在保护"。10 天后,德军撤走,同时抓走了几个地方乡绅,目的是为安治泰索取赔偿作人质。直至 6 月底,安治泰得到了 8000 两白银的赔偿,才电致叶世克释放了所扣人质。至此,出兵日照事件才结束。

由于在一系列因筑路、宗教所引发的冲突中,当时的胶澳总督府均采取了诉诸武力的强硬态度,使得双方的矛盾日趋加深。连当时同在鲁南进行传教活动的美国长老会都认为这种所谓的对传教机构的"保护",实质上还不如不保护。而总督府这一系列的举措最终也加速了义和团运动在山东的爆发,随即迅速地席卷了整个华北地区……

02　炮队营

章高元率部由登州府调防胶澳后,在 1892—1894 年之间,共营建了四座旧式军营,它们分别是广武前营、嵩武中营、骥武营和炮队营。这些军营建筑中,目前仅能找到为数不多的几张图片,所以一直以来许多人甚至怀疑其中几座兵营实际是否存在。直到 2003 年 11 月,在一次市政供热管线的施工当中,无意间发现了昔日骥武营的西南界石,才真正为这些当年清廷设立于此的主权象征的存在,提供了有力的佐证。

这张俯瞰昔日炮队营的明信片应该拍摄于 1898—1900 年之间,由于缺乏当时官方对军营建造的记载,我们也仅能够从明信片上来解读这组已经消失了一个多世纪的老建筑。从整体上看,这组建筑应该是比较典型的中国传统式风格。军营呈规整的方形,营墙应该是由三合土附以砖石构筑而成,高度应为四米,顶部按惯例出雉堞。营墙的正中间设营门,为一座城台式的石构建筑。拱券门洞的上方是刻有阴文"营门"字样的石制匾额。营门中间树有一根高大的旗杆,可能是用于悬挂该军营的营旗。营内是按中轴对称,横竖排列整齐的营房。从图中看,大概有三四十间之多,均为中国传统式样的平房。营门外是一片平坦开阔的土地,应该是当时士兵操练的校场,而营墙右侧

章高元驻防时期建造的炮队营,是一座中国传统风格的旧式军营(明信片)。↑

的方形水池,可能是为防火蓄水而设立。

　　据胶海关总税务司阿理文的记录:"当时的胶澳,由于远离省内的主要官道,几乎听不到来自帝国任何大事,几百年来,一直处于平静,但似乎比较单调的氛围当中。直到1892年,一支由总兵章高元率领的中国警备部队在这里驻防,这种单调的平静才开始有了改变。至1897年11月之前,一座已成和两座未成的土垒炮台、一条较长的登陆码头、一个火药库、一处将军衙门和这几处较大的军营,便是章驻防以来所有的建设成果。"

Tsingtau. Artillerielager.

从今金口路一带俯瞰炮队营,远处可见信号山(明信片)。↑

  德国占领胶州湾后,包括炮队营在内的中国军营,成为了德军士兵的临时营房。但德国人很快发现,由于青岛沿海多雨多雾的潮湿气候和房屋本身的缺陷,这些旧式的中国军营,极易成为传染病和其他病毒滋生和在士兵中传播的场所。而且兵营的分布,似乎也不符合构筑新型防御体系的规划。因此,可能在不久之后就开始了对旧式营房的陆续拆除,并着手设计和建造新的军营。

  随着不断拓展,这座后被正式命名为青岛的城市不断地注入新的元素。而这些旧式军营的消失,仿佛也在预示着清政府对于胶澳青岛主权痕迹的无奈丧失。炮队营在后来被改造为军官俱乐部的网球场。1914年日本围攻青岛期间,德军在此曾设一处临时飞机库。在1920年由时任胶海关署副税务司大泷八郎呈报的《胶海关华洋贸易论略》中,我们找到了炮队营被拆除的最后记载,日本当局将该营残存的营门与围墙彻底拆除,在此兴建耗资22 8000元的青岛中学。

03　高地营与临时检疫所

由于缺乏官方记载，我们对这处位于青岛半岛北侧，靠近胶州湾中式营房的解读似乎多少有些无从展开。能够找到的早期图片资料只有两张，图片上的中国传统样式，按中轴对称，横竖排列整齐的营房与南面的炮队营和东营没有太大的区别。从地图上看，兵营的周围有夯土环绕的围墙，其整体布局也与其他三座较大兵营相似。在1891—1897年章高元驻防胶州湾时期，这座兵营被命名为"广武前营"。

德租时期的高地营，即章高元时期建造的广武前营，其布局与南面的炮兵营、东营没有太大的区别（明信片）。↓

德租时期的高地营营门,两侧的夯土墙已残破坍塌。←

1897年11月14日,来自德国远东舰队轻巡洋舰"鸬鹚"号上的水兵,趁着清晨的薄雾,控制了这座营房和东北面的小鲍岛火药库,最终使得德国兵不血刃就占领了胶州湾。德国接管后,广武前营被改为"Höhenlager",即位于高处的营房。

显然,清军所构筑的这座低矮、潮湿,缺乏必要通风和排水系统的旧式营房并不符合德军的标准。在1898年9月25日出版的《法兰克福报》上刊登了一篇该报记者当年8月初发自青岛的报道。该文曾对当时的高地营这样描述道:"……当夏日到来的时候,胶州的炎热完全与香港一样。在驻扎的高地营,士兵们在发出霉味的小屋中根本睡不着,夜里他们就把吊床架在树之间,或者直接懒散地躺在兵营的土墙上。中士坐在外面看士兵们打牌,直到他们再也熬不过困倦……"为有效地防止突发性时疫的传播流行,1906年,总督府在高地营中设立了一座临时性的传染病检疫所(Seuchenlazarett)。除了在军营内一座坚固的房子里安装了一台巨型蒸汽消毒锅炉,为消灭活动于帆船、小型轮船和中国住房中的老鼠,检疫所还准备了一台可移动式灭鼠机,营房中的其他房舍则用于在必要时安置可能被传染病感染的人员。根据《胶澳发展备忘录》的叙述,这座检疫站所需的全部器械均在德国订购,其中包括那台可在中国住房、小型轮船及帆船中移动的灭鼠机。在出现疫情时,检疫站和野战医院都可以迅速地投入了行动。因为有围墙,检疫所很容易对外进行封闭,

[军事堡垒]… 151

达到隔离传染的效果。如果疫情发生在船上,可从海上通过阿克纳桥直接到达该所,可满足各种最紧急的隔离和检疫需求。初期的检疫所规模很小,仅有 120 个床位,建筑也多为当时的中式营房和木制的临时板房。

1920 年 3 月,日本当局进行了扩建的检疫所改名青岛病院台西镇分院,并可收 200 人住院治疗。1922 年 12 月,医院由胶澳商埠督办公署接管,改名为商埠传染病院。1929 年,商埠传染病院为市立传染病院。1938 年 1 月,再次被日军当局占用,并由同仁会防疫处兼管。1945 年 12 月,由青岛市卫生委员会接管。1946 年 3 月,移交青岛市卫生局。1958 年 8 月传染病医院迁往抚顺路,原址改建青岛台西医院。

04 伊尔蒂斯兵营

由于原有的清军营房设计简陋、阴暗、潮湿,通风效果差,甚至缺乏必要的上下水设施,因此,如果遇到青岛的多雾季节或雨季,极易在士兵们之间引发传染性疾病。如 1899 春在山东爆发的瘟疫,也波及青岛,29 名士兵成为伤寒斑疹的牺牲品,这个数字占到了驻防德军总数的 2%。这种非战斗性的减员让德国当局非常头疼。因此,尽快建造卫生、整洁、符合德国标准的现代化军营,就成了非常迫切的要务。

建于 1899—1901 年的伊尔蒂斯兵营(Iltis Kaserne),是德国海军在青岛最早开建的部队营房。由于早期尚缺乏符合要求的建筑材料,水泥和木材等就依靠成本高昂的进口来提供,而德国的建筑师和公司并不乐于采用廉价的中国材料,再加上缺少熟练的建筑工人,使得这座只有两座大型营房的兵营,虽然耗费了 95 万马克的巨资,但工期却持续了长达三年的时间。

伊尔蒂斯兵营的建筑师为青岛要塞工程局(Fortifikation)局长、工兵上尉缪勒(Hauptmann Müller),除了这座兵营,从 1898 年至 1909 年,缪勒还相继完成了信号山上的占领纪念碑——棣德利石的设计,以及团岛、西岭、衙门山等处要塞防御工事的改扩建工程。为了保证建筑的质量,总督府还专门聘请了政府工程师拉菲尔特(Reffelt)对整个施工过程进行监管。

伊尔蒂斯兵营的选址在青岛以东的太平山南麓,东南约 1.5 英里是一处伸出的海岬(太平角)。

"具有典型的南欧建筑风格"的伊尔蒂斯兵营建于1899-1901年，是德军在青岛最早开建的部队营房（明信片）。↑

虽然远离中心城区，但背倚山傍海的地理位置却极佳。两座营房前后交错排列，主体建筑沿中轴伸展，长约110米。建筑立面为纵向三段式手法，基础使用了采自青岛的优质花岗石砌筑，中间起装饰性山墙，平缓的斜屋顶突出于墙体，清水墙线粉勾边，两翼各建巴洛克式塔楼一座，非常引人注目。德国建筑学者华纳认为，伊尔蒂斯兵营"具有典型的南欧建筑风格"。华纳还发现，缪勒的设计还在附属建筑的敞廊栏杆上使用了灰色的中式瓦片，并用典型的中式手法砌成了不同的几何或花卉图案，这种手法在传教士昆祚（Adolf Kunze）设计的柏林信义会住宅中也能够看到。究其原因，无外乎缺乏合适的建材，或者基于设计者本人的审美观点，而采用少量的中式风格装饰。许多德国人来到中国之后，就立即喜欢上了中国传统的瓷器、绘画、雕塑、木刻等艺术，将其运用于建筑当中，这也是当时流行的做法。

从太平山俯瞰伊尔蒂斯兵营的一座营房↑

另一个值得人们注意的特点是兵营在南边加建的游廊，这对于改善房间的通风颇有裨益，彻底改变了旧式兵营阴暗、潮湿的弊端。这种风格稍后也成为一种趋势，在1903年之前完成的许多商用、民用建筑上都或多或少的受到了影响，如1901年建成的德华银行青岛分行，建筑师锡乐巴和魏勒尔（Louis Weiler）就把明廊的风格在建筑的南立面和西立面体现得尤其明显。这种特点最初应该是出于卫生上的考虑，抑或是受华南地区气候的影响。不过在后来，人们把多数的明廊用窗户进行了封闭，以创造更多的使用空间。毕竟，基于青岛的气候特点，这种热带风格的明廊并不实用。

根据1899—1900年的《胶澳发展备忘录》所述，伊尔蒂斯兵营的每座营房可容纳一名尉官，若干士官，以及一个连的士兵，每间营房为60平方，可容纳10名士兵居住，这要比德国国内的标准大出1/2。房间都设在设有明廊的南面，北面则被长长的走廊隔开。除了营房，还设有两座附属建筑，内设食堂、士兵厨房、军官厨房以及其他必要的后勤保障房屋。

05　俾斯麦兵营

以德国"铁血宰相"俾斯麦命名的俾斯麦兵营（Bismarck Kaserne）位于青岛山南麓，虽然被周围起伏的丘陵所包围，但背山面海的地理位置极好，原址曾有一座章高元驻防时期建造的旧式军营——嵩武中营（德军称东营，Ostlager）。

俾斯麦兵营是继伊尔蒂斯兵营后的第二座大型营房。该营自1903年I号营房开工至1909年IV号营房竣工，历时七年，耗资约75万马克。兵营除了四座大型的营房，还设有士兵活动中心（礼堂）、军官公寓、士官公寓、枪炮修理厂、马厩等附属建筑。由总督府建筑局设计，马尔克斯（Lothor Marcks）监理，承包商广包公司负责施工的I、II号营房，被德国学者约瑟夫·林德评论为"堪称对未来的建筑产生积极影响的典范"。奢华的南立面采用了新哥特式的装饰，优美的拱券，大块花岗石砌筑的墙壁，明亮、通畅的外廊饰以小型的罗马柱，这些装饰让两座部队营房更像是欧洲沿海的度假旅馆。为了防止疾病的发生，营房的设计采用了新的卫生标准，除了宿舍配有与厕所分开的盥洗间，甚至还引入了更为先进的抽水马桶。

然而，奢华的装饰必然导致了高昂的建设成本。出于经济上的原因，1906年，从为安置自胶州撤回的第五连而建的III号营房开始，无实用价值的装饰就逐渐开始被放弃，只有凸字形的山墙上增加了德意志帝国的鹰徽浮雕，以及承载着传统的明廊还被保留着。到了最后完工于1909年的IV号营房，建筑形体就更为简化，明廊也彻底消失了，装饰性元素则更少，呈现出向实用主义转化的趋势。

从俾斯麦兵营的平面图上看，四座、两组"工"字形营房的中间是一个方形的操场，用于驻防部队的日常作训。操场西侧依次排开的三座附属建筑，也体现出了逐步转化的过程。1983年被拆除的士兵活动中心，与I、II号营房同期设计建造，山墙上"品"字形排列的哥特式圆窗和漂亮的花岗岩拱券体现着其与兵营主楼的一致性，是其中最具风格的建筑。保存至今士官公寓与III号营房同期建造，因此体现出某种折中、过渡的风格。而1990年拆除的军官公寓（与西北靠近马厩的今"一多楼"应出自同一图纸），建造的最晚，因此呈现出简约、实用的风格。

应该是出于卫生的原因，位于今"一多楼"西北的兵营马厩，远离主营房。其阶梯形的山墙和红

建于1903—1909年的俾斯麦兵营,被德国学者约瑟夫·林德评论为"堪称对未来的建筑产生积极影响的典范"(明信片)。↑

奢华的装饰让1903—1906年建造的I、II两座营房更像是德国沿海地区的度假旅馆（明信片）。←

色清水砖砌筑的立面与中山路、湖南路口的弗里德里希路商业综合楼有着某些相似之处。这座曾经作为大学印刷厂和汽修厂的建筑，已在1999年被拆除，用于房地产开发。

与1899—1901年建造的伊尔蒂斯兵营和1906—1908年建造毛奇兵营（Moltke Kaserne）相比较，俾斯麦兵营的建造恰好处于由热衷装饰的历史主义向实用主义过渡、转化的时期，四座营房，三种风格相似但细部却明显不同的立面，可能在德国国内也没有相同的个例。出现这种差异的原因，部分是出于经济上的因素，但更为重要的是，到了20世纪第一个十年的后半段，公共建筑趋向于更加实用化、现代化已经成为一种潮流。在德国国内是如此，青岛的建筑也受到了一定影响，因此，出现了这种渐变的回应。

日本占领青岛后，俾斯麦兵营被改名为万年兵营。1924年5月，在青岛富商刘子山等人的提议和捐资下，时任胶澳商埠督办高恩洪劝说直鲁豫三省巡阅使吴佩孚迁出了此时占据兵营的北洋陆军第五师，并随后成立了私立青岛大学，高兼任校长，蔡元培、黄炎培等任董事。学校初设商工两科，学制为四年。

1929年北洋政府倒台后，南京国民政府接管青岛。1930年9月，教育部在原私立青岛大学和济南省立山东大学的基础上成立了新的国立青岛大学，著名学者杨振声先生任校长。该校设有文理两个学院,7个科系。并先后聘任闻一多、沈从文、梁实秋等学者作家来校任教。1932年,国立青岛大学改称国立山东大学,赵太侔接任校长,下设文、理、农三个学院,并聘任老舍、洪深、童第周、曾呈奎等一批专家学者,师资力量更为强大。同时学校在国家财政的支持下先后添购大量图书、仪器,并建成科学馆、工学馆、体育馆、化学馆、水力实验室及实习工厂等。此后,国立山东大学逐步成为国内知名高等学府。1937年7月,抗战全面爆发。同年11月,国立山东大学奉命内迁,并于1938年停办。校园再度成为日本侵略者的兵营。今天,我们沿大学路所能看到的那道混凝土围墙还是当年日军侵占时所留下的印迹。日本战败投降后,国立山东大学于1946年在青岛恢复,赵太侔再任校长。复校后设文、理、工、农、医五个学院,15个系,王统照、陆侃如、冯沅君、童第周、曾呈奎、朱树屏等应聘来校执教。但此时的校园已被美国海军所占用。是年,在美驻华大使司徒雷登的斡旋下,美军才在一片抗议声中,将校舍交还。

1950年,国立山东大学改为山东大学。1952年夏,全国开始进行高等院校调整,山东大学许多科系被分离,在济南、武汉、南京等城市组建新的大学。1958年10月,山东大学奉命迁往济南,仅

1906—1909年的Ⅲ、Ⅳ号营房,呈现出向实用主义转化的趋势。↓

有海洋、水产和正筹建的地矿三系留在青岛,前两者在随后组成了山东海洋学院,即今天的中国海洋大学。

06　毛奇兵营

德国人或许认为,如果要巩固在胶州湾的统治地位,武力威慑所能取得的作用是绝对行之有效的。为此,从1898年德国就开始精心构造一座"远东最为牢固"的军事堡垒——青岛要塞。经过十几年的不断增建,1914年秋,困守青岛的德国守军利用要塞的防御体系抵抗了十倍于己的日英军队达两个半月。虽然这座军事堡垒在战后就被日军破坏或改作他用,至今已几多无存;但从纯军事的角度来说,要塞在世界军事发展的进程中,依然具有一定的历史价值,也因此,在20世纪30年代,青岛要塞及其防御体系还一度被写入军事院校的教科书当中。

作为青岛要塞的重要组成部分,毛奇兵营位于毛奇山(今贮水山)以东,伊尔蒂斯山北麓(今太平山)的山谷中。这座始建于1899年的兵营是德国自行建造的第三座部队营房。兵营最初的营房仅为一些简易的活动平房。1906年,总督府开始着手为义和团运动时期,进驻胶州城和高密城的部队修建营房。因为根据1905年11月代理总督、海军上校师孟(Ernst van Semmern)与山东巡抚杨士骧在济南达成的撤军协议,这些部队应在事件平息后撤离中国的城镇。

主要用于安置由高密撤回的第三营骑兵连的毛奇兵营,由总督府建设局设计,由于预算的缩减,整个工程造价只有50万马克。来自汉诺威的建筑师舒备德从1907年10月开始承担起整个兵营的施工与监管工作。在青岛期间,舒备德还主持完成了青岛观象台(1910—1912)、海军军官俱乐部(1909)、狩猎俱乐部(1908),以及一些私人住宅的设计与建造。根据《胶澳发展备忘录》的记载,在1905—1906年,毛奇兵营已经有一所马厩和带有武器修造车间的鞍具锻造间建成。同时,训马场、一幢小房间的宿舍楼和一幢办公楼也已经开工。1906–1907年度,马场、宿舍楼、办公楼、火炮库及车库相继完成,I号营房已开工,II号营房也已着手备料的工作。1908年,军营建成后,除了骑兵连,海军第三营的机关枪连、工兵连和海军野战炮兵连也相继入住。

毛奇兵营由两座营房、一座修造车间、东西马厩,以及若干辅助性功能房所组成。"凹"字形的

Tsingtau　　Moltke-Kasernen, im Hintergrunde Tai tung tschen

建于1906—1908年的毛奇兵营,由两座营房、一座修造车间、东西马厩,以及若干辅助性功能房所组成。"凹"字型的营房面北平行排列,兵营的北面是占地广大的毛奇练兵场(明信片)。↑

营房面北平行排列,兵营的北面是占地广大的毛奇练兵场（Moltke Platz）,用于骑兵连日常的操练作训。与伊尔蒂斯和俾斯麦兵营明显不同的是,在毛奇兵营的立面上,华丽烦琐的装饰已经被完全摒弃,甚至连德国兵营标志性的阶梯状山墙也被取消,仅有平缓的突出于墙体的斜屋顶和用花岗石装饰的窗套才能够隐约地闪现出德意志建筑的风格特点。尽管如此,兵营主入口为防止北风而侧开门的设计仍然独具匠心。简约的设计手法让整座兵营的实用性被放大,显得更为经济和实用,同

日据时期的毛奇兵营（若鹤兵营）

时期在青岛建造的海军军官俱乐部(1909)、德华大学(1909)等公共该建筑也体现出了这种特点，因为在当时更加实用化、现代化已经成为一种潮流。

  1914年11月7日清晨6时许，困守青岛近三个月的德军，在日军攻占台东镇堡垒后，在信号山挂白旗宣布投降。上午11时，德方代表在毛奇兵营的骑兵营长官邸内向日方递交降书。11月16日，日军举行入城仪式，宣布全面接管青岛。1914年11月20日，日军发布军令，将毛奇兵营改

日本占据青岛后,将毛奇兵营改为若鹤兵营。

为若鹤兵营。

1924年初,私立胶澳中学在这座中国政府接收青岛主权后腾空的兵营内成立,但不久这里即被北洋陆军抢占。在申诉和抗议没有任何效果的情形下,学校只好被迫迁往湛山脚下的原伊尔蒂斯兵营。

1931年,沈鸿烈就任青岛市长,筹划将其创办的葫芦岛海军学校迁往青岛。1933年8月,该校迁校完成,并改名青岛海军学校,由国民政府军事委员会北平分会管辖,校址就位于昔日的毛奇兵营。1937年8月,华北战事吃紧,该校于11月内迁。1940年初,在四川奉命解散。1938年1月,日本再次占领青岛,军营也再度成为日本海军的营房。抗战胜利后,这里又先后成为美海军和国民党军队的营房。

作为青岛建成较早的军事建筑和重要的历史遗迹,毛奇兵营具有不可替代的人文价值;同时,在世界军事史和青岛城市发展史中的作用,也非常重要。

07　要塞工程局

青岛要塞工程局旧址位于今天的常州路上，这条大致呈"E"型的小路是青岛现存最古老的街道。旧址的西邻是1929年设立于此的青岛清真寺，这座建筑原本是哈利洋行在1898年建造的商店，却曾一直被误认为是当年的临时邮局。

要塞工程局，在德文的资料里称"Fortifikation baude"，是总督府下属，计划并负责建造如炮台、工事、堡垒等军事设施的部门。1897年11月，德国占领胶州湾后，仓皇撤离的清朝守军所留下的军事设施只有一座钢木结构的栈桥，三座尚未彻底完工的夯土炮台，和几处低矮、潮湿的中式营房。这种近乎不设防的状况，对于讲究军事科学的德国人而言，显然是不可接受的。为了防御潜在的敌人日本的进攻，或许还有某种精神安慰的需求，尽快建立起有效的军事防御体系，也就成为德国海军所面临的头等大事。

要塞工程局的工作是从1898年对未完工炮台的扩大和改建开始的，但是直至1907年，青岛也没有进行大的军事建设。经过海军当局一系列的讨论，详细的调查、策划，终于制定出了一个整体的规划和防御措施。这项工程的总投资为700万马克，但需分几年投入，而且通货膨胀等因素还不被考虑在内。包括汇泉角、伊尔蒂斯山、毛奇山等处的炮台和五座大小不等的步兵堡垒的防御体系在1914年基本完成。但外界对此的评价褒贬不一，有评论认为，军方并没有把最先进的武器用于这座城市的防御，不少炮台上的大炮还是1870—1871年普法战争时期的旧货。

要塞工程局主管工程的军官缪勒上尉在1898年2月就随海军第三陆战营乘坐运兵船来到青岛，直至1908年12月31日他结束了自己在德国海军的服役回国。在青岛期间，缪勒上尉设计了信号山上的占领纪念碑——棣德利石，又承担了伊尔蒂斯兵营的设计，团岛、西岭、衙门山等处炮台的改扩建，第I、II、IV号堡垒的建造也都是他任职期间负责的。为了表彰他在青岛为海军所做的"贡献"，除了被晋升为少校，在1909年缪勒退役回国后，总督府分别将前往台东镇的道路和从台东镇到四方的道路命名为："缪勒上尉大街"（Hauptmann Mülle Strasse，今登州路）和"缪勒少校大街"（Major Mülle Strasse，今人民大街）。这对于一个中级军官来说，应该是项莫大的荣誉了。缪勒返回德国之后，在一个工程师协会工作。他的继任者是汉斯·克莱门特（Hans Clement）少校。不过克莱门特并没有像缪勒那样在青岛功成名就，他在日本占领青岛后被俘。1914—1920年，他作为

在1901年,欧人监狱的尖顶塔楼出现之前,要塞工程局应是总兵衙门和青岛口一带最高的建筑物(明信片)。↑

要塞工程局(曾被叫做"先遣营")与其后面的野战医院(明信片)←

战俘被羁押。1931年,克莱门特曾出版了一本关于日本围攻青岛的回忆录。

　　常州路上的要塞工程局建于1899—1900年,从《胶澳发展备忘录》的一张全景图上已经可以看到这座小楼。在1901年,欧人监狱的尖顶塔楼出现之前,要塞工程局应该是总兵衙门和青岛口一带最高的单体建筑。早期的要塞工程局附带庭院,今天,我们仍可以在这里看到一些雕刻有中国传统纹饰的石柱,不过它们有的被用来铺地,有的则用来做了台阶。小楼的屋顶略带中式风格,外墙的边角框架和窗楣等承重部分均饰以清水砖,砖木结构的主立面朝东。近年,由于将20世纪30年代建造的东方市场拆除,长期被遮挡的小楼又再次显现出来。

　　要塞工程局应该与欧人监狱、格尔皮克—科尼希别墅(沂水路3号)同为一人设计。建筑师很可能是1898年2月首位来到青岛的专业建筑师马克斯·科诺普夫。尽管是德国人所建,但该建筑在一些饰物的设计上运用了许多中国传统风格的元素,比如院门口两侧石柱上的寿字纹,楼梯扶手上的狮子木雕和祥云龙纹,这些具有传统中式色彩的符号都显然都出自中国工匠之手。无论从建筑艺术,还是历史角度,该建筑都有很高的价值。至于为何许多早期建筑纷纷采用中式风格的装饰,德国波恩大学教授马维立博士认为,许多德国人来到中国之后,就立即喜欢上了中国传统的瓷器、绘画、雕塑、木刻等的艺术形式,将其运用于建筑当中是当时时尚流行的做法,也表明了主人对这种"异国风格"的欣赏。

08 　末任总督麦维德

作为德国胶澳租借地的最后一任总督,阿尔弗莱德·迈尔－瓦德克(Alfred Meyer-Waldeck)的人生注定将充满了跌宕起伏的传奇色彩。1864 年 11 月 27 日,阿尔弗莱德出生于圣彼得堡(Sankt-Petersburg),是家里十个孩子中最小的。他的父亲 N. N. von Meyer 是德国文学教授,在圣彼得堡《德意志报》任编辑。阿尔弗莱德十岁的时候举家迁往海德堡,父亲在此任大学教授。阿尔弗莱德在波恩和海德堡读中学,并在 1883 年毕业。 在海德堡大学学习了二个学期后,阿尔弗莱德在以士官生的身份加入德国海军。参加了两次西印度群岛的航行。1887 年,阿尔弗莱德年成为海军中尉。1890 年,晋升海军上尉。从 1893 年秋开始,他在海军最高司令部工作两年。1897 年,成为海军少校。1897—1899 进入海军学院学习。1899—1901 年,在轻型巡洋舰 "盖耶" 号(SMS Geyer)上任大副,该舰在义和团运动开始后,被派往中国。1901—1905 年,阿尔弗莱德在柏林任海军部参谋。1903 年,晋升为海军中校。1908 年 6 月 24 日,他被任命为第三海军营参谋长。1909 年,阿尔弗莱德晋升海军上校。在担任这一职务期间,他还在 1909—1910 年代理租借地总督,并为自己起了个中国名字——麦维德。1911 年 2 月 22 日,麦维德经西伯利亚乘火车回到德国,但几个月之后他就取代离任的都沛禄(Oskar Truppel)被任命为青岛总督。麦维德在同年 11 月再次抵达青岛。

1914 年 6 月 2 日,亨宝轮船公司满载着一千余名换防士兵的 "帕特里希亚" 号缓缓地驶入青岛大港,码头上挤满了期盼已久的欢迎人群,第三营的军乐队演奏着欢迎和祝福的乐曲。在稍后举行的欢迎仪式上,一个身材高大、举止威严、留有灰白山羊胡、简短致辞的军官或许会给这些新来的士兵留下深刻的印象。这位授德国海军上校衔的军官说,他希望士兵要在服役期间认真履行职责,而不要感情用事。那些在到来之前对殖民地进行过一些了解的士兵知道,这位军官就是他们未来几年在青岛的最高长官,胶澳租界地的总督麦维德,一位具有良好素质的职业军人。

德租胶州湾后,于 1898 年 3 月设立胶澳总督一职。在以德皇威廉二世的名义颁布帝国法令中规定:"胶澳租借地的军事和民事行政最高长官由一位海军军官担任,称作总督。该总督是胶澳租借地驻军的最高指挥官和所有在该部队服役的军事人员及军事与民事管理机构中的官员的上司。我授予总督对受其领导的驻军和其他在胶澳租借地任职的军事人员和官员一种海军站领导的司法

末任德国胶澳总督麦维德是一个身材高大、举止威严、留有灰白山羊胡的职业军人（明信片）。↑

1911年,麦维德(左二)陪同海因里希亲王之子瓦德迈尔亲王参观视察。

审判、纪律惩罚和批准休假的权限。"总督的人选由海军部国务秘书、海军上将蒂尔匹茨直接委任的海军军官担任。总督还是殖民地的最高行政长官,全权处理该地的行政事务,他在整个地区拥有绝对权力,甚至在初始的行政立法上,总督还有一定的自主权。在这种不寻常的集权统治下,德国海军力图创建一个经济繁荣、政治稳定的"样板殖民地"。

1898年,麦维德与约翰娜·妮(Johanna Ney)结婚,并育有一儿两女。这位身高1.9米,体魄强健、仪表非凡的总督,还擅长游泳、骑马。他性格内向,即使参加幽默、机智的讨论和社交活动也很少讲话。他讲话时声音洪亮、简明扼要、吐字清晰,发怒时声音变得异常可怕。他试图控制自己的坏脾气,然而毫无效果。他的另一个特点是对细节极为关心,总是不厌其烦地强调做事要负责、正确、准时;一旦部下稍不注意,他会立即斥责。麦维德对玩忽职守者决不宽容,当然他对部下是公正、坦白的,因此他们从不怀疑他管理青岛的能力。

为了使部队保持良好的状态,麦维德创立了一整套与众不同的训练方法和一套预警系统。除此之外,他还特别给士兵增添一项语言课,包括简单的中国话和地名。作为殖民地的最高行政管理者,他要求部下能了解当地的风俗人情,他总是严格要求包括检查报告在内的每项工作。尽管他是威严的,但士兵认为他是一个公正的指挥官。

1920年8月,麦维德被提升为海军中将后退役。

在军事方面,总督是青岛要塞司令官、所有军事力量的总指挥,他拥有众多机构组成军事管理层。驻防青岛的德军主要是海军陆战第三营,该营由4个步兵连(每连210人)、1个炮兵连(140人)、1个野战炮兵连(133人)、1个工兵连(108人)和2个机关枪排(77人),共有兵力1300人。另外,海军炮兵第五营的750人,以及分驻别处的180人,也归胶澳总督指挥。

驻防青岛的德军虽隶属"海军",但其任务、战术规则等均与陆军相同。按一战前德国的军事结构,陆军归德国政府指挥,而海军直属德国皇帝。海军部的首脑们认为,如果把青岛的驻军换为陆军,势必会影响海军的优势和对青岛的管理。因此,德国在青岛驻军均佩海军军衔、穿海军军服,但却进行陆军训练、执行陆军任务。

1914年8月23日,日本对德国宣战,使6月刚刚到达的士兵们卷入了这场坚守与围困的战争,或许这才是真正考验他们的时候。麦维德在日本围攻期间组织了有效的防卫。但由于人数的劣势和孤立无援,终于在近3个月后的11月7日,日本军队占领了青岛,麦维德成为战俘被羁往日本,并在那里一直待到1920年。1920年5月,麦维德乘坐"南海"丸(Nankai Maru)返回德国与家人团聚。同年8月他被提升为海军中将后退役。从1920—1928年,麦维德一直住在柏林。1928年夏天,他因病去世,被安葬在海德堡的家族墓地。

09　海军第三营官邸

　　位于督署广场东侧,棣德利街(今沂水路)上的第三营官邸,建于1899年,是青岛最早的德国建筑之一。在达姆施塔特档案馆的设计图纸上,这座住宅被叫做"11号官邸"。该建筑与总督临时官邸同时开始建造,但是我们却不清楚为何总督和其家人住在瑞典制造的临时木板房里,而不是这座总体状况好得多的住宅。

棣德利街(今沂水路)上的第三营官邸建于1899年,是青岛最早的德国建筑之一(明信片)。↓

在达姆施塔特档案馆的设计图纸上,这座住宅被叫作"11号官邸"。

　　11号官邸的西邻是总督府的预留建筑地,早在1898年的第一份城市发展规划里,这座建筑就已经计划建造。中外学者都没有找到官邸的设计者是谁,但从建筑的整体风格和细节部分的比较,这位不知名的建筑师还设计了东边不远处的格尔皮克－科尼希别墅。建筑总面积1515.11平方米的官邸在建造中大量的使用了在青岛随处可见的廉价建材——花岗石,它不但被用于基础,在转角、窗套、山墙等部位被频繁地用于装饰。由于采用了自由式的不对称平面,官邸的入口开在建筑东侧,入口的后侧还设计有中世纪风格,起装饰作用的盔式塔楼。塔楼和侧山墙上的仿木结构则体现出复古的风格。在官邸的西侧和南向都设有木结构的明廊,体现出一种开放和主动意识。

　　官邸的内部设计与当时的德国别墅相似,楼房正中是宽敞的楼梯厅堂。男主人的书房、交谊室和客厅设在一楼南侧,西面是餐厅。旁边靠北是厨房和餐具室。塔楼内是供仆人使用的楼梯。二

德租时期的第三营官邸。

楼有三间卧室、一间宽大的衣帽间及更衣室和浴室各一间。杂役人员住在阁楼和庭院里的附属用房里。

  资料显示,这座住宅德国常驻青岛的海军第三营历任营长的官邸。同样因病死在青岛的营长约翰内斯·克里斯特(Johannes Christ)少校当时就住在这座房子里。据出版于1913年的《海军第三营营史》所载,第三营成立于1897年12月,因为在半个月前,德国舰队占领了胶州湾,急需一支部队前往驻防。于是,德皇威廉二世颁布敕令,分别从基尔的第一营和威廉港的第二营中抽调人员组建新的海军第三营。被派驻到青岛的第三营,包括营长、军医、副官等军官在内共1148人,首任营长是洛索夫中校。在组建后的第14天,该营集结在位于德国北部的港口城市威廉港。12

月 16 日下午，全营登上了北德劳埃德公司的"达姆施塔特"号运兵船，驶向远东。同行的还有一支 300 人的海军炮兵营。

在经过一个多月的航行，途经过大西洋、地中海、埃及赛义德港、苏伊士运河、红海、锡兰（今斯里兰卡）、新加坡、香港之后，第三营于 1898 年 1 月 26 日抵达胶州湾。登陆后，下属的四个连队立即分别进驻当时的几座原清军营房。随后，还有两个连队分别前往即墨和胶州，"追击"可能存在的清军。同年 8 月，营长洛索夫结束任期回国，继任者是杜尔少校。1912 年，11 号官邸建筑改称营部官邸。1914 年德日之战爆发前，官邸的最后一任德国房客是时任营长克辛格（Friderich von Kessinger）中校。日本占领青岛后，克辛格和 4000 多名参与青岛保卫战的德国人都成为战俘，被羁押在日本的俘房营。

一直以来，关于这座官邸的名称，许多著述中都称为"海军第二营营部大楼"。但除了义和团时期曾来华作战，第二营一直驻防德国北部的威廉港，并无一兵一卒驻在在青岛。因此，第二营营部大楼的称谓是完全错误的。

营部官邸在 1914 年之后成为日本守备军军官住宅。1923 年青岛回归后，曾作为胶防司令部长官孙宗先的住宅。后该建筑被胶济铁路管理局买下，成为总办栾宝德一处住宅。这座建于十九世纪末的老建筑保存至今，现已成为铁路招待所。

三色旗下

01 总督官邸

现在已更名为德国总督府旧址博物馆的原胶澳总督官邸，建于 1905–108 年。这幢优美华丽、气势恢宏的非凡建筑坐落于距离原总督府东面不远处的半山之间。如果仅从纯建筑意义的角度去看，总督官邸可以说是德国人在青岛的 17 年之中，所完成的最具艺术价值的建筑物。设计师近乎完美地将威廉时代的建筑式样与典型的青年派艺术风格，以及青岛山海之间优美的自然风景结合在了一起，从而造就出了这座足可以载入建筑史册的不朽之作。

据《胶澳发展备忘录》记载，在 1900—1901 年所修订的城市规划方案当中，最初的总督官邸是与总督办公大楼设计在一起的。这个概念有些类似于章高元的那座总兵衙门，即建筑的前半部分用于办公，后半部分则用于起居。由于最初的不便与仓促，此时总督及其家属还只能栖身在奥古斯特－维多利亚海岸（August-Viktoria Ufer，今在福山支路），临时搭建的瑞典造木结构预制房中。

可想而知的是，最初的方案立即遭到了新任总督都沛禄的反对，他认为，如此一来，总督将不可避免地缺少应有的私人空间。此外，据记载，由于没有足够的土地，很难将办公室、会客室、起居室有效地结合，以及一些技术上的难度，似乎也是最初的方案被放弃的原因之一。

Tsingtau.　　Partie aus dem Stadtgarten.　　Part of the public garden.

建于1905—1908年的胶澳总督官邸是一座优美华丽、气势恢宏的非凡建筑,可以说是德国人在青岛所完成的最具艺术价值的建筑物(明信片)。↑

　　1905年10月,经过重新周密论证、设计、选址的总督官邸,在今信号山东麓的山间正式破土动工,设计者是建筑师拉察洛维茨。1907年10月,这幢建造期历时三年的巨大官邸基本完成。如果将花房、凉台、马厩等附属建筑计算在内的话,官邸最终的完工时间已经是在1908年。目前,我们还无法找到这幢建筑耗费100万金马克的确切依据,但造价超出了最初制订的预算却是可以肯定的。为此,房建总监施特拉塞尔不得不对皇家总会计署的质询解释说:"由于时间紧迫,无法准确预算具体的建造费用,所以会导致造价提高。以前认为的由于官邸花岗石立面原因造成超支是不准

1907年，主体刚刚竣工的总督官邸（明信片）←

确的，因为这一费用在青岛只相当于柏林的五分之一。"

总督官邸的外立面基本上是由优质崂山花岗石砌筑，所用钢材是由德国克虏伯钢铁公司进口，特别烧制的砖瓦则来自大鲍岛北面捷成洋行窑厂。华纳在《德国建筑艺术在中国》中这样描述："这座三层建筑气势宏伟，淡绿色的饰瓦和灰色的花岗石在正门的山墙上组成了光芒四射的太阳形象。墙角伸出一根粗大石柱，由之引出的锚链环绕于太阳周围。山墙角以石料凿成的帆结做装饰。在波浪形的檐口上装饰有一只诺曼龙。"

整个官邸建筑高30余米，内部面积为4000多平米。主入口在西面，进门便是二楼。这一层主要是当年总督招待宾客的场所，设有门厅、中厅、会议厅、会客厅、跳舞厅等。中厅内一盏重达一吨，上面镶满天然水晶的青铜制吊灯，让参观者无不叹为观止。半地下室结构的一楼为厨房、锅炉房和管家仆人的住房。三楼是总督及其家属的卧房。四楼为阁楼和一些用于接待客人的辅助卧房。

官邸内部的装修与设计十分奢华，约翰斯顿在其著作关于青岛的篇章中写道："建筑的内部同样引人入胜，总共有15个房间，天花板有三米高，还有100多盏铜制灯，众多的壁炉。房间没有一个重样的，里面是镶嵌着不完全纯的宝石和雕版的墙壁。所有的家具均从德国进口。里面甚至还有室内的网球场。"官邸的东南角是一处阅兵室，在这里总督可以对东面不远处俾斯麦兵营内的各种活动一览无余。

官邸北面 100 米是一座二层砖石结构、设计精巧的官邸马厩（原址在今华山路 2 号，现已不存在），楼下饲养总督的座马，楼上是马夫的住房和存放饲草的料房。建筑的周围被辟为占地巨大的官邸花园，主要的路口都立有用中、德两种文字书写的"私人领地，禁止入内"木制标识牌。

总督官邸建成之后，便立即成为青岛这座远东新兴城市的标志性建筑之一。1910 年，德国工厂联合会董事长阿尔方斯·帕克维特（Alphons Parquet）看到官邸后认为："总督官邸以威慑四方的气势坐落于坡顶，不禁使人想到波兹南宏伟的宫殿。"德国胶澳总督官邸在规模、建筑质量、造价等方面均远远高于英国、葡萄牙、法国分别位于香港、澳门和越南西贡的总督官邸。

1914 年 11 月，日本占领青岛后，官邸被改为日本守备军司令住宅。1922 年 12 月，中国政府接收青岛主权后，官邸又改为胶澳商埠督办的住房。1926 年，胶东护军使毕庶澄率部进驻青岛，并入住官邸。但次年，毕就因所部在上海与北伐军作战失败溃逃，而被山东军务督办张宗昌处决。南京国民政府接管青岛后，将官邸一称改为"市长官舍"，并在公告中称："提督楼系本市前在德人管理

1914 年 11 月，日本占领青岛，总督官邸被改为日本守备军司令官邸。↓

时代遗留之名称,现经本府收回,此项名称不应再行存在,第查本市商民至今犹有沿用之者,殊与名实不符,嗣后应改称为市长官舍。"1934年,时任青岛市长沈鸿烈表示,今后不会居住在官舍内,并将其腾出,改为招待贵客之用的"迎宾馆"。1938年1月,日本再次侵占青岛,将迎宾馆改为国际俱乐部。1940年,汪精卫与王克敏、梁鸿志在这里进行了臭名昭著的成立日伪政府会谈。1945年8月,日本投降后,才改回迎宾馆。

1949年6月之后,青岛解放,迎宾馆被用作高层干部疗养的场所,但每年仅开放两次。1957年7月12日,毛泽东到访青岛,并在馆内居住了一周的时间。1958年,青岛市政府在建筑的外缘修筑了围墙,使内部形成一个约26 000平方米的大型庭院。20世纪90年代,迎宾馆开始作为一个旅游景点向普通观光客开放。1998年,迎宾馆与老市府一同成为了国家级文物保护单位。

明信片中的图景,应该拍摄于官邸建成之初,周围的景物与今天比较已经发生了很大改变。河上的小石桥至今犹在,只不过如今它已经成为黄县路的一部分。站在当面拍摄的位置,已经看不到明信片中的景致,因为后来陆续出现的建筑已挡住了视线。

从总督官邸建成的那一年,到今日的德国总督楼旧址博物馆,100多年的光阴已匆匆而过。这幢历经风雨,见证了岛城百年城市发展史的老房子,至今依然挺立在山间,为青岛的山水美景,增添着一份浓浓的异国色彩……

02 总督府

1906年之前,德国派驻胶澳的最高军事与行政机关——总督府,曾一直驻在昔年建造的总兵衙门里。根据1898年修订城市规划方案,总督山南麓这片山势平缓的坡地,在那时就已经被预留用于建造政府的办公大楼。

1904—1905年建造的总督府是这幢具有欧洲古典主义风格的大型公共建筑。它是德租时期,青岛地区的政治与权力中心。大楼背靠总督山(今观海山),面朝青岛湾,位于威廉大街(今青岛路)、棣德利街(今沂水路)和霍恩洛厄街(今德县路)交会的"T"字形路口北侧。

1904年7月,总督府大楼正式开工建造,建筑师为马尔克(F. W. Mahlke)。该建筑为砖石钢

建于1904—1905年的胶澳总督府,是一座具有欧洲古典主义风格的大型公共建筑。它是德租时期青岛地区的政治与权力中心(明信片)。↑

从总督府山俯瞰青岛湾，右侧是建造中的总督府（明信片）。←

木混构，主体沿中轴线对称，立面使用优质花岗岩砌筑，建筑的四角与中间突出，内设两层开放式的外券廊，两侧各有四根爱奥尼柱式方形石柱。大楼屋顶为仿孟莎式、上覆红色筒瓦，并设兼有避雷作用的精美铁艺护栏。整幢大楼分四层，主入口设在二层，外有花岗石台阶和弧形汽车坡道，进门是一座被建筑师马尔克赞叹为其平生从未见过的两层式凸出圆拱顶大型门厅。官署大楼的一层与四层均为较小的辅助性房间，总督的办公室和政府机构都在二、三层南向的房间，室内宽敞高大，采光效果极好，具有鲜明的德国建筑特点。但整个大楼的内装修则比较简单，仅设有齐胸高的深褐色护墙板。这种简约的装饰风格很好地体现了政府机构的清廉、庄严及肃穆。

总督府与伊伦娜大街(今湖南路)之间是占地广大、视野开阔的市政广场，东西两侧分别是律师齐默尔曼的住宅和规划中的高等法院。

由于当时在青岛的德国人加起来总共还不超过 30 00 人，所以总督府建成后许多房间都空闲着。但这幢宏伟的建筑建成伊始，便与从前的威廉大街组成了直通大海的连续景观。

1914 年 8 月，第一次世界大战爆发。11 月 7 日，日本占领青岛，总督府被改为日本青岛守备军司令部，司令官由攻占青岛的日军第十八独立师团师团长、陆军中将神尾光臣担任。1922 年 12 月，北洋政府代表中国接收青岛主权，于大楼内成立胶澳商埠督办公署，首任督办为熊炳琦。1929 年 4 月，南

1914年11月,日本占领青岛,总督府被改为守备军司令部(明信片)。←

京国民政府接管青岛。同年9月,青岛特别市政府在此成立,代市长为马福祥。1938年1月,日本再次入侵,先后于此成立"青岛治安维持会""青岛特别市公署"和"青岛特别市政府"。1945年8月,日本战败投降,又重新改为青岛市政府。1949年6月2日,青岛解放,同日青岛市人民政府宣布成立。

　　20世纪80年代,这幢在此前70余年几乎没有进行改动的巨大建筑,开始有了变化。先是对20世纪30年代就已经攀爬在建筑表面的植物进行了清除,而后1985年一幢仿制的大楼紧贴着原官署后侧开建……约翰斯顿这样写道:"1983年,对它(总督大楼)进行了改造,常春藤被从建筑的表面清理掉了,这样做可能会更好但也可能会更糟。具有讽刺意味的是,1989年这座最初庞大未被充分利用的建筑,却为了满足这座人口已超过100万城市的需要,而进行了改造……仅仅仔细地观察它的两翼,都会发现有些细微之处要比仿制品更为吸引人。中国人的工作还算不错,但一些原料(比如屋顶的瓦片)却已难以获得,尽管如此,乍一看两座建筑还是几乎相同。"

　　1992年,青岛市人民政府迁往东部位于浮山所的新址,大楼成为青岛市人大常委会的驻地。

03　总督临时官邸

　　直到 20 世纪 10 年代末才有了正式名称的这片山间坡地（今福山支路，日据时期命名为敷岛町），位于汇泉湾于青岛山之间。在很长一段时间里，这片风景优美，视野开阔的坡地上只有总督临时官邸、总督副官官邸和总督马厩三处建筑。

　　1899 年 7 月，总督府指定的建筑商广包公司把所谓的"出口房"，即一些木结构的预制板房，从

建于1899年的总督临时官邸，是一座用瑞典进口预制木屋拼接而成的应急建筑（明信片）。↓

国内运至胶澳,匆匆在这片坡地上拼凑起一座两层住房,以供此之前一直住在原总兵衙门的总督及其家眷使用。这幢在现在看来异常简陋的木房,除了设有总督及家眷的起居室外,在餐厅旁边甚至还有一所花房。《德国建筑艺术在中国》的作者华纳认为,这在当时因水土流失严重,缺乏植被保护而尘土飞扬的胶澳,就犹如沙漠里的绿洲一样。

这张印制于20世纪初的明信片所显示的,就是汇泉湾最初的景象。左侧木结构建筑就是当时的总督临时官邸。在1907年位于信号山的总督官邸落成之前,总督及其家属都一直在此居住。根据上海《德文新报》驻青岛记者的描述,在差不多一年的时间里,工作日的每天早晨,都可以看到总督乘坐备好的马车,在卫队的保护和引导下,沿着海岸一条简易的道路,前往暂设在原章高元总兵衙门内的办公室上班。

总督临时官邸右侧的建筑是总督副官的官邸。这幢多少带有中国传统风格的别墅式建筑,在造型上很像1908年德国驻华公使在北戴河建造的度假别墅。屋顶呈仿歇山式,上覆灰色的中国筒瓦,房屋四周则青岛早期建筑普遍采用的是敞开式的木制围廊。根据1912年出版的《海军第三营史》的记载,这幢房子的首位入住者是海军上尉利林科隆男爵(Fraiherr Lilienncoln),他在1899—1902年曾担任总督副官一职。1923年,从海外回国的康有为买下了这幢当时仍为政府财产的住宅。

1917年10月,康有为初次来到青岛,仅作短暂停留即赴大连,但青岛却给他留下极好的印象。他在给方子节的信中赞叹说,青岛"全岛皆红瓦新楼,无一黑瓦旧宅。登山而望,近海而游,楼阁华岩,道路净静。金碧照耀,掩映于绿树之梢、碧山之间、沧波之上。朝晖初上,林中爽气袭人,徘徊海水之场,巡行公园之路,波光云秀,花气叶香,万绿青英,沁人肺腑。恐昔之仙山楼阁亦比不及,诗文不足以形容之。"1922年,康第二次来青岛时,当局安排他在原副官官邸下榻。他对此宅十分满意,遂决定购买。康来青时,当时在青岛的溥伟欲举家北迁大连,溥伟便将其家具赠予。由于康的家人较多,这幢仅有1000余平方米的别墅难以容纳,康有为在写给方子节的书信中认为:"屋虽卑小,而园很大。望海绿波,仅距百步。"为此,康有为遂将一层的原马厩改造为了住房。康氏把退位皇帝溥仪为其题的"天游堂"匾额挂于书斋内,并命名园为"天游园"。康有为有诗曰:"截海为塘山作堤,茂林峻岭树如荠。庄严旧日节楼在,今落吾家可隐栖。"虽未定居青岛,但康有为每年都会来此住一个时期。1927年3月18日,在上海度过70寿辰后的第10天,康有为回到青岛,几天后暴病而逝,

建于1899年的总督临时官邸←

病因始终不明。

康有为辞世后,其后人原打算将灵柩迁回南海安葬,因故暂厝李村象耳山(今枣儿山),由吕振文先生为其撰写了墓铭。1984年,青岛市政府决定重建康有为墓。因墓之原址以被辟为道路,所以将康有为的新墓选在大麦岛村北浮山阳矛岭。次年10月,举行了康有为迁葬和墓碑揭幕仪式。康有为弟子、艺术大师刘海粟撰文并书写了《南海康公墓志铭》。

康有为在青岛居住过的这幢别墅,现已重建后改为康有为故居纪念馆对外开放,而西侧的总督临时官邸旧址则早已不见了踪影。

04 美国领事馆与威廉·开治

就建筑完成的时间来看,位于今沂水路与平原路路口的原美国驻青岛领事馆,应是这条街道北侧最后出现的建筑物。这座已经在2004年被修葺一新的别墅建筑,伫立在高坡上,掩映中在葱郁绿荫之中,高墙和绿树恰好阻隔了道路的纷扰,幽雅的氛围自然溢出。建筑红色的折坡式屋顶,曲线圆润的山花、粗石点缀的米黄色拉毛墙,都显示出德式建筑的特点。但是建筑的平面清晰,立面装饰也趋向简洁,迎合了欧洲在20世纪10年代实用主义开始流行的潮流。根据1992年出版的《中国近代建筑总揽》记载,这幢别墅建造于1912年,设计师为施耐德,房子的业主是商人威廉·开治。同时,该书的编著者还认为,开治还投资建造了位于湖南路的原民政局办公楼,他在那里开设了一家以其姓氏命名的公寓式酒店。

建于1912年的美国领事馆,红色的折坡式屋顶,曲线圆润的山花,粗石点缀的米黄色拉毛墙,都显示出德式建筑的特点(明信片)。↓

美国人威廉开治在湖南路上开设的公寓式酒店（明信片）。

不过，根据印制于1913年秋天的青岛地籍清册图显示，这座地址为今沂水路1号的房子和其所在地块的所有者并不是开治，它们都属于在当时的青岛广为人知的建筑师李希德。资料显示，李希德在这所房子还正在建造时，就把它预租给美国领事馆。美国在青岛设立外交办事机构的具体时间是在1906年9月16日，此时常住青岛的美国公民仅为几个长老会的传教士。因此，这个在1906年出现的机构很可能只是临时代办级别，直至1911年美国政府才正式把这一临时机构升格为领事馆。该馆的首任领事为詹姆斯·C.迈克尔纳利（James C. Mc. Nally）。除了太平洋战争爆发后1941—1945年被迫关闭，至1949年，美国驻青的领事机构一直设立在这幢建筑内。

而威廉·开治，他并不是德国人，而是个美国人，这一点从他的姓名上也能够判断。开治应该在德国时期就来到了青岛，并开设自己的贸易公司。1916年，美国政府希望通过招募合同的方式在亚洲寻求菲律宾的肉类供给，而威廉·开治刚好幸运地在这时取得了在青岛建设冷库的许可。此后，出口冻肉成了开治的主业。1918年4月，开治还与日本的大仓组合作，成立了冷冻组合。每年将有大量的冷冻牛肉出口到马尼拉，供应给当地的美国军队。

1949年1月，国民政府在内战中节节败退。在其行将崩溃的前夕，美国政府将沂水路1号作价售予了中国银行。此后该住宅曾长期作为银行的幼儿园，直至2004年被修葺一新，并被赋予了新的功能。

警法溯源

01　青岛监狱

由德国总督府在 1900 年建造的青岛监狱,最初的功能是用于关押被判徒刑或违法受到拘役的欧洲籍人犯。它应该是 1897 年 11 月之后,青岛最早出现的司法建筑。在 1898 年 9 月首次在德国国内公开的城市规划中,就已经确定了在原总兵衙门西北侧建造这座监狱。但是监狱距离居住生活区过近,西侧的塔楼甚至正冲向当时青岛口最主要的道路——市场街,弊端和不安全的因素显而易见。政府在监狱的选址和规划上明显缺乏更为长远的考虑,或许在当时,德国人也不曾料想到这座城市的发展会如此之迅速,因此采用了这一较为保守的方案。在 1900 年 11 月出版的《伦敦及中国电讯》增刊中,一篇名为《重返远东:胶澳》的文章就认为:"新的监狱与这座城市看起来不怎么协调,无论从哪方面看来,都应该把监狱设在更远、更为隔离的地方,因为有许多合适的地方。"

同在这一年,青岛警察公署把火车站附近的原清军骧武营(德国称之为海滩营房,Strandlager)进行了改造,作为专门关押华人囚犯的看守所和临时监狱。1904年,李村监狱建成,被判拘役三个月以上的华人囚犯均被解往李村关押。原看守所和临时监狱则用于建造新的看守所。在目前相关的著述中,均将这座监狱称为"欧人监狱"。但实际上,如果相对于囚禁华人的李村监狱,将这座关押欧洲籍犯人的牢

在20世纪最初的几年,青岛监狱的塔楼应一直是这座新兴城市的标志性建筑(明信片)。↑

房称为"青岛监狱"应更为准确。

  在 20 世纪最初的几年,青岛监狱的塔楼一直是这座新兴城市中的标志。监狱的设计者没有可靠的史料记载,但很可能是德国人马克斯·科诺普夫(Max Knopff)。这位 1898 年就来到青岛的政府建筑师,曾参与了多条道路的测绘、施工,并主持设计了总督府小礼拜堂和督署医院等早期建筑。青岛监狱两层高附带阁楼的地下室的建筑主楼,一眼望去就能知其用途。在建筑的框架和窗套上用清水墙进行的简单修饰,是早期许多建筑的特点,使之看上去不会显得过于呆板。主体的西

青岛监狱距离当时居住生活区过近,西侧的塔楼甚至正冲向当时青岛口最主要的道路——市场街。

端接建有一座圆柱体的尖顶塔楼,这一设计看上去好像仅仅只是打破建筑的对称格局,多少有些生硬。塔楼沿内部47级盘旋而上的楼梯,有规律地交错开有若干小窗。从严格的意义上说,这座建筑并不是典型的德式风格。从早期的图片中可以看到,监狱屋顶的设计融入了许多中式建筑的元素,还采用了中式的灰色筒瓦,这种带有中西合璧色彩的建筑在青岛的早期建筑中并不罕见。或许是当时缺乏合适的建筑材料,或许是建筑师对青岛气候缺乏了解,但也可能是中国传统建筑艺术中的精华多少影响了早期建筑师们,他们主动向中式风格靠近,也表明他们对此的欣赏或敬意。

监狱东西两边各有一个入口,东面为连接监房主入口,西侧入口可直上塔楼顶端。犯人们一般都被关押在一楼、三楼监房。二楼的设计比较特别,楼中的一道墙,将房间一分为二,北侧作为狱警办公室,南侧为牢房。每间牢房都设有厚重坚固的牢门,门上带铁栅栏的小窗户可供狱警巡视。牢房均设壁炉,这样即使在青岛的冬季,关押在牢房的犯人也不会觉得过于寒冷。

1914年日本占领青岛,青岛监狱改称日本青岛守备军司令部囚禁场,用于关押在青岛和山东被日本宪兵拘捕的华人。关押者一般都是等待审判和已被判处短刑的犯人。1922年12月,中国收回青岛主权后,监狱由胶澳地方检察厅接管,改为胶澳(青岛)地方检察厅看守所,后又改为青岛地方法院看守所。20世纪20—30年代,当时政府在监狱主楼的东侧先后建造四座二层楼的监房、一座监狱工厂和办公室,并将五座监狱楼房分别命名为"仁字号""义字号""礼字号""智字号""信字号"。1938年1月,日本第二次侵占青岛后,在此设立日本海军囚禁场。1939年1月,伪青岛特别市公署成立后,日本海军将看守所的大部分监房移交给伪青岛地方法院,仍称青岛地方法院看守所。

1949年之后,监狱改为青岛市公安局看守所。1995年,看守所搬迁。2007年,监狱旧址被辟为青岛德式监狱博物馆,并对外开放。

02　大法官住宅

皇家大法官魏克尔(Wecker)在1900年2月来到青岛,接替从1898年夏就担任首席大法官,并参与胶澳租借地法律体系建立的保尔·格尔皮克博士(Dr. Paul Gelpcke)。不过,魏克尔在青岛的两年里,并没有住在格尔皮克留下的沂水路3号公寓。原因我们不得而知,或许那所总督府为短期在青岛工作的高级官员建造的住宅已经有了一位新的房客。

总督府1901年为魏克尔建造的大法官住宅,位于今湖南路与江苏路路口的西北角,与南面1899年建造的安治泰主教公寓隔街相望。和许多早期完成的建筑物一样,这所法官住宅同样带有明显的临时、应急色彩。房子采用了中式的黑砖灰瓦,但体现出开放姿态的木结构游廊、外立面的简单装饰却都是典型的德式风格。折中式的灰朴造型与后来青岛洋溢着德国风情的建筑基调似乎格格不入,这大概也是由于当时尚缺乏适合的建筑材料所造成的无奈选择。

德国总督府在1897—1914年,一直努力在保护地建立和完善含有不同因素的法律秩序。在这个时期生效的法律,一部分是德国法,一部分是中国法。在民法领域中,华人之间的纠纷基本上适用当地的习惯法。欧洲人之间或华人与欧人之间的诉讼则适用德国法。除了大法官,还有若干的皇家法官协助其工作。这些被派往胶澳皇家法院和最高法院工作2~4年的法官们必须熟悉和能够使用中国的习惯法。此外,他们还担负着把德国法运用于陌生环境,并在有中国当事人的情况下适用德国法的任务。依照1910年10月3日的法令,皇家法官从皇帝那里接受其职位,在胶澳租借地,则由海军部国务秘书分派职责。

总督府1901年为魏克尔建造的大法官住宅和许多早期完成的建筑物一样，带有明显的临时、应急色彩（明信片）。↑

从俾斯麦大街向北眺望，左侧与安治泰主教公寓相邻的建筑即为大法官住宅（明信片）。←

  1902年，魏克尔的继任者大法官格奥尔格·克鲁森博士（Dr. Georg Crusen）从日本来到青岛。自1902年9月至1914年8月，他一直担任高等法院的大法官。在来青岛之前，1867年生于汉诺威近郊的克鲁森，在东京担任日本内务省和法务省的顾问，同时兼任警察学校和刑事学校的讲师。在1906年自己在俾斯麦大街与伊丽莎白街（今齐东路）路口的私宅完成之前，克鲁森有相当长的时间住在政府为其准备的这座住宅里。

  临时、应急、极易腐朽失火的砖木结构等特点大概也注定了这座住宅不会存在的太久。现在，我们非但找不到1914年之后房子的具体用途，甚至连它在何时被拆除都一无所知，其所在的江苏路4号早已被一家单位的招待所取代，就像百多年前，企图将德国法律引入青岛，并努力将其与本地习惯法相结合的探索一样，在今天的这座城市已没有一丝一毫的痕迹留下……

03 警察公署

  青岛火车站东北面的警察公署大楼竣工于1905年11月，在这座气势不凡的大楼出现之前，其所在的西北侧是一座章高元驻防时期修筑的旧式军营。在进行改造后，这座军营被用做专门关押华人囚犯的看守所和临时监狱。1904年,李村监狱建成,被判拘役3个月以上的华人囚犯均被解往李村关押。此时新的警察公署大楼已经在它的旁边开工建设了。

从1902年绘制的青岛地图上看,警察公署所在的地域曾被规划为一片方格式的街区,显然在着手建造大楼之前,总督府为适应建筑的要求,修改了这一规划,将这里建成了由皇储大街(今湖北路)、吕贝克大街(今泗水路)、但泽大街(今新泰路)以及不来梅大街(今肥城路)合围的横短纵长的八边形街坊。警察公署大楼所在的位置是附近地形的最高点,高达近30米的塔楼,远远高出周围的二层建筑,其标志性作用明显。门前笔直的慕尼黑大街(今蒙阴路)向南至通向海因里希亲王大街和车站广场。警察公署大楼与火车站、车站饭店以及威廉皇帝海岸一带的洋行建筑构成青岛西端的城市轮廓线。

警察公署大楼为新文艺复兴式的教堂建筑风格,由政府建筑师斯托塞尔设计,工程总投资逾7.5万金马克。斯托塞尔还设计了高地营附近的总督府屠宰场。位于"T"形路口尽头的公署大楼为两层,平面为"L"型,面向路口的主入口上方起高耸并带有大计时钟的塔楼。红瓦的屋顶高大、陡直,带有典型的德国特色。山墙设计为仿半木构式,墙角的隅石抱角装饰,花岗石与红砖清水墙纵横相间,配以粗石勒脚,传递出执法机构的威严与力量。德国工业联合会的董事阿尔方斯·帕克维特在1913年法兰克福出版的著作中这样写道:"警察公署大楼属新纽伦堡派风格,其塔楼与山墙气势宏伟。楼内设青岛地方法庭、警察公署和一所监狱。它与东侧人力车停车场所构成的画面,使人联想起国内的市政厅。"

大楼内除警察署外还设有地方法庭、监狱,警察公署所在的八边形地块的北面上还有欧洲警察和华人警察住宅楼各一幢,在公署大楼的南面还为局长魏尔策尔建造了官邸。1906年,又在已经坍塌的海滩营房增设一座华人看守所。随着警务治安事宜的增加,也就意味着需要更多的空间。因此,1909年,在靠近不来梅大街路口又建成了一座办公楼,它的一部分还作为骑警宿舍和一所监狱被使用。

租借地警察公署成立于1899年6月,此前的治安由德国海军第三营组成的临时警察机构代行。在一名上尉军官的指挥下,从部队中抽调军官、士兵充警负责青岛、李村两区的治安管理。此外,由于人口快速增长,一支在德国警官指挥下的约60人的华警队也成立了,成为民政管理上不可或缺的常设机构。大部分警员来自1899—1900年成立,在1901年就解散的华人连队。在警察系

▶
警察公署大楼为新文艺复兴式的教堂建筑风格,红瓦的屋顶高大陡直,带有典型的德国特色。花岗石与红砖清水墙纵横相间,配以粗石勒脚,传递出执法机构的威严与力量(明信片)。↑

除了建造警察公署大楼，总督府还在大楼南面为局长魏尔策尔配建了官邸（明信片）。←

统中，华人工作积极性明显高于在德国的军队系统。从 1905 年开始，警察公署开始采用德国"汉堡式"指纹捺印法，查证刑事案件嫌疑人。对已拘捕的违警、违法人犯进行预审，查明案情后，按照殖民地法规进行处罚，并将刑事案犯移送皇家法院审判。

根据 1899 年并公布《青岛巡捕章程》和 1900 年 6 月 4 日公布《巡捕局整理地面章程》，警察公署下设大鲍岛、台东镇、上庵、阴岛、李村、红石崖和水警六个分局，统辖各处捕房，负责社会治安、卫生管理等职。1913 年 4 月，警察公署辖海西、李村、沙子口、台东镇、沧口、阴岛、海面七个分局，另有四方、台西镇、塔埠头、浮山、红石崖五个警所。

1914 年 11 月，日本攻占青岛。守备军司令部设宪兵队于原德国警察公署，暂时履行治安管理职能。青岛日本宪兵队共辖八个分队，其中在原租借地的有青岛、台东、李村、水上四个分队。青岛宪兵队队长为峰幸松中佐，各地宪兵分队长管理各区一切警务、卫生、消防等事宜。水上分队则对港口实行军事化的管理。1917 年 9 月 29 日，日本军事当局颁布《青岛守备军民政署条例》，宣布成立"青岛民政署"。民政署下设警务部，受宪兵队节制，设有高等警察、行政警察、司法警察等职 1920 年，据青岛民政署统计，全市有行政警察 608 名 (不含消防警)，其中日本宪兵 402 名、华警 206 名。

1922 年 12 月，中国收回青岛主权，设胶澳商埠督办公署警察厅于原德国警察公署大楼。截至

1929年4月,警察厅辖六个警察署,共1500余名警察,1929年4月,南京国民政府接管青岛,原警察厅改为青岛市公安局。1936年6月,改公安局为青岛市警察局,下设6个分局、29个分驻所、79个派出所和4个检查站,共有警官、警员2700余人。1938年1月,日本再次侵占青岛后,青岛治安维持会成立警察部。1939年1月,维持会改称青岛特别市公署,警察部改称"青岛特别市警察局"。1945年8月日本战败投降,复设了青岛市警察局。

04 皇家法院

沿青岛路向南拾级而上,往西一转,就可以看到那座结构厚重、立面严谨的皇家法院大楼。红瓦、黄墙、粗切的原色花岗石,构成了青岛建筑最为生动的色彩元素。唯一不协调的是那十几个探出墙体的空调外机。

胶澳皇家法院是德租时期最后完成的公共建筑之一。这座造价不菲、体量庞大的建筑于1912年春天开工,因负责施工的广包公司的工期超过了规定时间六个月,大楼的建造期历时两年,直至1914年的4月份才正式投入使用。但是德国人所选择的时机似乎不太好,他们仅仅享用这座崭新的、也许在当时仍散发着新鲜油漆味的大楼不过七个月的时间,一场对于青岛和这座城市中所有的居民来说,都完全是突如其来的围困与激战,便让德国人彻底地失去了对这座大楼的所有权。而那些曾经标榜着德意志的秩序与公正的法律,也在这片土地上实施了整整17年之后,随着德国的失败而永远消逝了……

皇家法院大楼所在的区域正处于督署广场与伊伦娜大街、霍恩洛厄街的三面合围之中,由于在大楼建造之前,其南面和西面的区域已建成了许多公寓建筑和私人的别墅式住宅,留给法院的只剩这片东西稍宽、南北略窄的狭长地块。为了适应这一复杂的布局,建筑师汉斯·费特考(Hans Fittkau)采用了几组不同的建筑体艺术化地组合成了这座面积约为3 126.53平方米的大楼。大楼的主体为两层,立面和高度采用了不同的处理手法,南侧的厅堂建筑因地势而设计为三层,北面的转角处则设计为弧状形式。屋顶是不同角度的折坡与孟莎式相结合的方式,顺势附以顶窗。大楼的主入口是一座由粗切的花岗石与精雕纹饰所构成的拱形大门。面朝东,门楣上有一处雕刻精

结构厚重、立面严谨的皇家法院大楼。红瓦、黄墙、粗切的原色花岗石,构成了青岛建筑最为生动的色彩元素(明信片)。↑

致的纹饰,除了装饰作用,似乎还带有特殊的寓意。窗体为复古的拱形和规整的长方形两种,深嵌式的窗户兼有一定的承重作用。窗体中间还用条状的花岗石进行或纵或横的分割,起到了良好的装饰和遮阳作用。法院大楼与这一区域其他的市政建筑自然有序地结合在一起。其厚重的结构传达出力量与稳定的意味。

　　穿过大门,迎面就是通向二层的楼梯,右侧是一条长长的甬道。西面为当年法院的办公用房,这些办公室的门框均用大块的花岗石砌成,给人以厚重压迫的感觉。左侧靠墙是一条石雕的长椅。

1917年1月,日本守备军军政署撤销,在原皇家法院大楼设立青岛民政署(明信片)。←

再向前是审判厅,厅内采光极好,一人高的深褐色护墙板不加任何修饰,体现了执法机构的清正与廉明。

通往二层的楼梯口处的墙体上嵌有一块黑色大理石板,但上面的文字,已经不知在何时被人为抹掉了。楼梯的护栏铁艺非常别致,一个镂空椭圆的两边各有一个球体,似乎是在寓意法律的公平与公正。二楼的布局与一楼相似,右边通往三层阁楼的盘旋而上,全花岗石的结构严丝合缝,竟然未用任何支撑物,足见当时设计与施工的精确与严谨。

早在1897年12月13日,租借地内就设立了胶澳皇家法院。首席大法官保尔·戈尔皮克博士也在1899年春来到青岛,参与这一重要机构的建设。按照德国法令的有关规定,租借地的法院机构实行"华洋分治"。德国法院分为高等法庭和地方法庭两级。为充分体现司法的独立与公正性,高等法院的皇家法官由德皇亲自任命,并且不受殖民地总督的管辖,地方法庭的法官则由总督任命。在1914年法院大楼落成之前,高等法院曾一直设立于原总兵衙门内,地方法庭则一度与警察公署合署办公。1898—1899年的《胶澳发展备忘录》曾对德国在青岛所行使的法律这样描述道:租借地内的所有居民在法律上一律平等,但也均受德国法律条文与规定的制约。诉讼由皇家法官或皇家法庭进行审理,皇家法院一般由一名皇家法官和2~4名陪审法官组成,陪审法官由法院任命,一般为具有一定地位和声望的商人或文官。

华人的法院机构设立于1898年7月,亦分两级。初级法庭由所在地的行政管理机构代行职权,地方法庭则分设李村和青岛,由通晓中文的法官受理诉讼。民事案件一般以当地法律为依据审理,而刑事诉讼则采用德国法律,但同时也尽量兼顾中国的法律观念。比如,对男人进行体罚的惩戒方式被保留,而中国法律中那些极其残忍的惩罚和死刑则予以废除。

1914年11月,日本占领青岛后,废除了实施了十余年的德国法律,并在法院旧址设立青岛军政署,实施军事占领性质的统治管理。1916年日本占领当局设立守备军法院,审理青岛的刑事、民事案件,并实行一审终审制。1917年1月,军政署撤销,设立以秋山雅之介为民政长的青岛民政署,但刑事案件和较大民事案件仍由日本守备军法院审理,较小民事纠纷则概由各区宪兵派出所处理。

1922年12月,中国接收青岛主权后,成立胶澳商埠青岛地方审判厅,并设厅长和推事等职务。1929年4月,南京国民政府接收青岛后,审判庭改称青岛地方法院。1935年7月,青岛地方法院分为山东高等法院第二分院和青岛地方法院。1938年1月日本再次侵占青岛,于同年12月成立青岛地方法院和青岛高等法院,实行一审终审制。日本战败投降后。南京国民政府在1946年1月恢复了山东高等法院第二分院和青岛地方法院。1948年1月,山东高等法院第二分院改为山东高等法院青岛分院。

1950年7月11日,青岛市人民法院宣布正式成立。1956年1月,改为山东省青岛市中级人民法院。

05　格尔皮克-柯尼希别墅

今沂水路3号这座具有田园风格的中西合璧式别墅,很长时间以来都被人叫作Gelpcke君王别墅。这样的称谓往往会让人产生一些望文生义的美好遐想,很多人也许都在猜测究竟是哪位富有、浪漫的德国君王建造这座迷人的别墅?又会与这座德国式的城市发生过哪些不为人知的浪漫故事……不过,真实的结论或许会让面对这个美丽的名字演绎出各种故事的人们有些失望。实际上,这座别墅只是1899年由德国总督府出资建造的,为那些早期匆匆的城市过客,短期在青岛工作

格尔皮克-科尼希别墅的中世纪乡村风格塔楼,增进了建筑与环境的和谐程度,整座建筑洋溢着一种令人心旷神怡的田园气息(明信片)。←

的高级官员们所准备的暂居公寓。

别墅在德语原文中被称作为"Villa Gelpcke-Koenig",如果直译,的确是 Gelpcke 君王别墅,但是这里的 Koenig,却并非哪位日耳曼王公,它只是 1902—1907 年曾住在别墅的海军军医哈利·科尼希(Herry Koenig)的姓氏。而 Gelpcke,则是首位来到青岛的大法官格尔皮克博士。虽然是第一个住进这所别墅的房客,但 1898 年夏来到青岛的格尔皮克在里面仅仅居住了不到一年的时间。尽管如此,他在青岛帮助总督府建立基本法律规范工作却是异常重要的。1900 年,格尔皮克回国。虽然在青岛的时间很短,总督府把他的姓氏用于一座建筑的做法,或许还有某种纪念上的意义。

不知道出于什么原因,格尔皮克的继任者大法官魏克尔和克鲁森博士都没有继续住进这座别墅。1902 年,别墅迎来了它的另一位房客——督署医院主治海军军医哈利·科尼希。除了担任主治军医,科尼希还负责对青岛所有的德国军医和医院进行行政方面的管理。在来到青岛之前,科尼西在德属非洲的殖民地工作,并参加了乘坐伊丽莎白号大帆船的环球航行。在返回德国之后,科尼希在 1926 年出版一本自己的回忆录,用了三分之一的篇幅来追述他在青岛担任海军军医的日子。

在科尼希搬进这座别墅的时候,整条棣德利街上还只有两座像样的建筑。除了他所居住的这座房子,就只用西边不远处的 XI 号官邸(今沂水路 9 号),即后来的海军营营长公寓了。可能是由早期的规划建筑师马克斯·克诺普夫主持设计的别墅,位于高出路面3米多坡地上。坡地与南侧道路的落差采用了在青岛随处可见的花岗石砌筑成坚固的护坡墙。建筑师在这座两侧高的别墅的设计上,大量地使用了复古风格的半木架结构。可能是出于应急和经济的原因,这座别墅并没有采用明廊、圆券式大窗、哥特式拱券以及烦琐的装饰等特色和结构符号。整个建筑虽简洁质朴,却不失情趣。中世纪乡村风格的塔楼在无形中增进了建筑与环境的和谐程度,整座建筑洋溢着一种令人心旷神怡的田园气息。

别墅的内部装修采用了中西合璧式的风格。"在楼梯望梁柱上左边,立有木雕狮子,右边绕有木制彩龙,木柱木梁上盘有木雕金龙。门券的石柱上,则有龙凤浅浮雕。"这种做法似乎在不少早期的建筑中都采用过,似乎是当时颇为流行的做法,同时也表示建筑师对中国传统文化元素的欣赏与主动借鉴的用心。这座别墅在当时连必要的生活设施都缺乏的城市,未免有些过于奢华了,要知道当时几乎所有的人仍住在潮湿、简陋,缺乏必要设施的中国营房和漏雨的草房里。

在科尼希之后的几年里,并没有是谁居住别墅里的具体记载。直到1913年一位新的房客,一个真正的王公住了进来。生于1858年的升允是蒙古贵族,曾任陕西巡抚、甘陕总督等职。辛亥革命后,升允曾策动过多次复辟活动。在策动蒙古"勤王"失败后,升允来到青岛,并受到了德国总督府的礼遇,将其安排在格尔皮克和科尼西曾住过别墅暂住。卫礼贤在其著作的《中国心灵》曾这样描述这位粗悍的蒙古王公:"……脖子上有一道很深的刀疤,他曾任最西部的陕西和甘肃省的总督,颇有阅历。他热忱、坚毅而且武艺超群,性格也很豪爽大气。同样,当他喝酒时让人一看便知此人海量。他以一种慷慨大度的样子饮酒,当我们划拳时他一点也不在乎输赢,虽然他划拳很出色……"

1914年的第一次世界大战和日本对青岛的围攻,大概是德国人和曾赴日本寻求复辟协助的升允都无法预料的。在日本攻占了这座城市后,升允是否仍在别墅里居住了一段时间,我们已无从知晓,但随后别墅成为守备军参谋长山田良水少将的官邸。不过此后,我们就无法找到关于这座别墅的隶属和房客的任何记载,直到近半个多世纪后的20世纪50年代。从1953年开始,这里成为青岛日报社的幼儿园。一位父辈曾在报社工作的友人,至今仍记得孩提时代在这所幼儿园里玩耍嬉戏的幸福时光。由于种种原因,这所幼儿园在20世纪60年代初就关闭了。

卫教往事

01 督署医院

我们可以确信，青岛地区在开埠之前并没有正规意义的医院，根据前海天后宫1874年的重修碑刻和私人笔记所载，19世纪90年代初，章高元驻防时期的胶澳已经形成了一个有店铺60余家，比较繁华的小型口岸在这60余家店铺作坊里，或许会有私人开办的中医诊所。

德国租借胶州湾后不久，即在今信号山南麓设立了一所简易的临时军用医院，最初的患者均被安置在临时搭建的毡篷式军用帐篷和简易的木板房中，并由德国海军军医负责诊疗。

据《胶澳发展备忘录》记载，1898年春季，在中国华北地区暴发的严重瘟疫，也波及了青岛地区。面对日益增多的军人和非军人患者和简陋不良的卫生医疗条件，总督府深感尽快建造一座卫生良好、医疗条件完善医院的必要性。同时总督府还认为，只有保护地卫生医疗条件的进一步改善，才能够吸引更多的商人安全放心地在青岛进行投资与贸易。1898年5月，由城市规划建筑师马克斯·克诺普夫设计，占地甚大的医院正式开工建设。考虑到那些非驻防士兵患者的需求，医院在着手建设时相应扩大了病床的容量（一期为156张）。至1898年底，已有三幢两层的病房、一幢带办公室的高级官员宿舍、车库以及太平间等建筑相继完成。医院的

德租时期的督署医院,在官方的一份评估报告中,这座占地广大的医院被认为更像是一座环境优美的公共花园(明信片)。↑

设计严格按照德国国内的标准建设,病房及附属建筑呈"一"字形顺等高线分布,房屋均为一至二层的砖木结构,屋面为瓦顶拱券式,南侧向阳面都设有敞开式的木制外廊,建筑与建筑之间是大片的绿化用地。根据德国官方的一份评估报告记载,这座占地广大的医院被认为更像是一座环境优美的公共花园。

1900年,为满足更为广泛的需求,医院改由总督府直接管理,并更名为督署医院。1902年,院

24. Tsingtau.

由观海山俯瞰督署医院，远处是信号山。右侧的医院门诊楼，曾是昔日俾斯麦大街上最为别致的建筑。←

方在一路之隔的俾斯麦大街东侧，增建了一座两层的门诊楼。这幢孟莎式屋顶，山墙和入口风格均为巴洛克风格，两翼各有一个漂亮圆顶的建筑，曾是昔日俾斯麦大街上最为别致的建筑。遗憾的是，这幢在今天看来极具艺术价值的房屋却已在1990年被拆除，取而代之的是一座七层大楼……1898年，医院一期完工后，共设有内科、外科、小儿科等15个门类的科别。至1906年，当耗资约198万马克的医院在边使用边建设中最终完成时，医院已拥有病床301张、X光机、细菌和化学检验等医疗设施以及医院的首席军医哈利·科尼希在内的六名主治医生。

1914年8月，日本争夺青岛的战争爆发。为了避免医院成为日英联合舰队12英寸和10英寸远程舰炮的主要轰击目标，德军将病人分散到海因里希亲王饭店、水师饭店、德华大学等处。11月7日，日军攻占青岛后，接管了督署医院并改为日本陆军医院。1921年3月，青岛守备军在医院增建的一座日本式门诊大楼（该建筑于1998年被拆除）完成。据记载，由于该地块的地质条件较差，使得后来的基础建设耗资巨大。大楼为典型的对称式设计手法，为日本建筑师三上贞所设计。为了设计这座大楼，三上贞还特意前往名古屋、大阪、神户等日本城市，考察当地的日本医院。

1927年，医院由日本人掌控之下的慈善法人机构同仁会接管，称为同仁会青岛医院。1945年8月抗战胜利后，医院更名为国立山东大学附属医院，俗称"山大医院"。1958年，山东大学被迁到济南后，改称"青岛医学院附属医院"。

1897年，德国人傲慢地不请自来，17年后却又无奈地被驱逐，但是他们把西方的医学带到了青岛，虽然接受是屈辱和被动的，但是却促进了医学成为中国近代科学学科之一随之而来的还有西方的科学精神，充分地弥补中国传统文化中最为匮乏的东西，其意义至今影响深远。

02 福柏医院

在1914年之前，青岛曾经有两所以著名的汉学家、植物学家、传教士花之安（Ernst Faber）名字命名的医院。一所是位于奥古斯特皇后大街（今武定路）的福柏医院（Faber Hospital），由同善会（魏玛传教会）在1900年成立，专门为中国贫民免费治疗。医院由一位德籍护士负责，医生按时到医院诊治，内设有40张病床，每年就医人数超过1万人次，该院在台东镇和高密设有分院。1914年，武定路的华人福柏医院改为文施医院（Wunsch Hospital），以纪念1911年因医治患伤寒的中国工人之后，自己也被感染而去世的该院院长理夏德·文施（Richard Wunsch）大夫。

另一所以花之安的名字命名的福柏医院（Faber-Krankenhaus），由一个在青岛居住的德国市民自发成立的组织——"在青岛建立和经营一所公共医院协会"成立于1906—1907年间。医院主要面对在青岛的欧美人士，并为他们提供较为高档的医疗服务。根据该协会的董事会报告所述，这座医院不仅要拥有完全符合现代需求的设施，而且力求建立一个在远东独一无二的市区疗养院。

为提高医院的档次，协会在当地德籍居民中募集资金，购买了崂山街（今安徽路北段）与霍恩洛厄街（今德县路）路口这一青岛市区最卫生、清洁的地段，占地约84万平方米的土地。医院房屋样式是最新颖的。外科手术室添置的大量新设备和先进的X光检查室，都是由青岛的德国公司或个人自愿捐赠。医院的11间舒适病房都带有阳台，拼花水磨石地面，并设双层门窗。院内设有各种浴室、按摩室，可提供按摩和蒸汽浴等理疗服务。

医院的日常事务全科医生弗里兹·埃特尔大夫（Dr. med. Fritz Eitel）负责，护士长玛丽·莱内

建于1907年的福柏医院,是一所面向驻青欧美侨民的高档医院(明信片)。↑

曼、护士阿曼丽·施瓦茨和汉娜·菲尔德都能说英、法两种外语。其中,汉娜还是一名有经验的助产士。一般情况下,该医院实行会员制,会员每年会费约合 60 美元,家庭 30 美元、个人 15 美元,非会员的住院费用每天 3~7 元不等。病人甚至可选择合适医生为自己治病,这在当时其他医院是无法做到的。

协会为了突出医院的疗养特色,除了有遮阴的庭院,还在旁边另外购买一块面南的山坡,栽种了许多树木。其间开辟出许多美观的小路,在绿树中设立了的理疗室、卧疗房等设施。在这里,希

福柏医院以著名的汉学家、植物学家、传教士花之安名字命名。←

望得到修养和治疗的人不但可以呼吸到新鲜的空气,向南越过狭长的阿尔贝特公园(今老舍公园)还能够远眺青岛湾的美丽海景。

1912年10月,普鲁士亲王海因里希访问青岛。在总督麦维德及随员的陪同下,专门参观了该院,并对医院的环境和设施大加赞赏,福柏医院也因此获得了极高的声誉。许多在东南亚、日本、俄罗斯西伯利亚的欧美人都千里迢迢慕名来到该院就诊或疗养。

1914年11月,日本占领青岛后,福柏医院成为唯一一所仍由德国医生管理的医院。1934—1935年,由于原有的房舍狭小,医院又在东北侧增建相同风格的房屋,这项工程由建筑师李希德负责。医院的院长汉斯·施密特大夫(Dr. med. Hans Schmidt),以及两名主治德国医生奥古斯特·布罗姆巴赫大夫(Dr. med. August Blombach)、弗里兹·埃特尔大夫(Dr. med. Fritz Elter)曾治愈过许多危重病人,甚至在上层华人中都享有很高的声誉。为了方便患者,他们还在自己的住宅(今湖南路10~12号)中为私人病号设立了专用的咨询事务所。

"二战"结束后,虽然福柏医院的管理仍为坚守的德国医生负责,但由于美国人的干预,管理变得混乱起来。1946年冬,由于用火不慎,福柏医院漂亮的复折式屋顶被焚毁,后来也没有按原样进行修复,而只是草草地将被焚毁的屋顶改建为平顶的三层,因此房子自从那开始而变得非常难看。

1950年,医院正式被政府接管,汉斯·施密特大夫也在不久后回国。该院改称"青岛市人民医院"。1970 年，又在原医舍的南面增建了新的门诊大楼。福柏医院旧址现已改口腔医院。

03　督署小学

德国租借初期，总督府并没有对在青岛建设一个教育体系进行过论证，并形成明确的方案，更没有由政府主导、投资设立学校的打算。当局最初更多是希望教会机构能在这方面发挥积极作用，并在政府的监督下，进而对本地的中国居民施加宗教和文化方面的影响。但教会机构显然会把有限的精力放在对华人的教育方面，无法兼顾随着城市拓展、开发而来德国居民子女的教育问题。

1899 年初，由在青德国居民发起的教育协会创办了第一所仅接收欧洲籍儿童的小学。这个教育协会接受总督府的监督，共有九名常委，除校长和总督府指认的一人外，其余的人选均由青岛的德国居民选举产生。成立后不久，该协会在安治泰主教公寓租用了一个办公室。

在学校开设的第一年，仅有三个孩子。1900 年，又有 15 个年龄从 6~10 岁不等的儿童入学。1901 年，学生增加 29 人，由于年龄扩大到 6~13 岁。教师们只能按年龄分三个班，进行德语、算术、历史、地理等基础科目的讲授。由于资金有限，在正式的教学楼建造之前，学校并没有固定的地点，开始是一间中式平房，后来又转到教育协会办公的安治泰主教公寓。甚至在 1900 年，协会还租用了青岛监狱的两个房间辟为教室供学生使用。这种窘迫、尴尬的情况直至总督府接管学校，并纳入政府的管理后，才得到了彻底的改善。

1900 年，教育协会用在德国居民中募集的资金购买了俾斯麦大街东侧山坡上的一块地皮，用于建造学校正式校舍。校舍于 1901 年 9 月 2 日落成并投入使用，这座建筑面积 758 平方米的小楼由来自慕尼黑的建筑师贝尔纳茨（P. Bernatz）设计。校舍背山面海，依坡而建，建筑师充分考虑到了气候的因素，为了避开青岛冬季凛冽的北风，校舍的大门冲向西南。主楼也设计为明廊式，以便于通风。学校主楼为两层，入口两侧配有粗石立柱的前厅为礼堂，楼上为办公室和教师公寓，红瓦铺面的屋顶上还设计了一个别致的老虎窗。主楼两侧的配楼设有四间教室，整座建筑简洁朴实，采用了中国传统建筑的装饰元素。

随着入学儿童的逐渐增加，仅靠在居民中募集教育资金已经难以为继。1902 年 4 月 21 日，总督府正式接管了学校,并将其改为公立。接管这所学校的目的是"使(胶澳)殖民地乃至整个东亚地区的德国儿童在自愿接受一年的资格教育之后得到更高水平的国民教育,并努力使这所学校在将来成为远东地区国民精神生活的中心"。总督府接管后的学校教学改为因循德国国内的体制,小学三年,男童、女童混班授课。中学六年,但只招收男生,女生则由分立设置的女校接收。教学工作由校长、高级教师图克泽克(Tuczeck)、普通教师贝格(Berg)、高级教师杜尼茨博士(Dr.Doenitz)和普通教师普拉格(Praeger)负责。按照德国军方的规定,从督署学校毕业的中学男生,还可以获

建于1901年的督署学校简洁朴实,采用了中国传统建筑的装饰元素(明信片)。↓

1902年，总督府接管学校，并将其改为公立。

得一年志愿兵的资格。

由于学校招生的范围扩大为面向远东各地区的德国家庭招生，不久就有来自北京、上海、汉口、日本神户等地的德国儿童入学。为了照顾这些路途遥远的孩子，总督府还在不远处的弗里德里希大街(今中山路)为孩子们租下一座房屋用作学生公寓，并由教师贝格先生负责管理。

1914年11月，日本占领青岛，学校也由日本军方接管。由于大批参加过战事的德国人成为战俘，并被关押在日本的俘虏营，许多人的妻儿仍滞留青岛，日本人拒绝继续利用这座校舍为孩子们提供教育的申请，而是将其改为日本海军土木局。1907年建造的新教学楼也被日本人没收，用于成立一所日本寻常小学。

1922年12月，中国政府接收青岛主权后，原督署学校由胶澳商埠政府接管后于1924年改为青岛市公立女子小学校，设小学四个班，幼稚园一个班，共134人。南京国民政府时期，又改为青岛市立江苏路小学校。1949年后，改为青岛江苏路小学。1994年，该校被确定为青岛市实验小学。1999年7月，学校拆除重建了保留近百年历史的老校舍，只有一棵据说栽植于建校初期的古树得以保留。

04　督署学校新楼

1902年4月,总督府接手了由私人团体教育协会在1899年创办的小学校,将其划归政府的教育部门直接管理。由于招生的范围扩大到了整个远东地区,学生日益增加,加上总督府希望将该校建设成一个改良型实科中学的要求,1901年建造的校舍已经不能满足这些需求,于是建造一座新的学校大楼也就提上了议事日程。

总督府为新校舍选择的地点在海因里希亲王大街(今广西路)东端,中国大庙——天后宫的右后方,是一处能够眺望大海的高坡,距离老校也算不远,只相隔一条伊伦娜大街(今湖南路)。由总督府投资,建筑师布莱赫(G. Blaich)设计的校舍在1907年12月竣工并投入使用。在同年,接受总督府聘任的建筑师舒备德来到青岛的第一件事就是参加该校舍的竣工剪彩。

督署学校新楼是一座极其美观的建筑物。大楼为三层,并带有阁楼和半地下室。孟莎式的屋顶使得阁楼几乎可以获得与一、二、三层同样的使用空间。大楼的中间部分向前突出,建筑师采用了具有粗犷效果的毛面花岗石来突出中轴部分,在嵌石山墙的下方还装饰有一个硕大的德国鹰徽。完全被粗石包裹的主入口上方并排着三个罗马风格竖窗,其余的窗户也均为粗石窗套,给人一种雅致、却不奢华的感觉。新教学楼的内部空间分割上,完全遵循了德国本土学校的建设规定。新楼可容纳12个班280名男、女学生,各班以及扩大所需教室都在一、二层上。在底层还设有与仪器设备室相连的理化实验室、办公室、校工宿舍、冬季提供取暖的低压蒸汽锅炉室、空气净化设施和厕所。校长图克泽克的办公室在一楼,旁边是会议室。前厅的上方是礼堂,绘画厅设在北面,挂有遮光的窗帘,学生上课时,可利用电灯照明。根据德国国内的规定,在底层还特别设有一个劳作室,学生们可以利用课余时间进行一些小型的手工劳动。面南的房间均设有卷帘式的遮阳百叶窗,向北的房间则加装双窗,以抵御冬季凛冽的北风。在校舍的东侧,一直到海因里希亲王大街与炮兵营大街的路口是占地很大的操场和一个网球场。此外,早期的小礼拜堂也在新教堂落成后,改为了学校的体操室。

Gouvernements-Schule in Tsingtau

▎督署学校新楼是一座极其美观的建筑。建筑师采用了具有粗犷效果的毛面花岗石来突出中轴部分,在嵌石山墙的下方还装饰有一个硕大的德国鹰徽。具有典型的德式风格(明信片)。↑

1917年，位于武定路的新校舍完成后，原督署学校新楼改为日本第二寻常小学（明信片）。←

据《青岛及其近郊指南》记载，当时的学生有110人，其中外埠学生10人。新入学的儿童有三年预科班，经预科考试合格后可进入中级班。预科班的学费为60元，一、二、三年级为88元，第四年起为102元。如果有多个子女入学，第二、第三个孩子学费减半，第四个孩子则完全免费。1913年该校已经有教师12人，除了校长图克泽克，还有5名大学学历的老师3名在基础课任教的老师，以及3名分别在体育、图画和宗教方面任课的老师。传教士昆祚的女儿罗缇在其出版的自传体小说中，这样描述学校："在阿克纳岛的对面耸立着一座结实的花岗岩建筑……这就是我们的学校！很多德国的男女同学已经早到了……当时还没有漂亮的街道，有的同学骑着毛驴上学，路途远的可乘人力车或dogcart，但教会山的孩子们通常都是步行半小时上学……"

1914年8月，日本围攻青岛。部分德国人的家庭被疏散到天津、北京、汉口等地，学校也随着青岛陷落而停办。1915年，占领青岛的日本守备军当局在此设立了一所专招日本儿童的第一寻常小学。在1917年，位于武定路的新校舍完成后，这里又改为日本第二寻常小学。1940年，为了接纳更多的日本儿童入学，由青岛居留民团出资，在大楼的两侧分别建造了两座风格相似的配楼。1945年8月，日本战败投降后，学校被美军占用。1947年冬，由于不慎失火，将主楼屋顶部分烧毁，在修复时，未按照原貌进行恢复，而是增筑了一层，并改为了平顶，使建筑的立面发生了较大的改

← 学校大楼东侧，原为占地很大的操场。

变，失去了原有的韵味。

05 德华大学

  在青岛建立一座中德合办高等学府的想法由来已久。自1905年起，德国就开始积极着手对华文化政策的计划。在同年的一份调查报告中，文化政策被确定为德国在华策略的最重要的使命之一。报告认为："对远东的这一殖民地，教育事业在德国现代民族文化生活的重要领域中能够所肩负的责任，是不言自明的。如果德国的影响扩展到整个山东，会在列强利益之间形成一种平衡……德国应该以更广泛的方式影响中国人的精神与个性，使之成为具有德国知识和德国精神的、能够影响到全省乃至与青岛在经济上密切联系的腹地的工具。"

  在德国国内，占主导地位的观点也认为，如果德意志文化在中国进行有效的发展，会给经济贸易以及德国在华势力的拓展均有更好的回报和积极的意义。时任驻华公使雷克斯（von Rex）表示，建立这所高等学校是德国保持在中国利益最重要、最紧迫的措施。按照他的观点，德国应该采用一种不同于英美私人和教会办学的模式，要推行一种以国家投资与组织为主导的政策。这个建议在提出后，立即得到了德国海军部国务秘书，也是青岛"模范样板殖民地"的缔造者蒂尔匹茨的响应与支持。蒂尔匹茨强调，这所学校应该得到中国政府的支持与参与，并协商开办。但是这一提议遭到了来自青岛总督府方面的批评。时任总督都沛禄认为，建立这样一所大学的费用过高，这样就必须从其他方面节省开支。另外，以青岛目前的情况，急需的是技工学校，此类学校的建立会提供大量经过良好培训的劳动力，促进青岛的建设。而一个高等学校的毕业生并不是目前所需要的，他应该很难在青岛谋到一个合适的工作。

青岛方面的反对批评并没有影响蒂尔匹茨推行这个计划的决心。1907年12月，他向清廷驻德公使孙宝琦通报了这个计划，并建议开始对成立这所大学、拟定共同的章程进行谈判。但是1908年1月末，清廷学部以暧昧的态度予以了拒绝，并声明在中国领土上建立外国大学是不会被承认的。按照当时学部的规定，中国的学生只有在通过学部组织的考试进入京师大学堂后获得的学历才是有效的。

1908年4月，曾担任德国驻华公使馆翻译的汉堡大学汉学家福兰阁（Otto Frank）被任命为海军部特别顾问，全权负责与中国就设立合办大学进行的谈判事宜。这一举措，使得原本几尽搁浅的计划又出现了生机。谈判的主要目的是希望清廷在财政和政策上支持这座学校，承认学校的文凭，并能够直接聘用毕业生。1908年底，福兰阁与学部大臣张之洞在北京开始关于此计划的谈判工作。谈判的进程自然异常艰难，双方在中方认可该大学等核心问题各执己见。

根据最终达成的协议，中方提供4万马克的教学经费并且认可该所学校（的学历），但该校与外国大学具有同样的地位仍然不予承认，同时中方将派驻一名学部官员出任副校长并由中方负责该校的生源选拔，毕业生可进入京师大学堂继续深造或被国家聘用。

1909年10月25日，这所中德合办的大学，以"青岛特别高等学堂"的名义正式开学。但是在德方的文件与资料里却统称其为"德华大学"。高等学堂的校址选在市区西边的原野战炮兵营，除了对兵营的原有建筑加以利用，还由德国政府投资陆续建造新的教学大楼和学生寄宿公寓。11月1日，海军部官员，地质学家格奥尔格·凯贝尔（Gerorg Keiper）被任命为校长，清廷学部委派的官员蒋楷任总学监。开学的当年，就有80名学生入学。

总督府为学校拨付的土地面积很大，从今青岛外事服务职业学校到第一中学的区域，当年都是德华大学的范围。1910–1913年建造的教学大楼位于校园的面朝大海南侧,长长的南立面只在主入口处稍加强调,重复的光面花岗岩窗框使建筑在轴线上显现出节奏感,而被强调的体块结构使建筑显得十分紧凑。之前在青岛作为设计重点的装饰元素却被设计者—总督府建设局和建设总监卡尔·施特拉塞尔有意地省略了。大礼堂和图书馆设于教学楼的后方,之间有廊连接。礼堂的圆顶山墙为典型的青年派风格。在校区的北侧,是两幢带内院的学生寄宿公寓,分别可容纳125名学生。东侧还设有实习工厂及供德籍教师使用的服务楼和住宅。

建于1910—1912年内的德华大学教学楼,面朝大海,长长的南立面只在主入口处稍加强调,重复的光面花岗岩窗框使建筑在轴线上显现出节奏感(明信片)。↓

Die deutsch-chinesische Hochschule in Tsingtau.

在德籍教师指导下进行绘图的中国学生←

除了教学楼和学生公寓,校内还设有实验室、小型博物馆和农业试验田等设施。高等学堂的学制分预科和本科。预科为五年,是以德语为主的前期教育,课程为德语、历史、地理、数学(分为算术、代数、几何)、逻辑学、生物学(分为植物学和动物学)、物理、化学和绘画等。进入本科阶段,设有四个专业:法律、自然工程、医学和农林,学习六个学期,经考试合格后即可毕业。1913—1914年度,青岛特别高等学堂已有学生400人,以及15名兼职的德国教师和7名中国教师。

为了在教学水平上比肩德国国内的著名大学,总督府也经常邀请一些国际知名的德国学者到该校任教。如1910—1911年在大学任教的数学家康拉德·克诺普(Konrad Knopp,1882—1957),他不但是《数学杂志》的创办人之一,还是复合函数研究的学术权威。农林专业的主任植物学家威廉·瓦格纳(Wilhelm Wagner),是一位较早研究地球物理学环境条件对经济作物传播影响的专家。1914年,著名物理学家马克斯·普朗克(Max Planck)的学生——量子物理学家卡尔·埃里希·胡普卡(Karl Erich Hupka)受聘到德华大学任教。他在其动身之前刚刚完成了一份在国际上产生影响的伦琴射线的论文。法学部主任由皇家高等法院的法官罗睦贝(Kurt Romberg)兼任,他致力于在中国传播德国的法学和法律制度,并编纂出版了《华人法学百科概览》和中德对照本的《德华法律汇编》等书籍。医学专业的老师则多由督署医院的海军军医兼任,学生还可以到医院进行临床实习。

1914年6月,德华大学的扩建工程正式开工。在今天"一中"一带的扩建校舍开始平整土地,规划房屋地基。教学大楼东侧山坡上的钢骨架实习车间也开始构建。但是,一个多月后,战争爆发了,工程被迫搁浅,德华大学也在战争阴云愈来愈浓时停办,未能毕业的学生转往上海的同济医工学堂。德华大学——这所有着美好前景的大学也随着11月日本的占领而灰飞烟灭了……

日本占领青岛后,守备军当局设山东铁道管理部于此,并将部分校舍拨付给1916年4月成立的青岛高等女子学校。1918年5月,女校位于黄台路的校舍竣工。原德华大学的校舍全部归铁道管理部。1922年12月,中国接收青岛主权后,设立胶济铁路管理局。

06　日本小学

1915年5月,日本当局在青岛成立了两所小学,第一小学的正式名是青岛第一日本寻常高等小学校,设于广西路的原德国督署学校。5月15日,学校开办的日子,守备军司令神尾光臣中将和参谋长净法寺五郎少将都参加了开学仪式,当局还特意为此设立一座炮弹纪念碑。一本由三船写真馆在1915年8月出版的画册上,记录了这个开学仪式的情景:"在神尾司令官的训话及吉村长官祝词之后,代表着市民的校长柴田作了答谢致辞。这是自开港以来的巨大盛会。(5月)19日,在运动场举行开学纪念活动,学生们进行了争夺旗帜的竞赛活动。当天这里最能获得喝彩的节目就是那些前来参加比赛的大人们,他们是身着礼服的军队指挥官和行政长官们,在竞争追逐中同样争先恐后,其中不乏动作滑稽可笑者令参观的人们捧腹大笑。来自山东铁道的官员们也一同参加了庆祝活动,欢庆的呐喊声响彻天空,像这样的庆祝盛会是很少见的。学务科长野中军政副官也曾为此付出了许多辛劳……"学校设立之初,就有700名日本儿童入学。第二小学则暂设在叶樱町(今馆陶路)一所原德国人的仓库中。1917年,由日本陆军省投资,小山良树、田原正义和长冈藏平设计的花咲町(今武定路)新校舍完成,第一小学迁至此处,广西路的小学又改为第二小学。

日本政府在 1886 年颁布《学制令》，废除了各地旧时教育的"寺子屋"，开设小学校，规定儿童六岁入学。1900 年，日本政府对 1890 年颁布的《小学校令》进行了修改，规定小学教育免费，开始确立免费义务教育的原则。1907 年，日本将小学全部改为公立。此后，六年的义务教育年限大约 40 年没有改变。小学的课程虽几经变动，但一般均设置修身、日语、算术、地理、历史、自然科学、图画、唱歌、体操和手工等。

早期的日本小学占地广大，正门在今武定路上，学校附设的大运动场则面向德平路。进入正门是一座"コ"字形、高大气派、具有日本近代复兴式风格的校舍建筑与日本中学类似，都是当时流行的折中主义，其中引入了些许哥特风格的元素，使得整个建筑的立面变化丰富。校舍大楼纵向主要划分成三部分，中间部分无论体量还是层高均高于两翼，纵向又划分成三段，为建筑主体部分。两翼也通过尽头的山墙进行再次划分。相对其体量，屋顶相对简单，中间并没有四面起坡，而是和两翼用山墙隔断。除了三处入口设有拱门，其余部分均开竖向方形长窗，而且窗框亦没有过多装饰。对哥特风格的采用主要表现在立面上三面山墙上部的小窗，墙垛上，阁楼的开窗也强调向上的感觉，连同主入口中央的塔楼勾画出一副丰富的屋顶线。按照 1919 年出版的《青岛守备军步兵第四大队纪念写真帖》记载，这所学校可容纳 2000 名学生。一位曾在这座小学就读的日本老人曾这样回忆："校舍现在保留着，不过，现在已经改为了军事禁地。原校舍周围的空地胡乱建造的房子，已经让校舍失去了从前稳重的面貌。从校舍里院下十几凳台阶，是低年级学生的小操场，有沙坑、滑梯、攀登架等的玩具。小操场一角，有一年级学生的校舍和雨天操场兼礼堂。礼堂是后来增建的，和'コ'字形校舍有游廊相连接。从小运动场再下几十凳台阶是一个更大的运动场，有周长 800 米的跑道，通常学校的春秋两季运会动都在这里举行……在校园南面还有个大水池子，那里的睡莲正在开放。也是个写生或观赏各种植物的好地方，很美丽。我回国后，听说那里已经变成一个篮球场。当时只有五年级和六年级的学生可以使用这个运动场。上课的喇叭声一响，学生从操场一起沿着台阶向上跑，可直接进入二楼的教室……到处都是并排的高大树木，遮挡住强烈的日光，就是盛夏时节也很凉爽。这些树是校长中村先生在早上团拜时为了防止学生们在烈日下晕倒而特意种植的。现在这里已经改为了青岛第二体育场，校舍和操场之间已经被墙隔开，运动场周围已经建满了房子，跑道也缩短了一半。"

1941 年，该校改名为"青岛第一日本国民学校"。1945 年 8 月，日本战败投降，在青岛的日本

建于1917年的青岛日本小学是一座"コ"字形、高大气派、具有日本近代复兴式风格的建筑（明信片）。↑

日本小学东侧是一座有周长800米跑道的大运动场（明信片）。←

侨民被分批分期遣返回国。不久，刚刚复校的市立中学迁往此处开课。但时间不长，校舍就被以日伪敌产应予以没收的名义强占。后经敌伪产业处理局协调，市立中学迁往西镇原日本商校。

07　日本中学

　　1917年设立的日本中学校，应该是青岛1914年之后日本侨民人口激增的必然结果。是年12月28日，攻占青岛刚满一个半月，日本政府就迫不及待地宣布将这座战争的硝烟尚未散尽的城市正式对日本公民开放。时正值日本国内爆发了声势浩大的"护宪运动"，桂太郎和山本权兵卫内阁的相继倒台，导致了大量国民的失业。青岛的开放，无疑让许多日本失业者又充满了新的希望。于是，他们当中的许多人带着淘金的憧憬与梦想，潮水般地涌入了青岛。不过短短的几年，青岛的日本侨民就从德国时期的几百人猛增至1917年的近两万人。

激增的人口必然要建立新的学校来满足日本侨民子女的教育需求。因此,尽快地设立针对日本移民、适合各个年龄段学生入学的日本学校,就成了日本守备军在占领之后所须解决的问题。

根据1899年修正的《中学校令》,日本政府把寻常初级中学改称为中学校,修业年限初中仍为五年,并规定中学校的目的是使学生受到必要的中等普通教育。中学课程一般设置品德、日语、代数、几何、三角、物理、化学、历史、地理、英语和汉语等课程,反映了重视基础科学和外语教学的特点。为了保证学习质量,中学实行严格的考试。1917年3月末,日本中学校在旭兵营的2号营房(原德国伊尔蒂斯兵营)举行了入学考试。4月4日正式开学。7月5日,青岛中学校成为日本教育部在外的指定学校。但当时只有学生110人、日籍教职员工28人。

1920年3月5日,日本当局在拆除了原清军炮队营的基础上,开始建造中学的新校舍。根据1991年在日本出版的《青岛中学校史》所载,新建校舍落成于1921年6月21日,同月末完成了学校的搬迁。7月,寄宿公寓也完成并进行了迁移。这座砖木结构的大楼设有室内暖气设备和完善的水流式下水道,"在当时的日本国内也很少看到这样宏伟的学校建筑"。

建筑学会正员三上贞在日本中学总平面设计采用了与普济医院相同的布局,主立面以塔楼为中心,采取中轴线对称式,突出并强化入口。中部为高起的山墙,二层为拱券式样的窗户。立面门窗大量采用花岗石镶砌,入口后侧中心高起的尖顶塔楼配以细致的装饰线条。主楼连接着东北角的室内体育教室和辅助房间。大楼正面和两翼都设计有单面内走廊,以此连通各教室、实验室及办公室等。

1935年,被任命为青岛日本中学校长的岸辰雄教曾这样描述第一次见到这座建筑时的感受:"看到青岛中学的第一眼就让我吃了一大惊。第一是富丽堂皇、正面附带塔楼的石造校舍,在当时的日本国内都看不到这种规模的中学。第二是完善的配套设施,学校的各个角落甚至都用上了蒸汽供暖设施和让人羡慕的温室。就是在日本国内,都没有设施如此完备的中学。"

1945年,日本战败投降。高大宏伟的日本中学校和西北面的原国立山东大学校址则被美国海军陆战队占用。此后每年,国立山东大学师生和社会各界都会举行大规模的抗议活动,要求美军归还校舍。1948年,美国驻华大使司徒雷登访问青岛,在他的斡旋下,美军才将校舍和原日本中学一并交给了国立山东大学。

建于1920—1921年日本青岛中学校是一座富丽堂皇、正面附带塔楼的宏伟建筑,在当时的日本国内,也少有设施如此完备的中学(金立生 提供)(明信片)。↑

传教福音

01 圣言会

19世纪70年代,西方各国在华的教会组织均由法国提供所谓的庇护。法国政府驻北京的公使可代表教会与中国政府就产生的分歧进行交涉,并向前来中国进行传教布道者提供护照和批准他们在中国内地居住的权利。1877年,时任德国驻华公使巴兰德(Max von Brandt)曾向德国政府建议取代法国成为在华教会的保护国,但这项提议并没有被当时俾斯麦执政时期的德国政府所注意。

1875年,以阿诺德·杨生(Arnold Janssen)为首的部分德国天主教徒,摆脱了法国对欧洲天主教事务的控制,于荷兰纽斯河畔的斯泰尔(Steyler)成立了旨在培养海外传教士为目标的圣言会。1879年,修会首次开始派遣神职人员前往中国,这其中有一个来自雷根斯堡教区普莱施泰因叫作约翰·巴普蒂斯特·安泽尔(Johann Baptist Anzer)的28岁年轻神甫,此人就是在之后的20年成为德国在华最著名的传教士,同时也是德国占领胶州湾在教会方面最主要的支持者——安治泰。

安治泰于1880年在法国驻华机构的赞助下来到山东,此时来自意大利的方济各会已经于1839年开始在山东布道传教。1881年,经罗马教廷批准,方济各会把山东南部的教务管理权交给了圣言会。随即,圣言会向这里派遣了一个使团。同年7月,来自蒂罗尔教区阿普台的福若瑟(Joseph Freinademetz)来到中国,与

1899—1902年建造的圣言会会馆具有典型的文艺复兴风格,风格流畅的外立面还融合了中国传统建筑的元素(明信片)↑

安治泰共同开展鲁南地区的教务。

1881年冬,安治泰与福若瑟在阳谷县坡里庄成立了第一个传教点。三年里,圣言会在这个地区陆续成立了100多个堂口,发展教徒634人。1882年1月24日,安治泰因传教活动显著被修会任命为主教。同年,罗马教皇正式任命安治泰为山东南部教区主教。

鲁南地区的兖州府是中国古代大思想家孔子的故乡(当时曲阜归兖州府管辖),让这里深受儒家思想影响的民众接受并信仰一个新的神是极为困难的。1886年,安治泰曾想在鲁南地区的政治

1901年，由白明德负责施工的圣言会正在建造中。↑

和文化中心兖州府设立一个教点，但在乡民官绅的极力反对下，他的计划没有实现。面对困难，安治泰认为只有能够获得德国政府的支持和庇护，他在山东继续宣扬的上帝思想才可以畅通无阻。1887年，安治泰在柏林拜会了俾斯麦首相。俾斯麦明确表示，今后政府会对宗教事业加以热心保护。1890年，安治泰的努力终于得到了回报，巴兰德公使收到了德国政府要他代表帝国保护教士和教团安全的指示。1891年，安治泰利用德国政府对中国清政府施压，迫使山东巡抚同意圣言会将教区由坡里庄迁往大运河边的济宁直隶州。至1892年，鲁南地区已有30多名圣言会的传教士，共计12座教堂，15400名教徒。

1897年11月1日深夜，因中国农民与西方传教士之间日益加深的矛盾，正在巨野县磨盘张庄薛田资（Georg Maria. Steinz）神父的教堂中留宿的传教士能方济（Franz Nies）和韩理（Richard. Henle）被杀，此即著名的"巨野教案"。此时，安治泰正在柏林，他立即向德国政府建议，利用这个机会占领胶州湾。14日，德国远东舰队占领胶州湾。17日，安治泰在被威廉二世召见时表示，如果德国真的希望在远东取得一块领地，并重新巩固几近扫地的威信，这将是最后的机会。1898年3月6日，清廷割让胶州湾的《胶澳租借条约》在北京签订。根据条约规定，中国将拨银六万六千两，以皇帝的名义，扩建安治泰在济宁的教堂，同时还要在曹州府城和磨盘张庄各建造教堂一座。安治泰在兖州府设立一个教点的希望也终于如愿以偿。

伴随着德国在胶州湾统治的开始，圣言会也开始在胶澳设立教区。1898年，根据惯例，圣言会无偿地获得了总督府拨付的约3万平方米的土地，这块地皮在靠近大鲍岛华人街区一处高地上。随后，安治泰委派的神甫白明德在此建造一座单层的简易小教堂，开始接纳前来祷告聚会的天主教徒。

明信片中这幢带有文艺复兴风格的建筑，被记载为圣言会位于青岛的会馆，建造于1899—1902年，设计者是建筑师贝尔纳茨，修会首位来到胶澳的神甫白明德（Franz Bartels）负责建造。会馆朝向教堂立面外墙饰有一个独特的八角窗，位于道路交汇处各建有两个造型各异的塔楼。会馆风格流畅的外立面还融合了中国传统建筑的元素，一层的清水墙采用了中国式的灰砖砌筑，但二层的风格却是纯欧式的。会馆的主入口设在建筑的南侧，内有小型的祷告室和一个用来印制圣经教义的印刷所。二层是白明德神甫的住所和其他房间，内院则是一个精巧的小花园。白明德负责建造的会馆成为构成城市景观的一部分。

1900年，白明德神甫在会馆的东面创办的一所小学，这所学校在1923年时，被以他的名字来命名。1903年，安治泰返回德国，并于不久后病死于罗马，主教一职由韩宁镐（Heninghaus）接任。德国官方对其的评价是"宗教信仰的积极先驱以及德语和德意志文明在山东的开拓者。"

圣言会会馆在日本围困青岛期间，曾暂时充作督署医院的病房。从1914年10月31日开始，日军开始对市区进行直接的炮击。白明德和他的同道们在地下室里度过了这段时间。11月6日，教会会址第一次被炮弹击中。在最后20分钟的交战中，还有九发炮弹击中了教会，所有的玻璃都碎了，门也都被炸毁，一个两米长的铁架被炸飞，物资也损失惨重。日本占领青岛后，很多德国人被送进了日本的战俘营,其余的也必须离开。日本当局允许白明德留下,但从 1914 年至 1921 年,天主教会的总部再也没有从欧洲派遣人员到中国。白明德所建造的这幢建筑成了构成了城市景观的一部分,他在 1928 年复活节突然去世。很多外地人在安葬仪式前很早就来到教会,由欧洲人和中国人、穷人和富人、教徒和非教徒所组成的送葬队伍一眼望不到头,随后是各种车辆。他们都是为了向这位享有很高威望的逝者表达最后的哀悼。

1925 年 2 月,天主教青岛监牧区成立德国神甫维昌禄(Georg Weig)接任了主教一职。1934 年 10 月,由维昌禄主持建造,双塔高达 60.5 米的圣弥爱尔(St. Michael)堂落成。1941 年,维昌禄主教在青岛病逝,并葬于教堂西侧的墓穴内。接替维昌禄的是中国籍的田敬莘主教,他是迄今唯一一位由教皇亲自祝圣的华人主教。1945 年 12 月,田敬莘晋升为枢机大主教。次年 5 月,田敬莘升任北京教区总主教。青岛教区主教一职由德国人吴伯禄(Bishop Augustin Olbert)担任。

02 "教会山"往事

"教会山"(Missionberg),这个带有明显宗教色彩的地名,对于今天生活在这座城市的居民来说,显然是极为陌生的。不仅如此,甚至连这座小山丘原本的中国名字——大鲍岛东山,也随着时间的流逝很少有人提及。

在 1897 年之前,这座海拔不到 50 米的小山丘,并没有任何史料提到。将其称为大鲍岛东山的原因,大概仅仅因循了地理位置命名的习惯,因为这座小山位于旧大鲍岛村的东面。

如果我们试图追溯教会山逝去的历史,就必须提及曾经在青岛以及周边地区从事宗教活动的两个德国教会——被称作"同善会"的魏玛传教会(Weimarer Mission)以及被称作"信义会"的柏林福音传教会(Berliner Mission)。实际上,早在 1893 年,来自瑞典的新教教派瑞华浸信会就在胶州设立的传教点,而此时的青岛,还是一个鲜为人知的偏僻渔港。

当 1897 年 11 月 14 日,德国借两名圣言会传教士在鲁南被谋杀一事,派遣舰队占领了胶州湾后,无疑为德国教会在中国的传教活动开辟了新的地盘。1898 年 4 月 5 日,由魏玛传教会委派的传教士花之安来到了胶州湾,时仅距《胶澳租借条约》签订一个月。10 天后,柏林福音传教会的昆

由大鲍岛远眺教会山，左侧为同善会，右侧为信义会（明信片）。↑

祚和寇勒克(Kolleker)也从广东赶来。除了对这片德国新保护地的居民进行调查，为即将展开的传教活动做好先期准备，他们还需要负责满足驻军士兵们在心灵慰藉上的诉求。1898年圣诞节，被福音教会任命为教区负责人的和士谦，结束了在德国的休假，也来到了青岛。

1899年4月，按照惯例，总督府将大鲍岛东山两块相邻的土地，无偿拨付给了两家教会。经过抽签，魏玛传教会得到了西边的地块，而柏林传教会则获取了东面的地块。大鲍岛东山也有了新的

1899年5月来到青岛的传教士卫礼贤与妻子美懿

名字——"教会山"。在传教士们口中,这里还被叫作锡安(Berg Zion),那是圣城耶路撒冷近郊的一座小山……

柏林传教会计划在青岛寒冷的冬季到来之前完工的住宅,由于来自德国的工程负责人对气候陌生等因素,再加上因瘟疫导致的工人短缺和建筑材料的缺乏,而进展缓慢。

同年5月,来自德国施瓦本教区的年轻传教士卫礼贤从上海辗转来到了青岛。他受命接替卡兰茨(Paul Kranz)牧师的工作,充当花之安的助手。花之安经常领着这个年轻人登上青岛的山丘眺望远处的群山和幽雅的海湾,在植物茂盛的山野之间,他还向卫礼贤介绍那些新发现的物种。

夏末,一场严重的瘟疫开始在整个华北地区迅速地传播,当时居住条件恶劣且缺医少药的青岛也被波及。花之安在救治病人的时候,不幸被传染。已经60岁的他显然已无法抗击病毒的侵蚀。不久,这位著名的汉学家、植物学家和传教士就在青岛去世。他甚至没有来得及看到教会从租住的简易草房搬至教会山的那天。卫礼贤虽然也被传染,而且也曾在死亡线上挣扎,但最终凭借年轻和在上海的治疗得以康复。为了减轻花之安的工作负担,教会还派来了舒勒(Wilhelm Schueler)牧师协助他。

花之安过世之前,曾经着手设立一座免费收教中国儿童的教会学校。卫礼贤在接替了他的工作后,将逝者的夙愿变成了现实。不久,一所名为"德华学堂"(Das Deutsch-Chinesiche Seminar)的学校在胶州路暂租的房子里开学,最初的二三十名学生都是中国教徒的孩子。同时,一座免费收治中国贫民病人的医院也在教会山的北面建立起来,为了纪念花之安,医院被命名为花之安医院。至1914年战争爆发前夕,该院每年已经能治愈约1万名病人。

与魏玛传教会重点通过学校、医院来教化所不同的是,柏林传教会的着眼点更倾向于传统的教化方式,即布道、成立教区和建造教堂。1899年9月2日,一座"简易但十分结实,能容纳500人"的教堂在昆祚教士的主持下,在大鲍岛设立。根据德国方面的记载,这是胶州湾被设为德国保护地以来的首座新教教堂。1900年,昆祚在台东镇主持兴建了传教会的第二座教堂。1901年1月2日,胶州路礼拜堂落成并举行了在青岛的首次圣洗典礼。1905—1908年昆祚先后前往即墨、胶州传教,并负责购置土地建造教会在当地的住宅和礼拜堂。

1900年2月,由建筑商毛利负责建造,能容纳两个家庭的住宅落成。卫礼贤和舒勒都把自己的未婚妻接到青岛,在教会山上开始了新的生活。昆祚的大女儿罗缇曾在自己的自传体小说里这样描述这所住宅:"卫礼贤博士的花园特别漂亮,他与许多中国的上流人士交往……因此,他请人设计了一个中国风格的会客厅,花坛、道路、假山、拱门、金鱼池和暗门……这一切都使人想到了雅致的中国园林。"住宅和校舍前面的小路,后来被总督府命名为上海街。而上海恰好是卫礼贤第一次来中国时抵达的城市。

教会山上两个比邻的教会相处融洽,卫礼贤每周二都会参加柏林传教会的圣经研读晚会,并邀请同道去他家做客。后来,卫礼贤将学校也迁到教会山,并正式将他所创办的学校命名的"礼贤书院"(Richard Wilhelm Schule)。学校为中小学连读,学程七年,前三年是小学,后四年为中学。除了自己担任校长,妻子美懿(Salome Blumhart)任德文教师,举人邢克昌任汉文教习,贡生出身的傅兰升教汉文,蓬莱书馆毕业的朱宝琛教数学。至1906年,礼贤书院已经扩大至四个班,60余人。同年,山东巡抚杨士骧以卫礼贤办学有功之名,奏请朝廷,赏赐给他四品顶戴。1907年1月12日,礼贤书院举行了第一届学生的毕业典礼。

卫礼贤夫人美懿后来主要从事中国女童的教育,1905年,她创办了以自己名字命名的"美懿书院",1912年,又合并了淑范女学堂。这所学堂后来发展成了青岛历史上著名的文德女中。

德租时期的信义会传教士住宅←

教会山下的住宅还是一个"幸福的儿童之家":卫礼贤的四个儿子、舒勒的两个儿子,还有和士谦家的三个孩子,昆祚的两个孩子,他们的日常生活除了上学,就是在一起玩耍。罗缇在自己的小说中说,教会山的孩子们经常沿着一条松林路沿山而下,一直到海边,阿克纳岛(今小青岛)对面那座结实的花岗石建筑就是学校。

1914年7月28日,第一次世界大战爆发。教会山的传教士们和被围困在青岛德国人,经过了或许是他们一生中记忆最为深刻的几个月……卫礼贤在他的日记里写道,世界大战波及到了青岛,几乎所有的德国妇女和儿童都被疏散到上海或者其他朋友和熟人那里。在这场没有希望获胜的战斗里,德国人和前来援助的奥地利人坚强地抵抗着日本人和英国人的围攻。11月4日,和士谦的次子格尔哈德在与日本人的战斗中负重伤并最终死去。这个年轻人曾经希望在欧洲接受教育后,到中国生活定居。和士谦在日记里这样写道:"11月5日晚上9点我埋葬了儿子,我们站在海边唱他最喜欢的歌曲,战友们用白色的床单将死者裹上,并饰以花环……"同日,总督麦维德也到和士谦的家中进行了吊唁。

11月7日是个自9月份以来难得的晴天。德国终于放弃了抵抗,宣布投降。随后,大批参与保卫战的德国人被日本军队投入了设在本国的俘虏营。德国人在青岛持续了17年的统治,无可奈何地结束了。卫礼贤在 11 月 8 日的日记里写道:"搬回到旧的住所,发现还没有遭到抢劫,仆人周和萧也露面了,这一天很平静。"11 月 9 日一早,卫礼贤和麦总督道别,他还遇到了溥伟,他给总督带来了送别的礼物,并对过去几年的保护表示感谢。晚上在主持完在最后的战斗中阵亡将士的葬礼后,卫礼贤来到俱乐部,他感到了气氛的压抑,认为这个结局没有任何崇高的感觉,还留下了"主使人富人穷,上下浮沉"的感叹……

1914 年日本占领之后,卫礼贤坚持留了下来,他不定期地出版一本叫作《为我们在华工作的朋友们而作的通报》的杂志在欧洲发行。1920 年,卫礼贤返回德国,在各地演讲和传播中国文化。1922 年,他被德国驻华大使聘为顾问重返中国,并在北京大学任教,编纂《北京之皖》杂志。

1925 年,卫礼贤在法兰克福成立了德国第一个"中国学社"(也称"中国研究所")。学社的主要日常工作是编杂志,创办了数种汉学研究的报刊。卫礼贤在这期间还陆续完成出版了一系列汉学研究的著名作品,特别是他所著的《中国心灵》,于 1928 年被翻译成英文出版,在欧洲和北美都产生了广泛的影响。1930 年 3 月 1 日,卫礼贤在图林根医院病逝。

和士谦在 1907—1911 年主持建造了柏林传教会的青岛福音教堂。1925 年,原属柏林传教会的山东教区被美国信义会接管,和士谦又加入了这个教会。1926 年,和士谦离开了青岛。在美国待了一年后,1927 年 9 月 6 日,他回到阔别已久的德国。1929 年,和士谦重返青岛,这时他已经 70 岁。1930 年,和士谦决定留在青岛。1937 年 9 月 20 日,和士谦在青岛病逝,按照逝者生前的愿望,他被安葬在青岛万国公墓花之安墓的旁边。和士谦曾写有大量的著作和文章,其中最著名的是他在战争期间的日记《被围困的青岛》。这本日记于 1915 年 3 月 1 日出版,获得了超过 10 万册的发行量。

昆祚在 1914 年 11 月之后,成为不多的还能留在青岛的德国人。从 1915—1922 年昆祚一直住在柏林传教会在胶州的传教站,显然,他的活动范围受到了日本军事当局的限制。对于昆祚本人,更为不幸的事情发生在 1918 年 4 月,他的妻子弗丽达(Frieda Kunze)在一次探访华人信徒家庭时感染了天花,并传染给了他们的两个女儿,不久昆祚的妻子和孩子便相继死去。这一突如其来的家庭悲剧对昆祚而言,显然是一个极为沉重的打击。1922 年 9 月 2 日,时年 60 岁的昆祚在青岛福柏医院静静地死去。

教会山下,卫礼贤创办的礼贤书院几经更名,最终定名为"礼贤中学"。1949 年之后,才更名为

"青岛第九中学"。昆祚负责建造的柏林传教会住宅后来被美国信义会接管,改为医院,至今仍在延续这一用途。和士谦主持完成的福音教堂,则成为这座新兴城市的标志性景观,其宗教场所的作用也得以延续。但教会山这个名字,却随着传教士们的离去和时间的不断流逝,最终消失在人们的记忆里……

03 青岛新教教堂

根据1898年制定的城市发展规划,信号山以西,督署医院(今青岛大学医学院附属医院本部)东南方向的小山坡,已经被批准用于建造一座信义会教堂。此时,与新教教会几乎同时踏及胶澳的天主教会则已经先于1898年在靠近华人区的霍恩洛厄街(今德县路)建造完成了一座较为简易的天主教堂。1907年6月,柏林信义会开始在远东各大城市的主要报刊刊登启事,广泛征集青岛教堂的设计方案。经过严格的筛选与比较,最终由德国建筑师罗克格设计的方案被选中。但南立面和塔楼并不是他设计的方案,获得了第三名的建筑师李希德受命和哈赫梅斯特一起设计了钟塔以上的部分。1908年4月19日,教堂正式开工建设。

青岛新教教堂为典型的中世纪欧洲塞堡式风格,具有浓厚的浪漫主义色彩。高耸的四棱曲线钟楼高36.47米,顶部为优质含铅铜皮手工打制,楼内还设有旋转楼梯可直上塔顶。钟楼内置全部由德国制造的两小一大机械报时钟,每逢整点准时自鸣。钟楼的南侧与之相连的是一座可以容纳千人的礼拜堂,屋顶为孟莎式,上覆红色筒瓦。礼拜堂的主入口处饰以粗石,是标准的罗式风格,大厅地面为方形大理石板,上为装饰性图案。厅内壁柱同样为大理石雕制,底座八角形,柱头斗形曲线。堂内设置为信义会风格,设有祭台和供信徒祷告的长椅和跪凳。

1910年10月23日,教堂落成,教务工作由已经在青岛传教十余年信义会教士和士谦主持。当教堂正式对教徒和游客开放后,就立即成为这座新兴远东城市中最为引人注目的标志性建筑和城市景观。

普特纳姆·维勒(Putnam Weale)在1912年这样描述道:"青岛看上去陌生、神秘……就像是在褐黄色背景下一块干净、透明、刻有浮雕的宝石上树立着一点明亮有色、独特的建筑物……红绿

青岛新教教堂为典型的中世纪欧洲塞堡式风格,具有浓厚的浪漫主义色彩(明信片)。↑

色屋顶的房子,那些木制边框上粉刷着白色,房屋的上面在不固定的位置耸立着中世纪式样的小型塔楼。厚重的房子露出花岗石,在它的后面是着绿漆的木造部分和柠檬色围墙合围的门廊和凉台。所有这一切与其他许多优雅、迷人的景观结合在一起,一座高贵的德国教堂在这古老的风格里,使得整个画面毫不费力地融入朝阳之中,让人难以忘怀。这是完美的西方色彩恰当地汇入了纯粹的东方文化中……"

新教教堂建成之前，信义会的活动一直在1899年圣诞节投入使用的小礼拜堂举行。←

青岛新教教堂在"一战"后被美国信义会接管，并对来自世界各国的信徒开放。

04　青岛神社：贮水山上的屈辱记忆

　　1914年11月7日，被围攻近三个月的驻青岛德军终于在观象山上竖起了表示投降的白旗。日本占领了多年以来在远东的心腹之患，同时也是梦寐以求的城市——青岛。日军在入城次日，即在原德国总督府成立了一个以军人为管理主体的守备军司令部，并相继颁布了一系列的军政法令，希望尽快让在战后初期混乱的城市趋于平静，恢复正常。

　　1915年1月，在时任守备军司令官神尾光臣、参谋长净法寺五郎及军政委员长吉村的提议下，日本政府决定在青岛设立神社，供奉天照大神和祭祀在战争中阵亡、病亡的军官、士兵。1916年2月，建造神社的用地选在今贮水山。这座海拔80.6米的小山，因有两座山峰，中间低凹，又名马鞍山。

　　1916年5月，军政长竹内赳夫少将将神社的设计工作交由内务省神社局，约定由技师加护谷祐太郎主持设计工作，并在次年一月底之前完成。1917—1918年，守备军当局还相继成立了神社事务所和委员会来管理这项工程。1918年11月7日,时值日本占领青岛五周年,神社的工程基本完工,并举行了镇座祭。

青岛神社的布局同日本国内相同,设在若鹤町(今辽宁路)的山门前面是一个小型广场,迎面是一座"开"字形,日本人称之为"鸟居"大牌坊。大鸟居建于1920年2月,两柱间宽10米许,高近15米,中间的竖匾上书"青岛神社"四字。大鸟居两侧是一对巨大的日式石经幢,由青岛现物园株式会社捐赠。山门前还设有木栅和"车马止"告示牌。入山门是一条笔直的大路,可直达山顶。

青岛神社大鸟居,建于1920年,是一座"开"字形的高大牌坊(明信片)。↓

▶ 供奉神灵的青岛神社本殿,全部是木结构,屋顶为一种日本特有茅草(明信片)。(上)↑
由青岛神社二鸟居眺望日侨居住区(今辽宁路一带)(下)↑

路两旁栽种着从日本国内移来的樱花树和由日本公司或私人捐赠的石经幢。左边是专供日人使用的若鹤公园，右边则是1917年建造的日本女子高等学校。登上120级石阶，正面是二鸟居，穿过鸟居便是神社的前殿。

按照日本神社的传统格局，前后共分为三个殿，全部是木结构，屋顶为日本特有的一种茅草。前殿为拜殿，香客须洗手漱口后方能入内。拜殿坐落在有四级台阶和低矮护栏的台基上，正面有象征日本王室的菊花徽记，通常垂挂帷幔。殿前还设有香客投放钱币的"奉纳所"（香资箱）。中殿为本殿，是供奉神灵的重要处所。后殿供奉神器和镇庙之宝，按例不开放。除了三殿之外，神社东侧还建有配殿。并将神社的方圆设为若鹤公园，豢养着一些动物，并栽种樱树和松柏。园内还设有相扑场等娱乐设施。

此后的30多年里，每逢樱花盛开的季节，都有大量在青岛的日本侨民前往参拜。日本战败投降后，青岛的日侨被分批分期遣返回国，青岛神社内的物品也被人哄抢一空。不知出于何种考虑，1946年初，国民政府竟将青岛神社改为以纪念抗日阵亡将士"忠烈祠"，这一举措也遭到了社会各界的批评与抗议。不久，神社内的殿堂被一所名为"国华"的流亡中学所占用。"开"字形的"大鸟居"牌坊在日本投降后不久就被愤怒的中国百姓用大绳拉倒。神道两侧的樱花树也被陆续砍伐、改植。残存的庙堂有的被陆续拆除，有的当作仓库和工厂使用，并一直延续到20世纪70年代末。如今，除了那120级石阶尚能辨认外，神社其余的痕迹已近荡然无存。石阶下的神道广场已经成为老年人的"俱乐部"。在这里那些上岁数的人以聊天、打牌为乐。若鹤公园的一部分改成了儿童公园。公园里，孩子们正高兴地在蹦床上弹跳着。显然，他们不会知道这里所发生过的故事和那段对国人来说无法忘却的屈辱记忆……

财富新城

01 德华银行

德华银行（Deutsche-Asiatische-Bank）成立于1889年5月13日,由当时德国最有实力的13家大银行,如德意志银行、北德银行、门德尔松银行、达姆施塔特银行、巴伐利亚抵押银行等共同出资500万两白银（约2250万马克）在上海设立。1896年,德华银行柏林分行成立,其后又相继在加尔各答（1896年）、天津（1897年）、汉口（1897年）、青岛（1898年）、香港（1899年）、济南（1904年）、北京、横滨（1905年）、神户、新加坡、汉堡（1906年）以及广州（1911年）等13个城市设立了分支机构。

1898年2月15日,率领部队占领胶州湾的德国远东舰队司令棣德利曾写信给他的上司海军部国务秘书蒂尔匹茨称:"货币问题有困难,除等待德华银行从速在青岛成立汇兑机构外,别无他途。该行的行员如能乘近期的轮船从上海来青的话,问题即可解决。"三个月后,德华银行青岛分行成立,首任经理为霍曼。在随后收购土地的过程中,德华银行也起到了非常重要的作用。

与许多早期机构一样,德华银行青岛分行最初同样设于一座古色古香的中式房屋里,不过其具体的位置现在何处已难以考证。德华银行在1898年10月总督府进行的首次土地拍卖中,就买下了这块靠近海岸,占地8306.71平方米的地块,在它

建于1901年的德华银行青岛分行,独树一帜地采用了意大利新文艺复兴风格(明信片)。↑

西侧是1899年9月竣工的海因里希亲王旅馆,南侧也将规划建造一条漂亮的海景大道。

  德华银行青岛分行位置优越的办公楼兼住宅建成于1901年,由山东铁路公司的经理锡乐巴设计,共耗资8.1万金马克。意大利新文艺复兴式风格的银行大楼建筑面积仅为562平方米,不到整个地块面积的十分之一。华纳认为,锡乐巴在设计德华银行大楼的时候,或许是从某座意大利宫殿上获得了关于建筑比例和立面细部的灵感,新文艺复兴式的风格在设计成可供交通的明廊的南立面和西立面体现得尤其明显。但采用了在东南亚地区常见的殖民地式样,则可能与锡乐巴此前曾

德华银行在青岛发行的纸币↑

在汉口、广东、上海的生活经历有关,这种风格的建筑这三座通商口岸随处可见。德华银行大楼立面显然经过了专门的装饰设计,支柱、拱券、墙基、屋檐、装饰线及顶部均用花岗岩砌成。大坡度的孟莎式屋顶,在青岛的德式建筑中独树一帜,也是绝无仅有的孤例。在屋顶的中间还有一个穹拱形的天窗,天气晴朗的时候,青岛和煦温暖的阳光可以透过天窗,照亮大楼的内部。

1907年6月15日,经过德国议会的批准,帝国总理签署法令,允许德华银行在中国发行纸钞,

德华银行发行的"大德国宝"硬币 ←

这种钞票以墨西哥银圆和中国的白银为本位,银圆票分 1 元、5 元、10 元、25 元和 50 元五种面额;银两票则分 1 两、5 两、10 两、20 两四种面额。银两票与银圆票的兑换比例为银两 72∶100 银圆。德华银行的每张纸币上都印有发行地的地名,青岛分行发行的均为银圆票。1913 年,德国政府还允许其增发 100 元、200 元、500 元三种大额银圆票。

1909 年 10 月,德国政府批准德华银行青岛分行发行 5 分和 10 分的镍币(大德国宝),同时,禁止中国和英属香港发行的 2 角、1 角和 5 分硬币在青岛流通。根据德国总督府的规定,在青岛和胶济铁路沿线,必须使用德华银行的纸币及镍币购买车票、交运费、纳税等。由于资本雄厚、信誉度好,再加上中国本身混乱的货币制度和带有保护性的强制措施,由德华银行青岛分行发行的纸币呈现出逐年增加的趋势。根据《胶澳发展备忘录》的统计,德华银行青岛分行 1908 年的发行额为 490 303 元,1909 年增至 603 655 元,1913 年则高达 2 070 025 元,占当时德华银行在中国纸币发行量的 3/4。此外,德华银行还以各大通商口岸城市为中心,推行对华资本输出政策,除了在 1898 年,根据租界条约取得胶济铁路和山东矿产资源的开发权,还在 1907 年获得了与英国财团共同开发津浦铁路的权利,继而还与汇丰银行合作,承贷"英德借款"和"英德续借款",与华俄道胜银行等共同取得关税的保管收解权等特权。

正当德华银行在华的经营蒸蒸日上的时候,1914年7月底,战争爆发了。德华银行青岛分行及其在山东投资的铁路、矿山,在青岛被日本攻占后,全部被接管。1917年,由于北洋政府也对德国宣战,中国各地的德华银行也均关闭,德华银行退出了中国市场。随着战争结束,和平条约的签署,20世纪20年代,德华银行重新来华发展,但其地位已经远非昔比。德华银行青岛分行也在1923年重新设立,但是他们已经永远不可能再回到海边这座宫殿式的大楼。据记载显示,在20世纪30—40年代,德华银行的办公地点位于馆陶路日本人的取引所大楼内,其经理是著名传教士和士谦的儿子约翰内斯·沃斯卡姆普。1945年,随着纳粹德国的崩溃,德华银行再次被清盘接管,它也最终彻底退出了金融业的历史舞台。

青岛的德华银行大楼在被日本军方占有后,曾一度为守备军当局的水道部驻地。根据日本国立公文书馆亚洲文档中心的一份资料显示,英国政府曾向守备军提出购买或租用这座大楼为领事馆,但其申请未获日本当局同意。1922年12月,中国收回青岛主权。根据两国的协商谈判结果,德华银行旧址成为日本驻青岛总领事的驻地,漂亮的孟莎式屋顶上飘扬的"日章旗",在朗朗的晴空下显得格外的刺眼……在日本投降后的半个世纪里,德华银行大楼由于成为民居而改为他用了。约翰斯顿写道:"德华银行大楼在1949年之后,成为住宅。开始是高层干部,然后是普通的市民。像在整个中国一样,人口的压力迫使需要最大限度地使用可居住的空间。漂亮的穹拱天窗被水泥封闭,一些早期精美的铁艺饰件也在后来的动荡岁月里不翼而飞了。阳台虽然已经被封闭了,但建筑的立面还保留有一点优雅。但内部可就大不一样了。15英尺高的天花板还保留着,但花色的玻璃却已不见了,里面被分割为许多小房间,火炉的烟囱也将墙壁打穿……"

02　谦顺银号

在1897年之前的胶澳地区,不曾有较大规模银行机构存在过的记载。根据胶海关税务司阿理文在《胶海关贸易报告》(1892—1901)中记载,在19世纪末,仅在胶州和即墨——这两座规模很小的县城内有几家个人开办的小型钱铺。他们同属于一个行业公会组织的领导,主要业务是进行小范围的汇兑和贷款,同时还及时挂牌公布银两与铜圆的最新兑换价格。由于缺乏必要的担保和

当年在青岛风光一时的谦顺银号是一幢明显带有中西合璧风格的大楼,门外有两个身着礼服的德国士兵站岗警戒(明信片)。↑

相应的制约及诚信机制,这些钱铺的金融风险通常会很大,一些投机和诈骗事件的发生,往往会导致他们因资不抵债而倒闭。但这些小型中式金融机构的存在,在某种程度上,还是承担了银行——这一具有现代意义的金融机构在中国出现前所具有的地位与作用。较大规模且注册资金雄厚的银号,多集中在济南、周村和当时山东唯一的条约开放口岸——烟台。根据胶海关的记载,同样来自山西的两家票号,分别在济南和周村各开设有三家汇兑庄,胶州和即墨的钱铺们通常都是通过这些大的票号,来获取最新的兑换比率和那些能够引起金融波动的国家大事。

随着1898年3月6日《胶澳租借条约》在北京的签订和此后租地、潮平等后续细化合同的签署,德国逐渐稳固了其在胶澳的统治地位。在随之而来的城市建设与拓展中,诸如建筑、贸易等行业也迅速发展起来。据《胶澳发展备忘录》记载,在华人聚居的大鲍岛地区,每年都有大量的建筑落成或开工建造。由开埠、筑路、建港等因素所带来的这一房地产投资热潮,无疑需要大量建设资金的投入,我们推测,多为商人的房屋投资建造者出于安全与便利的需要,似乎不太可能从较远城镇的钱铺中兑换大量的铜圆或银两用于支付建筑材料或施工人员的费用。因此,一些小型的中式钱铺在此时很可能已在青岛开始出现。虽然,我们还缺乏这一时期的相关记载,但相信基于当时的建筑和民间贸易的保有量,这些小型机构的出现,应是意料之中的事情。

1905年4月24日,一间叫作"谦顺"的中式银号在大鲍岛开业,主要的业务为存款、贷款(放款)、汇兑和票据贴现等。这家由烟台谦益丰银号与顺泰号汇兑钱庄共同投资10万两胶州银组建的银号,是青岛开埠以来所出现的第一家在规模与投入方面均比较大的中资银号。

烟台港的开埠时间早于青岛,根据第二次鸦片战争后中英签署的《天津条约》,烟台于1862年1月被正式辟为开放口岸。谦益丰与顺泰能够共出资10万两在相邻城市设立分支机构的银号,在当时的烟台应也是屈指可数的大户。

1908年,谦顺银号增资10万,总资本已达胶州银20万两。是年,它还获得了山东政府的官方财政机构官银号在青岛的总代理权。据当年公布的数字显示,谦顺银号无论在资金和业务上,还是在对胶澳华人市民的影响力上,均让1909年9月始在青岛开立分支行的大清银行(当时的国家中央银行)难望其项背。1908年4月,经德国总督府的批准,谦顺银号获得了与德华银行共同经收胶海关海关税收的资格。1909年,为应对来自上海的金融危机,山东劝业道向德华银行借款100万两,其中50万就存放于谦顺的库房内,用于青岛、济南等地的救济。这些记载都足以证明谦顺在青岛,

在华人聚居的大鲍岛地区,由开埠、筑路、建港等因素所带来的这一房地产投资热潮,无疑需要大量建设资金的投入(明信片)。↑

尤其是华商贸易当中有着举足轻重的地位。

从这张印制于德租时期的年明信片上看,当年在胶澳青岛风光一时的谦顺银号是一幢明显带有中西合璧风格的大楼。这幢主体为两层的漂亮楼房,很可能建造于银号在青岛开业的1905年。按照当时比较盛行的建筑手法,大楼带有中国传统殿宇歇山式风格的屋顶,曾被山东铁路公司、青岛监狱、总督副官官邸及要塞工程局等多幢建筑采用。主立面的外廊式拱券则是典型的英式殖民地风格,我们在早期的胶海关和德华银行等建筑物上同样可以找到相类似的痕迹。但最让感到惊异的却是院内左侧悬旗杆之上的德意志帝国三色国旗和门外居然还有两个身着礼服的德国士兵为银号站岗警戒。在当时除了像政府、法院、军营等公共或军事机构,一般的欧洲商户恐怕都难有如此殊荣。令人遗憾的是,由于岁月的变迁,在今天河南路上,我们已经无法找到这幢漂亮大楼。

  1911年,正值谦顺银号在青岛的声誉和业务日渐鼎盛的时候,该号突然于是年停业倒闭。其中的原因,据悉是该号的投资一方烟台谦益丰因发生了严重的信誉危机导致大量的挤兑而破产倒闭,受到了无法避免的牵连。根据史料记载,我们可以料定这次危机应该是极为偶然的意外,也是包括总督府在内的许多人所始料不及的。因为在1910年的有关记载中,我们还能够看到谦顺银号再次增资20万两的记录,而于同期在海泊街(Haipo Strasse)开业的一家中国银号,其注册资本只有区区的2000元。这次源自烟台的危机最终导致了当时青岛最大一家中资银行机构清算倒闭的严重后果。为此,时任山东巡抚孙宝琦不得不向德华银行借款50万两,用于清还谦顺银号倒闭的放款,随后谦顺银号正式由后来改组为省银行的山东官银号接管。

  不知是否也是一种巧合,1914年夏秋,由于日本人对青岛的战争,德国人最终失去了对这座曾寄予厚望城市的享有。曾经把持青岛财政与经济大权十余年之久的德华银行,同样遭到了被清盘停业的命运。它的位置迅速被来自日本的横滨正金银行所取代。而谦顺银号短暂辉煌的印记,此时或许已经开始从青岛的城市记忆中开始消退……

03　哈利洋行

  哈利洋行在青岛留下的发展轨迹,始终是与这块德国曾经在远东拥有的租借地紧密联系在一起的。从德国占领胶州湾开始而逐渐兴盛,又随着日本占领青岛,永远地失去这块土地而衰亡。

  根据1861年清政府与英法两国签订的《北京条约》增补条约,烟台(芝罘)成为山东和长江以北最早的通商开埠口岸。1862年,东海关开关,英、法、美、日等国也先后在此设立领事馆。在烟台开埠之后不久,一个叫哈利·希塔斯(Harry Sietas)的德国商人来此定居,并成立了一家以其名字命名的进出口公司H. Sietas & Co.。因为R这个字母,在中国通常读作L,因此和他有生意往来的

1902年3月落成的哈利洋行大楼,建筑师对房子立面,尤其是窗套进行了刻意的装饰,在面向路口的转角设计有个四层的六角形塔楼(明信片)。↑

华人都叫他 Hali,而不是 Harry;所以哈利·希塔斯就把公司的中文名称改成哈利洋行,这个名字一直保持到 1914 年。

随着芝罘港贸易的逐渐发展,哈利·希塔斯决定扩大公司的规模。一个来自黑林根港的商人海因里希·博拉姆拜克(Heinrich Plambeck)参股了哈利洋行。后来汉斯·克里斯蒂安·奥古斯特森(Hans Christian Augustesen)和于尔根·布洛克(Juergen Block)也先后成为公司的合伙人,

[财富新城] ... 249

哈利洋行刊登在报纸上广告←

但直至 1914 年,公司的名字也没再改变。

　　随着 1898 年 3 月《胶澳租借条约》的签订,德国政府宣布将胶州湾辟为自由港。这块待开发的土地和其所蕴含的商机,也吸引了包括哈利洋行在内的所有德国在华公司的注意。此时,哈利·希塔斯已经在烟台过世。其他三个合伙人决定分别在青岛和俄国占领下的旅顺设立分公司。根据讨论的结果,于尔根·布洛克留在烟台继承 H. Sietas & Co. Chefoo,海因里希·博拉姆拜克去到青岛成立 Sietas, Plambeck & Co. Tsingtau,而汉斯·克里斯蒂安·奥古斯特森则前往旅顺成立了 Sietas, Augstesen & Co. Port Arthur,但这三家公司在当地均使用"哈利洋行"这个中文名称。

　　海因里希·博拉姆拜克来到青岛,在原总兵衙门后面的中式平房里开设了一家百货店。在 1898 年 9 月 2 日开始的第一轮土地拍卖中,博拉姆拜克买下了这块土地,并建造了一幢临时性质的西式平房,前部用做商店,后部为仓储和居住使用。在房子竣工的时候,博拉姆拜克还把公司的缩写"P. S"和分公司成立的年份 1898 刻在了面东南的山墙上。青岛这座最早镌刻有年份的老房子后来成为一座清真寺，但它最初的用途却在很长时间里被误认为是早期临时邮所的旧址。

随着临时港口的开辟和山东铁路的开工，青岛的中心开始转向了以霍恩佐伦大街（今兰山路）为中心的栈桥西侧海岸。博拉姆拜克又在霍恩佐伦大街与汉堡大街（今河南路）路口的西侧购买了土地，用于建造一座正式的商店兼办公居住的综合楼。这座洋行大楼于 1901 年 3 月 1 日正式竣工启用，其平面呈"L"形，建筑师对房子立面，尤其是窗套进行了刻意的装饰，在面向路口的转角设计一个四层的六角形塔楼，塔顶的每个面上开有实用与装饰兼有的拱窗。不过遗憾的是，这座典雅、华丽的洋行大楼并没有保存到今天，它早在 30 多年前就被拆毁，取代它的是一座灰色、毫无美感和特色可言的平庸建筑……

从哈利洋行在《青岛及其近郊指南》一书所刊登的广告上看，该公司的经营范围十分广泛，除了百货商店经营的烟酒、服装、鞋帽，其业务还涉及仓储、屠宰、冷库制冰、砖瓦、中国土产等类别。

1905 年，一个叫卡尔·罗德（Carl Rohde）的新合伙人来到青岛，此时，奥古特森也来到青岛，博拉姆拜克则去了汉堡。1912 年，第五个合伙人绍德尔（W. Schoeder）加入，他住在省城济南，并在此成立了哈利洋行的济南分公司。

随着德国政府对青岛在贸易地位上的重视与投入，青岛已不再是其初始设想的军事基地。青岛哈利洋行的各种生意也得到了长足的发展。公司经营着一家有不少店员的哈利百货公司，1908 年哈利百货公司的糕点制作师奥托（G. Otho）辞去了工作，在弗里德里希大街上开办了自己的糕点糖果店。公司从德国招募来了一个叫卡尔·尤海姆（Carl Juchheim）年轻糕点师，这个当时只有 22 岁的年轻人非常勤奋，他潜心研究糕点的制作，独创了在青岛很受欢迎的"年轮蛋糕"。后来，从青岛开始自己事业的尤海姆在日本开办了自己的糕点店"E. Junchheim"。100 多年后，Junchheim 已经发展为日本最具盛名的糕点公司。

由于是大股东，哈利洋行还可以支配日耳曼尼亚酿造厂（Germania Brauerei Akt.-Ges., Tsingtau）出产的啤酒，并把这些德国口味的饮料销售到远东各大城市。1911 年，他们从青岛旅店业股份协会手中收购了海因里希亲王饭店（Prinz-Heinrich Hotel）和海滨旅馆（Strand Hotel），并在 1912 年扩大了饭店的规模，在亲王饭店的西侧增建了客房部。1914 年春，公司还购买了帕布斯特（Pabust）的中和饭店（Central Hotel），将威廉皇帝海岸的三家饭店全部纳入了自己麾下。加上在 1912 年购买的胶州饭店（Hotel Kiautschou），哈利洋行几乎垄断了当时青岛高档旅店业。

但是，不管是在国内，还是在中国的德国商人们，都不曾料想一场突如其来的战争会彻底地改变欣欣向荣的一切。1914年8月，战争爆发。随着日本对青岛的围攻和占领，哈利洋行这家非常有前景的公司也没有维持多久，在十余年间积累的大量财富也随之灰飞烟灭了……哈利希·塔斯在青岛的合伙人之一罗德成为战俘，被投入了日本俘虏营。1920年，罗德回到青岛，但在三年后前往日本的一次旅行中，死于东京大地震。奥古斯特森虽然没有成为战俘，但也离开在青岛的妻子和四个孩子。前往上海避祸。1919年，奥古斯特森和妻儿返回了德国。次年，他重新返回上海做生意。1926年8月13日，66岁的奥古斯特森在青岛去世。

04　顺和洋行

1854年，来自德国汉堡的施瓦尔泽科普夫（F. Schwarzkopf）成立一家主要与中国进行贸易的进出口公司——顺和洋行。1857年，施瓦尔泽科普夫把公司直接迁到了香港。为了能够融入香港英国人的社交圈，更好地发展自己的生意，施瓦尔泽科普夫不但与一位英国女士结婚，生儿育女，而把自己的姓氏也改为了英国式的布莱克海德（Blackhead）。当然，他的公司也随之改为了Blackhead & Co.。从后来公司的发展状况看，显然施瓦尔泽科普夫（布莱克海德）之前所做的努力没有白费，十余年间，他的业务开始拓展到广州、上海、汉口、天津和北京等中国许多主要城市。1872年，施瓦尔泽科普夫返回德国，并在1889年去世。他的儿子和合伙人霍恩克（Fr. Hoehnke）继承了他的生意。

1899年，随着早期城市的拓展和大量移民的到来，使得青岛这块生机勃勃的租借地充满了大量的商机。和许多很早就开始对华贸易的德国公司一样，顺和洋行也在青岛成立一家分公司。不过有所不同的是，顺和洋行在香港、广州、上海、汉口、天津和北京的分公司都称为Blackhead & Co.，唯独青岛青岛的分支机构叫F. Schwarzkopf & Co.。或许小施瓦尔泽科普夫和他的几个合作伙伴遵循了其父早年在香港"入乡随俗"的成功经验。顺和洋行在青岛的董事是罗朗德·贝恩（Roland Behn），其他的三位合伙人分别是汉堡的霍恩克、香港的小施瓦尔泽科普夫和绍纳曼（A.

顺和洋行大楼由广包公司于1900—1901年设计建造,与对面的哈利洋行办公楼相得益彰(明信片)。↑

Schoenemann)。来到青岛后,贝恩在栈桥西侧,威廉皇帝海岸(今太平路)与霍恩佐伦路之间的汉堡大街(今河南路南段)购买土地,用于建造公司的办公大楼。这里面朝早期的临时港口,距离建造中的山东铁路青岛站也是一步之遥,西侧隔街是海关的保税仓库,可谓占尽了所有的有利条件。顺和洋行的这座办公楼由广包公司于1900—1901年设计建造,与对面的哈利洋行办公楼相得益彰。主入口在南侧的汉堡大街,七根艾奥尼式小石柱支撑玄关上方的是一个精美的半封闭木制阳

德租时期的顺和洋行←

台。在办公楼的南侧,是一个存放货物的小型露天货场,在与威廉皇帝海岸交汇的路口,还有个装饰性极强,但实际功能已无从所知的小塔楼。从1910年版的《青岛及其近郊指南》一书所刊登的广告上显示,顺和洋行的业务范围同样极为广泛,除了将山东内陆出产的土特产品出口到欧洲外,还同时代理德国的工业机械以及油品、化工产品在青岛和华北地区的销售。公司的业务还涉及保险代理、百货、摄影器材等门类。

除了为公司置地建造办公楼,1900—1901年,罗朗德·贝恩还在俾斯麦大街(今江苏路8号)建造自己的住宅,并一直居住到1913年。同时,贝恩的同事,洋行的经理赫尔曼·鲁特尔(Hermann Reuter)在江苏路6号建造了自己的房子,与贝恩相邻而居。1907—1908年,鲁特尔离开青岛,他的房子卖给了李德顺。后来兼任俄国驻青岛领事馆名誉副领事的亨宝轮船行代表汉斯·克罗帕切克(Hans Kropatscheck)租下了房子,并一直住到1914年8月战争爆发。

1914年8月,随着第一次世界大战爆发,顺和洋行的各项贸易也随之陷于停顿。8月4日,英国对德宣战，顺和洋行香港分行关闭。11月，日本占领青岛，青岛分行被日军没收。1917年，随着中国对德、奥宣战，顺和洋行在华其他城市的分支机构也宣布关闭。这家古老的贸易公司最终也没有经受住战争和意外打击的洗礼，永远地消失了……

顺和洋行建造的这座办公大楼，后来的使用情况，我们没有找到更为详细的资料。有限的记载只能告诉我们，1930年代它曾经被另外一家德国公司——1878年在广州创办的鲁麟洋行(Reuter, Brockelmann & Co.)使用过，显然鲁麟洋行要比顺和洋行幸运了很多。

1952年，顺和洋行被拆除改造。

05　嘉卑世洋行百货店

嘉卑世洋行高级百货店(Erstklassiges Warenhuas, Kabisch & Co.)的开业时间是1900年。关于这家德国在青岛最早百货店的渊源，今天已经不易找寻。该店由来自柏林的商人恩斯特·嘉卑世(Ernst Kabisch)创办，他租用了博德维希公司(Bodewig & Co.)1901—1902年建造的商业大楼。百货店位于大楼的底层，拱形的临街大橱窗将琳琅满目的商品向人们展示。有来自欧洲的时装、化妆品、酒类和香烟，中国的精美瓷器、工艺品、茶叶，日本的丝绸、布料，还有来自市郊农场的新鲜蔬菜、水果……百货店内还雇有专门的裁缝，可以为顾客量体裁衣。由于当时青岛的物价要远远高于中国北方的其他商埠口岸，这些在欧洲也属奢侈的商品，也只有那些富有的商人才消费的起。

在1904年的《青岛及近郊指南》中，为百货店做足了广告，不但注明了嘉卑世洋行的中文写法，而且提供了如何前往百货店的详细路线："沿威廉皇帝海岸（今太平路）向东走，经过卢伊特坡尔德大街（今浙江路），在阿尔贝特大街（今安徽路）向北，与海因里希亲王大街（今广西路）交汇的街口就是嘉卑世洋行的大百货店。该店附设军队团购部、糖果罐头部和服装剪裁部。"根据百货店一张刊载于《青岛新报》的广告，除了经营各类商品的批发与零售业务，嘉卑世还是柏林冯·蒂佩尔斯基希公司(Der Firma von Tippelskirch, Berlin)的总代理。

随着青岛城市化的进程，铁路与港口的开通所激增的人口也带来了潜在的商机。1901年，哈

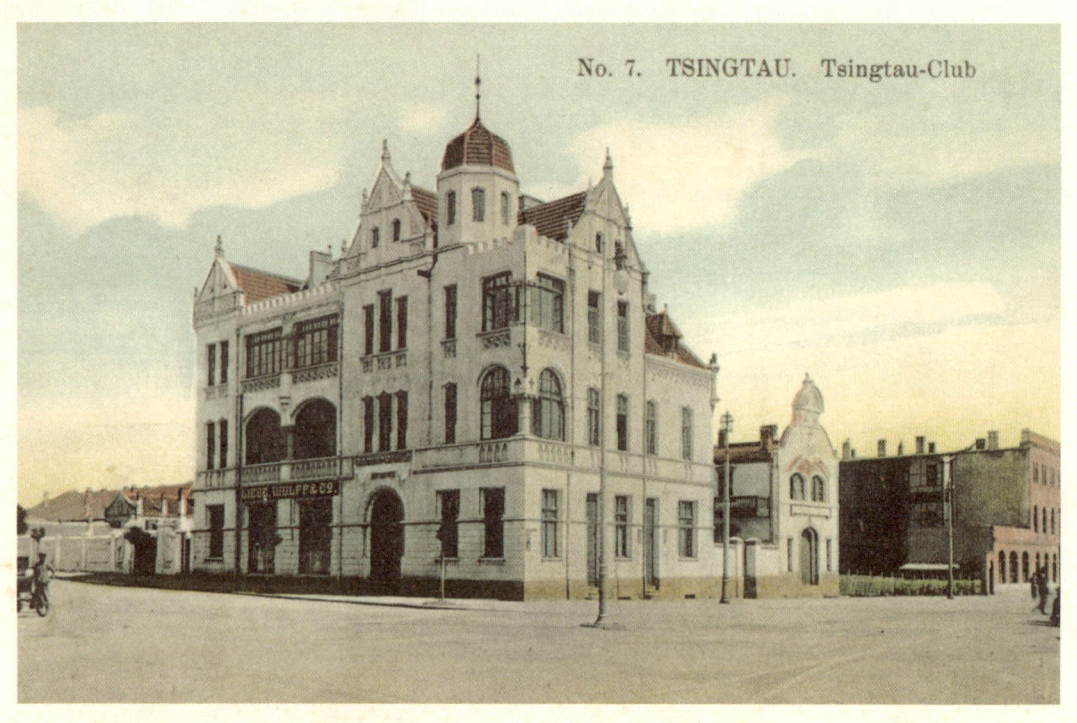

恩斯特·嘉卑世租用了伯德维希公司的商业大楼开设百货店（明信片）。↑

位于海因里希亲王大街、阿尔贝特大街路口的博德维希大楼←

利洋行在霍恩佐伦大街（今兰山路）与汉堡大街（今河南路南段）路口成立了哈利百货店。在主要的商业大街——弗里德里希大街（今中山路），马丁·鲍曼和马克斯·吉利的百货店也相继开张。但就在这座新兴城市的商业发展逐渐繁荣的时候，1907—1908 年，在青岛经营了近十年的嘉卑世洋行百货店突然消失了！究竟发生了什么，我们不得而知。

在嘉卑世洋行百货消失三年后，曾在中山路开店的马克斯·吉利（Max Grill），在伯德维希大楼一街之隔的西侧建造了自己的百货店。虽然两家商店之间没有任何的关联，但无论从地理位置，还是在经营的商品门类上，吉利都在延续着嘉卑世中断的商业之梦。

06　弗里德里希大街商业综合楼

　　在今天中山路与湖南路路口的这幢清水砖墙的建筑，一直以来都被认为是胶州饭店（Hotel Kiautschou）旧址。但据总督府分别在 1902 和 1913 年印制的地籍图所示，真正的胶州旅馆实际上是该建筑南侧的一幢单层平顶房。由于相关资料的匮乏，目前我们还无法找到是谁大概在 1905 年建造了这幢具有鲜明德意志风格的楼房。但在有关部门订立的铭牌上"始建于 1897 年"的说法，显然过于笼统、模糊，并且极易使人产生歧义。需要说明的是，在 1897 年 11 月之后一段时间里，由于在外交层面上清廷还在与德国交涉，一切情况还都处于变化之中。很难想象在此时，会有人在这个连最基本的建筑材料都非常匮乏的地方，建造一座华丽且造价不菲的楼房。

　　这幢两层总面积 1800 米的公寓建筑，平面呈"L"形，位于弗里德里希大街（今中山路南段）与伊伦娜大街（今湖南路）路口。该建筑采用的是融合折中主义的古典复兴风格，设计者是一位不知名的建筑师。建筑以粗石勒脚，向南侧和东侧延伸的立面，均为清水墙面。临街立面的屋檐采用了扁圆券，红砖作线脚的形式，虽然装饰不算复杂，但却起到了很好的视觉效果。公寓主入口在伊伦娜大街，底层临街均为三米高的拱形大窗，转角处其起连边体式拱穿式外饰瓦的装饰性塔楼。

　　我们从出版商奥托·罗泽（Otto Rose）印制的行名书中，找到了这幢商业综合楼在德租时期的使用者。贝麦和克里格在 1906 年把它被叫做"贝痕斯的房子"。实际上，进出口商人保尔·贝痕斯（Paul Behrens）只是在这一年租用了该楼的一个房间，他并不是楼房的所有者。同年，《青岛新报》编辑部也在这里租用了一个房间。大约只过了一年，贝痕斯就离开了青岛，他的公司也随之注销，显然作为一个商人，贝痕斯并不成功。1912 年，这座房子已经属于与他人合办伊尔蒂斯山矿泉水厂（Iltisberg Mineralwasser Fabrik）的商人维尔德（C. Wilde），直至 1914 年。

　　在那场决定青岛的命运与发展进程的围困与战争之后，维尔德等人彻底地从这座城市中消失了……从战后的历史影像中，我们甚至无法找到一张以这座商业综合楼为主景的图片资料。而那些与之有关的故人往事仿佛也遁入了黑暗，沉淀在了我们尚无法触及的历史底层。

　　用两张分别在不同的时间，但位置和角度相同的图片来对比，这幢业已悄然跨越世纪的老楼已经明显改变了许多。虽然暗红与明黄相间的清水墙立面与百年之前相比，并没有多大的变化，

融合折中主义的古典复兴风格的商业综合楼,位于弗里德里希大街、伊伦娜大街路口(明信片)。↑

从湖南路西段看弗里德里希大街商业综合楼,左侧是瓦格纳的时装商店,远处可见总督府。↑

但整个建筑最为精华的部分——塔楼和顶端那支随风转动的风向标已经消失了,甚至在今天已没有多少人还能清晰地记得那座塔楼的样式和颜色,也因此,这个穹拱外饰红瓦的塔楼,常常被演绎为与车站饭店雷同。

　　明信片上,1908年的中山路与湖南路路口,以直观的方式,给人某种温情的宁静与安逸。一盏铸铁的德式路灯树立在路口的中央。左侧的街边,一个人力车夫正拉着车经过路口。远处,空寂的大街上只有寥寥的行人或车辆。或许在那时那地,你甚至还能听到远处海浪冲刷堤岸的声音。而今,这种宁静的安逸却早已被凌乱和嘈杂所打破。丢失了塔楼的建筑,被各式各样、但显然与之极不协调的现代招牌所包围,在附近新建楼房的挤压下,这幢至今尚无法考证具体名称建筑,已经无可奈何地由昔日的地标沦落为纯粹的陪衬……

　　今天,当我们站在当年的拍摄位置,极力去寻找那时的角度,按动快门,记录下百年后的又一个瞬间。两张在相同的位置、角度，但时间却相距近百年的图片摆在一起，不由得让人心生感慨，你一定会因岁月打磨之下的这种反差而感到困惑。未必只是简单怀旧，通过风景的对比，或许也能给现在的人们更多的启示与思考吧……

07　海恩大楼

原本肥城路与中山路路口东北侧的海恩大楼，曾是中山路上最为别致的历史建筑之一。不过今天你已经无法在这个路口看到它，这座造型独特的德式商业建筑已在1999年被拆除改造，取而代之的是一座粗劣的，甚至连仿制品都算不上的建筑。

1900年，德国电气工程师约瑟夫·卡尔·海恩买下了位于弗里德里希大街与不来梅大街路口东北的这块土地，用于建造一座供自己居住和出租的商业综合楼。当时，海恩正在负责为西门子公司建造位于今广州路的青岛发电厂。根据德国学者华纳的观点，海恩大楼的设计者很可能与德县路3号进出口商克列纳的出租公寓（即被错误的考证为总督牧师官邸的别墅）的设计者为同一个人，但是我们没有找到建筑师的名字，可能许多在早期建造的房子，其设计图纸均在德国国内完成。

主立面面向路口的海恩大楼平面呈"V"字形，主入口的侧上方山墙伸出挑楼，采用花岗石砌成棱边，均体现出典型的德国文艺复兴式的复古风格，分别向北和东延展的两翼为二、三层为券拱式敞廊，一层为拱形的大窗。整个建筑呈不对称状，似乎设计者在刻意突出这种不协调，以打破中规中矩的平衡，来彰显特立独行的风格和美感。从早期的图片上，海恩大楼的挑楼上方还曾有过一座高耸的塔楼，不过在大楼建成不久，塔楼就毁于一场火灾了。

因为妻子感染肺结核，而当地又无法进行良好的治疗和休养，海恩在1904年决定离开青岛，回国给妻子治病。在回国之前，海恩把这座大楼卖给了恩斯特·希姆森（Ernst Siemssen）。从海恩手中购买大楼的恩斯特·希姆森，是在青岛获得巨大成功的建筑商人阿尔弗莱德·希姆森的弟弟，并从1907—1914年一直担青岛啤酒厂的业务经理。希姆森在购买到海恩大楼后，除了自己居住，还将其余的房间出租给一些德国公司或办事机构。曾被认为是建筑业主的亨宝轮船行，只是海恩

肥城路与中山路路口东北侧的海恩大楼，曾是中山路上最为别致的历史建筑之一（明信片）。↑

大楼的承租者之一,他们仅在大楼内租用了一个房间作为办公室。此外,青岛地方法庭也曾经在大楼内租房办公。

1914年11月7日,日本占领青岛,大楼在后来的拍卖中被日本商人购得。根据一张印制于20世纪30年代的明信片,海恩大楼为共和大药房、新民旅馆等商家使用。日本第二次侵占青岛之后,海恩大楼被改为都市旅馆。在20个世纪的后30年中,海恩大楼成为青岛一处重要的食品供应中心——青岛食品店。对许多普通的青岛市民来说,始终熙熙攘攘的热闹景象,弥漫在店内诱人的食物香味,成为人们对于这座大楼最后的记忆。

08　福利洋行商业综合楼

历史对曾经位于中山路与肥城路路口东侧的这幢建筑的表述极为模糊,只字片纸的记载中,甚至连建筑的正式名称也常常令人感到困惑。之前曾有考证,这幢漂亮别致的德式商业建筑是一家为每年夏季来青岛避暑的欧洲游客提供住宿和旅游车辆服务的私人旅店——夏日旅馆,老板是比尼斯,建造时间为1912年。

对于上述观点的准确性,研究者在着手考察和收集资料时进行了求证。但意外的是,在资料中,根本没有这家旅馆的任何记载。在德租时期,对餐馆和旅店记载较详细的当属由贝麦和克里格的《青岛及近郊指南》。但这本手册最后一次更新再版,也没有提及中山路南段有家夏日旅馆。显然,对于这幢建筑的考订出现了不小的错误。那么,这座历经百年的老房子究竟是什么?它到底建造于什么时候?最初的主人又是谁?这一系列的疑问让研究者对这幢老建筑的身世之谜充满了好奇和继续追索和探究下去的理由……

德租时期,从1901年开始至1914年曾连续出版的商业行名录中可获知,这幢曾有一个别致塔冠的德式建筑,为当时在青岛经商的马丁·克罗赫(Martin Krogh)所有。来自德国桑德堡(Sonderburg)的克罗赫和妻子安娜(Anna)在19世纪末就来到青岛,并开办了一家经营进出口贸易的公司,其中文行名为"福利洋行"。作为一个精明的进出口商,克罗赫显然感受到了德国对这块租借地所寄予的期望以及青岛自身的发展前景。因此,他在被规划为欧洲人居住的街区购买了

福利洋行综合楼是一座漂亮别致、街角附带塔楼的商业建筑,药剂师Otto Linke的凌基药行也曾在楼下租房开业(明信片)。↑

图1 德租时期的福利洋行综合楼。←
图2 20世纪30年代，曾属于克罗赫的楼房还开设过"U.S. Bar"。←

一块尚未开发的土地用于建造房屋。据当时地籍图显示，早在1902年，今肥城路与中山路路口东南侧的地块，已为克罗赫所有，房子此时也已建成。故这幢曾被误认为夏日旅馆的建筑，应为福利洋行。建于1902年之前，而非1912年。

1914年夏初，第一次世界大战爆发。8月，日本宣布参战，并决定占领德国统治下的青岛。克罗赫也成为战俘被羁往日本。1919年，克罗赫放弃了乘船回国的机会，自费重返青岛，并直至1941年去世。克罗赫的后代至今仍生活在德国，虽然对于这座城市并没有更多的直观记忆，但在他们手中至今保存的许多克罗赫在青岛生活的图片和旧物，却可以成为其追忆父辈在青岛生活和创业的最好佐证。

福利洋行在被日本军方攫取后拍卖，后被租售于多家商号和住户。根据发行于20世纪二三十年代的明信片所示，至少在20世纪20年代初，这里就已被Wine Merchants Store、ペニス商会等商号取代。据1936年日本书商出版的摄影集《山东写真大观》显示，在20世纪30年代，曾属于克罗赫的这幢楼房还被叫作"U.S. Bar"的酒吧使用。1946年，福利洋行旧址由青岛信托局所接管，并陆续出租给伦康大药房、万国理发店、宝罗洋行、小洞天西菜馆等商家。1956年，这里成为公私合营的青岛正大百货店。1966年更名为"青岛工农兵百货商店"。1984年改称"青岛中华百货商店"。

2004年2月18日，这幢历经百年的老建筑连同地块中所有一切，在中山路新一轮的改造中被摧毁……这是一个历史研究者们不愿看到的结果。或许，我们今天对这些早期历史建筑尚存疑点的考证和那些如今只能停留在纸片的美丽风景，所能带来的也不仅仅只是对一段往昔岁月的简单回味……

邮电百年

01　胶澳皇家邮局

长久以来研究者们都对这样一个问题有所疑惑，即为什么邮政会在100多年前的青岛占有如此重要的地位？德国租借胶州湾的17年中，除了代表司法的皇家高等法院外，只有后来位于阿尔贝特大街(今安徽路)与海因里希亲王大街(今广西路)路口的胶澳皇家邮政局可以不受总督府的直接管辖。或许，德国人曾经坚定不移地相信，邮政是德国拓展在华贸易的先导，其所具有的意义已经远远超出我们对邮政事务的一般理解……

德国邮政第一次涉及胶澳是在1897年，两名邮政官员跟随海军士兵乘坐达姆施塔特号运兵船来到胶州湾。他们最初的任务只是为军方充当话务员和临时线路维护工作。随后，在上海德国皇家邮政代办处一位助理的指示下，他们同时开始为士兵和军官们提供邮政服务。

1898年1月26日，临时邮政代理处正式在原总兵衙门西侧的一幢中式平房里开始营业。这张印制于1899年的明信片反映的就是此后一段时间里临时邮所办理业务的繁忙景象。在这个异常简陋的环境下，戴眼镜的德国邮局官员似乎在为旁边的中国顾客记录着什么，他后面的邮差正在忙着分拣邮件。墙上，贴有皇家邮政的黑鹰徽记，旁边还张贴着德国威廉二世皇帝、奥古斯特皇后和海因里希亲王的画像。

画家笔下的临时邮政代理处，1898年1月26日在一座简陋的平房中开业(明信片)。↑

早期临时邮政代理处大门,门口悬挂着有皇家邮政的黑鹰徽记。←

在邮差脚边,还有一个标有海军战地邮局第11号的箱子。在门口"恩流海口"匾额下,一个德国顾客正从中国服务生手中取邮件,旁边还有一个持枪警戒的德国士兵。

为使皇家邮政机构更具竞争力,1899年,德属胶澳申请加入万国邮联(UPU)。为了使这个目标尽快实现,租借地首先更改了自己的邮票,只有加盖"China"字样的皇家邮票才是合法有效的。1899年10月,德意志帝国邮政局正式批准在青岛成立了"胶澳皇家邮政局"。

1901年4月,胶澳皇家邮局开始自行发行邮票,邮票的图案为德皇的游艇霍恩佐伦号(SMS Hohenzollem)。这种邮票先后发行了三次。其面值以德国货币马克、芬尼为面值单位,计有3芬尼、5芬尼、10芬尼、20芬尼、25芬尼、30芬尼、40芬尼、50芬尼、80芬尼不同颜色9种,有1马克、2马克、3马克、5马克不同颜色4种。在邮票发行的同时,胶澳皇家邮局还向整个保护地发布通告称:"自4月1日起,本租借地德国邮局开始出售新邮票,不再出售旧式邮票。市民手中的旧邮票可用至本年9月30日,自该日起,可持旧邮票至邮局兑换新邮票。这些邮票的使用年限至1905年12月31日为止。"

1901年5月16日,邮局开始在位于海因里希亲王大街与阿尔贝特大街路口处的新址开始营业。随着山东铁路的全线开通,邮路覆盖到山东全境。德国政府希望通过这种方式,巩固其在山东的地位。但由于中国方面的抵制,这些沿铁路设立的德国邮政机构并没有存在多久。1905年,中德两国签订了有关协议。从1906年开始,皇家邮政分别在胶州、高密、青州府和周村的办事机构开始相继关闭。

1902年1月1日,胶澳皇家邮局为适应当时的货币改革,将德国货币马克、芬尼为面值的邮票更改中国货币元、分。1905年10月1日,邮局第二次发行了胶澳邮票,面值改用中国货币元、分计算,图案与首次发行时相同,共计10种:1分、2分、4分、10分、20分、40分不同颜色6种,0.5元、1元、1.5元、2.5元不同颜色4种。为防止盗印,在后来发行的邮票又加上了菱形水纹印的防伪标识。德国在青岛发行的胶澳邮票不仅通行于青岛和租借地内,而且在胶济铁路的沿线城市也可以使用,如胶州、潍县和济南等城市的邮局都曾代办和贴用过。1914年11月7日,日本占领青岛后,邮票从此停用。

02　电报与电话

根据史料显示,青岛地区开始出现电报和电话的时间,可以追溯到19世纪90年代初的建置时期。1892年秋,即登州镇总兵章高元自蓬莱调防胶澳后不久,就在青岛口设立了胶澳邮务局。作为一个区域性分局,其下设沂州、莱州、胶州等12个分局,主要通过官驿的方式来传递各府、州、县之间的往来公文。1893年,章高元在胶澳设立有线电报所,使用莫尔斯电码发报机,通过一条专线与济南的山东巡抚衙门保持联系。这样,胶澳地区与省府乃至京城,在政务军事上的沟通就变得更为迅速方便起来。

1897年11月14日,德军占领胶澳后的当天,就在信号山架立线杆,设置磁石式军用临时电话。1899年10月,胶澳皇家邮政局正式成立,分别开办邮政和电报、电话两大业务。同年,还架设完成了一条由市区直通李村的有线电话,这条线路已可容纳多部电话同时使用。

1898年1月26日,临时邮政代理所从胶澳一所简陋的中式平房里发出了第一封电报,这同时也标志着德国邮政电信业务在胶澳地区的开始。由于对这片陌生的土地缺乏基本的了解,在最初德国官方的电报列表中竟然把青岛错拼为"Tsintan"。到1898年3月,又改为"Tsintau"。直至

建造于1901年的胶澳皇家邮局大楼,红色清水砖砌筑的历史主义立面散发出浓郁的北德意志风情(明信片)。↑

德租时期的电话接线生 ←

1900年6月,这个混乱的名称才统一为"Tsingtau"。

按照德国当时的法律规定,海外邮局不隶属于任何殖民机构,它直接由柏林的帝国邮政总署垂直管理。青岛的邮局最初是上海德国邮政代理处的下属机构。1901年,青岛的邮局开设了独立的账户,上海的德国邮政管理局仅保留对其的指导和监督职能。

在很长一段时间里,德国政府内部对于是由帝国邮政署还是胶澳地方出资建造邮政大楼的问题,一直争论不断。而这种矛盾都是由于德国海外邮局的这种独立性所造成的,并且随着租借地电报电话技术与业务的进步和发展,而越发的明显。1898年夏,总督叶世克明确表示,当局不希望皇家邮政独自占有这项收入颇丰的业务;但通过海军部与邮政总署的协商,邮局最后还是可以按照他们的方式,推行独占利益的政策。

1899年3月,德国海军在信号山设立信号站,除了以旗语的方式指引进出胶州湾的各类船舶,随后还在此设置军用无线电台,收发来自军方的各类电报。同年,容量为40余门的磁石电话局在海因里希亲王大街设立。同年9月,根据《胶澳租借条约》中的规定,清廷租用了一间民房,设立了一座简易的二等官办电报所,该所直属设于上海的大清国总局。1900年,由总局直接拨款6749元在大鲍岛建成新的电报局(今中山路天津路路口西侧,亨得利、长春堂药店址)。1901年,由青岛分别通往上海和芝罘(烟台)的两条共计耗资3 122 165马克海底水线相继完成,青岛终于可以摆脱不太可靠的陆路,顺捷畅通地与外界保持联系。

1901年5月,胶澳皇家邮局正式迁入位于阿尔贝特大街与海因里希亲王大街的大楼内。这座漂亮的三层楼房立面为清水墙粉线勾边。两个面向道路交叉口的转角,带有北德风格的塔楼,临街的屋顶覆红瓦,背面的平顶部分则以铁皮覆之。大楼的一层设为邮局的营业厅,二、三层则为雇员的宿舍。如今这幢建筑仍为电信机构所有。

根据1912年的技术统计,皇家邮局已在租借地内设有10个邮局,其中8个有电报业务,2个有电话业务;有35千米长的陆上电话线,1 160千米的水下电缆,并寄送了2 103 000封信、总额超过864 281马克的21 623张汇款单、37 556个包裹、241 088张新闻出版物、83 412封电报,和790 974个电话业务。在中国,这一数字仅次于德国位于上海的邮政管理局。

1914年7月28日,第一次世界大战爆发。8月26日,日本宣布封锁胶州湾,并对青岛的德军开战。9月5日,德国邮政当局将重要的技术资料、机械设备以及价值105 880墨西哥银圆的邮票分别运往上海和济南。11月5日,青岛的所有邮电业务被迫中止,邮戳被封存,皇家邮政的旗帜、部分邮票和电信设施被烧毁破坏,一些无价值的东西和两台发报机则被抛入了大海。1914年11月7日,日军攻占青岛。11月16日,占领青岛的日军在"大窑沟"设立野战邮便局。1915年2月,因战事中断的市内电话和电报开始逐步恢复,但用于民用的仅为43户。

03　日本邮局

在100多年前,为争夺青岛而引发的战争中最终获得胜利的日本,从此彻底地改变了这座新兴城市之后的发展命运……但在如何理解和控制这座城市上,日本人显然没有像其前任——德国人那样做好充足细致的准备。虽然在此后的8年里,日本人利用他们接受外来文化的能动性和异乎寻常的模仿能力,在一定程度上延续了青岛——德国城市的建筑风格;但由于日本发动的这场战争

Tang Yi Road 　　青島堂邑路第一郵務局

建于1918—1919年的日本邮局,是一座明显带有日本近代风格的公共建筑(明信片)。↑

纯属一种自我膨胀的盲动,他们似乎也对这种没有充足理由的占有缺乏应有的底气。所以,在城市开发投入上,日本选择了慎重和保守。虽然在此后的时间里,日本占领当局基本沿用了德国制定的城市发展计划,但在这种盲动与保守的影响下,青岛的城市发展远逊色于德租时期。

这是一张印制发行于20世纪的明信片,图中明显带有日本近代风格的公共建筑是日本第一次占领青岛时期所建造的邮局大楼。

1914年11月,日本趁德国卷入"一战"无暇东顾之机,出兵攻占了青岛。经过战后的短暂恢复,日本政府于是年年底宣布青岛对本国侨民开放。面对蜂拥而至的日本移民,德国人留下的房屋,显然已经无法满足骤增人口的需求。于是,日本占领当局在市区东北的小鲍岛和"大窑沟"两处区域划拨土地,供后来的移民建房居住。位于"大窑沟"形成于 20 世纪 10 年代后期的商住区域,被日本人称之为"新町"(即 新市区)。不久,为了满足这里新增移民所带来的各种需求,诸如邮局、市场、学校、交易所等服务性的公共场所也就随之应运而生。

1917 年 10 月 30 日,青岛民政长官秋山雅之介向日本陆军次官山田隆一少将发出了建造青岛邮便局房舍的申请,并将其列入 1918 年青岛财政预算的申请(《青岛邮便局建築ノ件》欧受第 1451 号、青递秘 15 号)。秋山在这份申请中说,"当时出于方便的考虑,邮局一直沿用过去德国邮政局的房舍。由于工商业的持续发展邮件也逐年增加,旧有房舍已过于狭小,并且邮局远离新市区的中心,通信和投递也极为不便。"次年 3 月 1 日,青岛守备军司令官本乡房太郎再次向陆军大臣大岛健一提出建造青岛邮便局新房舍的申请,申请的总预算额度下限为 158 000 日元,上限为 173 423 日元(欧受第 322 号)。日本陆军部于是年批准了这项申请。1920 年 1 月 30 日,青岛守备军司令部在《青岛新报》上发布公告,将原设于佐贺町(今广西路)的青岛邮便局迁往所泽町(今堂邑路)。

日本近代"集仿主义"建筑风格的邮政局大楼建造于 1918—1919 年。位于新泽町(今中山路)、济南町(今济南路)、所泽町(今堂邑路)、早雾町(今冠县路)、市场三丁目(今市场三路)五条街道交汇口的东北侧。建筑主楼三层,平顶钢筋混凝土结构;分别延伸向堂邑路和市场三路的两翼为二层,砖木石混合结构。主立面采用当时盛行的对称设计手法,主体上部使用规整的石块其砌成竖直分割的装饰性线条,采光窗户的外框也均为齐整的石条砌成规矩对称的长方形。顶部石雕的装饰性山花则是日本 20 世纪初建筑风格中比较流行的式样,两翼屋顶为红瓦坡面,并各建有德式老虎窗。大楼的主入口位于道路交汇的转角处,三座拱形的门洞处理为虚空间,入口两侧多少带有罗克格风格的粗石壁柱上,各有一盏装饰与实用兼有的铸铁壁灯。大楼的一层为邮政业务大厅,内有木制柜台和铸铁护栏,二、三层则为邮局的办公区域。建筑的外墙采用了一种十分明快的淡黄色,使之具有了一定的提示性内涵。多年来,这幢别致的建筑给许多人都留下十分深刻的印象。

由于青岛在德租时期所设立的邮电设施,大多在战事中被摧毁,所以,日本当局在占领后不久,就开始恢复邮路、电报、电话等对外联络设施。1918 年 11 月,日本青岛守备军当局将战争期间设立的野战邮局合并,设立青岛邮便局,下设青岛、青岛大鲍岛、青岛大港、台东镇、四方、李村、潍县、

20世纪30年代的日本邮局 ↑

济南八个支局和一个青岛邮便局埠头出张所。至"接收"前夕,日本以所泽町邮政局为中心,共设立了佐贺町(今广西路)大鲍岛(今中山路)、松根町(今恩县路)、台东镇、四方、沧口、李村等七个支局和若鹤町(今辽宁路)、胶州町、大和町(今热河路)等多处邮所。

1922年12月22日,北洋政府代表中国收回了丧失已达25年之久的青岛主权。但由于日本人的从中作梗,中国政府最终只能以赎买方式接收包括这幢大楼在内的邮电设施。1923年初,胶澳中华电话局成立。1929年,胶澳商埠公署由日本购入先进的3000门自动电话交换机,并设置于堂邑路电话总局。至1938年初日本再次侵占青岛前夕,青岛的电话总量已达4800门,在中国大陆仅次于上海。

1938年1月,日本再次占领青岛后,合并了电话、电报两局。至1945年8月日本战败投降,青岛的电话总容量已增至8800门,长途电话线路20条。1945年12月,南京国民政府交通部在原电话电报两局的基础上成立青岛电信局。1951年8月,电信局与邮政局合并,成立了新的青岛邮电局。

今堂邑路上的这幢由日本人在近100年前建造的邮政局,在1984年被拆除后改建,按照当时的说法是,"由于建筑陈旧,营业场所狭小,已经不能满足日益增长的现代化需求"。但在原地重建的15层白色大楼,无论从建筑的内涵、设计的手法,还是在与周围环境的协调程度上,都远无法与原建筑相比较。新楼房的设计者和决策者似乎只注重了房子本身的实用性,而忽视了建筑也可以作为一种艺术而存在的价值。应该只是一个开始,随后,市场三路一带开始了大规模的城市改造。1993年12月的一个寒冷冬日,随着一声沉闷的巨响,相去不远的青岛市场(原人民商场)那高达30米的标志性塔楼轰然倒下……

04 台西镇电报房:团岛的"海岸古堡"

从车来人往的团岛车站沿路向南,在通往"废垒"台西镇炮台的山路右侧,曾经可以看到一座已被各种违章建筑包围的大楼。建筑本身谈不上风格,只是带点装饰主义的色彩。主楼和副楼在立量上大小两部分互相重复,好像由对方缩放过来,形成了某种戏剧化效果。简单的立面显然是因有限的预算资金所决定的,但山墙上的攒尖石饰以及窗户两侧的清水砖装饰,却依然让其显得与众不同。

20世纪20年代,从台西镇一带远眺的无线电报房,四周是高耸的无线电收发天线(明信片)。↑

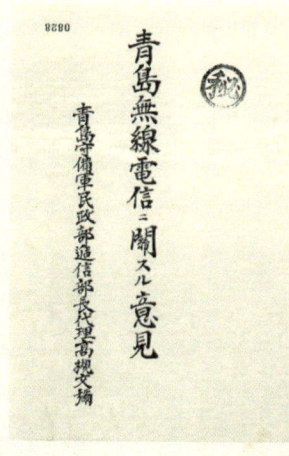

由时任守备军民政部递信部代理部长高槻文弥起草的"关于青岛无线电信的意见" ←

20世纪五六十年代,在西镇一带度过了儿童时代的人们,大概都会知道这座建筑的用途是早年电报房。但它是何年何月出现的却是百测莫辨,众说纷纭。由于靠近当年的刑场和军事禁地,在团岛一带还是满目荒凉之时,矗立于海岸边的电报房就像是座神秘的古堡。入夜时分,建筑笼罩在一片暮色之中,楼内暗淡、昏黄的孤灯,远处是海浪的不断拍击着岸堤……这些留给当年孩子们的,或许更多是几分惊悚与恐怖的遐想。

研究者们遇到的几个"老青岛",都认为电报房是德国人设立的。有居民说:"其邻居家的地板能掀开,下面是通向炮台的暗道。曾有人试图下去探勘,但因气味难闻又有积水,再加上恐惧感,就放弃了。"但从记载看,电报房是日本守备军在1921年建造的。时正值青岛回归前夕,日本人选择在此时设立军用无线电台,无疑有其深刻的政治和军事目的。对此,北洋政府外交部向驻京日本公使提出了抗议,并进行交涉,但此举未能奏效。日本在设立该台同时,还在济南等地增设分台。守备军当局在大正十年(1921年)3月9日呈送日本陆军省、外务省和递信省的《关于开设无线电信局的文件》中称:"现在,在青岛台西镇建设中的无线电信局已经接近完工,这是对德租时期的无线电信局进行的迁移改造工程。并作为海岸局根据国际无线电信条约的规定采取左侧名称,电报

[邮电百年] ... 279

被各种违章建筑包围的电报房旧址

注册形式与德占时期相同。关于各项条件（希望）您能看到……"

根据胶海关贸易报告和论略的记录，早年由德国设立的无线电台原在信号山，后被日本海军拆除，并在团岛建设新局。新设无线电台的详细情况为——名称：青岛无线电台，呼号：JAN，有效距离：500英里，发射系统为1.2千瓦日制乐音火花式发报机，波长为600米；德津风根牌收信机1部、12千瓦发电机1部、130米高天线铁塔3座。电报收费标准：沿海港口电报为每字0.6法郎，内地电报为0.1法郎。

台西镇电报房建成后，一开始专递军电，1922年5月15日始准公共应用。"上午8时至下午6时，播放天文台所发布的气象信息各一次。俾航行船只得以周知。如遇气候变化，则拍发天文台所发之台风信号，俾船只得以戒备也。"电台天线场地为19.3万平方米，曾被演绎为"海岸古堡"的电报房建筑面积1610.4平方米。

1922年12月，在支付了3.47万元的赎金后，北洋政府交通部派委员2名会同电政组接收委员，前往青岛接收了日本所设的无线电信局。1929年5月,国民政府建设委员会和交通部,在青岛各设置短波无线电台一部,作国内通信之用。6月,国民政府决定"建设委员会所管之无线电仍移转于交通部"。8月,两台合并,称国立青岛无线电台,归交通部;同时,成立了交通部无线电第三管理区青岛总台(设在湖北路16号),管辖济南、烟台。至1931年,青岛无线电台平均每月接收无线电报3585次,计400420字,发送3851次。此外,驻青海军及市府各设无线电台一座,专备传送官电之用。1935年,青岛无线电台并入青岛电报局,收信台迁至广西路,发信台仍设团岛。'抗战'期间,团岛电台由中央电报局直接管理。1945年12月,南京国民政府交通部接管了青岛电信机构。

　　团岛的这座"海岸古堡"在1950年初曾作为电台警卫部队的卫戍楼。在电台交由地方管理后,逐渐成为邮电局的职工宿舍。而台西镇无线电台一直工作到1988年5月4日,才彻底完成了其历史使命。2010年,因海底隧道施工,电报房被拆除。

路矿岁月

01　山东铁路公司

山东铁路公司（Schantung-Eisenbahn-Gesellschaft）成立于1899年6月，由德华银行、德意志银行、德意志国民银行、德累斯顿银行、巴伐利亚贴现与承兑银行、柏林商业银行等14家大型银行共同出资5400万马克，在柏林组建这家专门营建该条铁路和日后进行管理的公司。

根据中德两国政府在北京签署的《胶澳租借条约》之第二端第一款规定，中国政府将允许德国在山东境内修筑两条铁路，其中由青岛经潍县、青州府、周村等地至济南府的干线，史称山东铁路。

实际上，在中德两国政府签订条约之前，德国已经在筹备建造从青岛到济南的铁路。德国的几个工业和银行集团竞相提出让步和订单建造这条铁路。其中两个最大的集团是银行集团和山东企业联合集团。他们委派铁路工程师锡乐巴和盖德兹来山东设计建造铁路。盖德兹和锡乐巴两人各自设计了一条至济南的铁路方案。德国政府认为这样竞争会带来不必要的损失，于是建议，两个集团应该联合起来。这样两个集团在政府的斡旋下进行了联合，并在1899年6月组建了山东铁路公司，锡乐巴成为首席工程师和铁路公司的经理，盖德兹则成为驻柏林的董事会成员。盖德兹曾在柏林为青岛设计了一座车站，但铁路公司董事们认为其体量太大且过于昂

位于今广西路14号的山东铁路公司大楼是青砖灰瓦、混水墙面、高墙基的两层楼,为早期的殖民地风格。立面为券式外廊,屋顶采用了中国传统歇山式。设计者很可能是铁路工程师路易斯·魏勒尔(明信片)。↑

德租时期由青岛开往济南府的蒸汽机车（明信片）

贵，因而被否定。在青岛的锡乐巴被要求设计一座更小也更为适度的车站。锡乐巴的设计被付诸建造，也就是后来被人们所熟知的青岛火车站。按照规定，开始修建的铁路为单线，不过征购的土地已经为将来的复线预留了足够的空间。铁路的竣工期限被设定为五年。

1899年9月23日，铁路正式开工建设，并在青岛和胶州两地同时铺轨。与此同时，公司还在德华银行所购地块的东侧开始建造锡乐巴经理的办公室兼住宅。这座青砖灰瓦、混水墙面、高墙基的两层楼，为早期的殖民地风格，立面为券式外廊，屋顶采用了中国传统歇山式。房子设计者没有具体的记载，但从建筑的细节特点上看，很可能是负责青岛到蓝村最初60千米的第一区段建设的铁路工程师路易斯·魏勒尔（Luis Weiler）。他曾经在铁路主站西边的广州路上为自己和铁路公司的其他同事设计了一所房子和一幢公寓楼，这幢公寓楼与铁路公司有着相同的屋顶和券式外廊。

在早期的铁路修筑中，山东铁路公司遇到了极大的困难。重型的机械需要卸运到施工的现场，但当时却没有方便的装卸设备，一切都需要人工搬运，也因此进展缓慢。随后不久，又爆发了义和团运动，部分筑路设备被捣毁，工人也受到威胁，工程不得不停了下来。不过，尽管如此，在时局平静下来之后，经过中德双方政府的努力，从青岛到胶州的第一段83千米，如期在1901年4月1日竣工，并于七天后通车。不过铁路每天只开一次，时速只有20千米。胶海关税务司阿理文认为，这

筑路期间负责测量的中国工人和德国工程师

条铁路不仅将来会对投资的股东们有利,也会给山东和人民带来莫大的好处。随后的工程是在边建设边通车的情况下进展的。1902年6月,铁路筑至潍县。1903年4月,铁路通至青州府。同年9月,铁路延伸至张店……1904年6月1日,铁路通至济南,山东巡抚和德国胶州总督都参加了全线贯通的庆祝典礼。根据1911年3月的一份统计,山东铁路运行的车辆有机车35台、客车车厢113节、货车826辆。1911年的客运总量为908900人次,货运为705083吨。每千米的收入也从4970元增长到8082元,付出的股息红利为6%。

锡乐巴在1908年返回了德国,他的弟弟锡贝德(Peter Hildebrand)从1909年至1914年一直担任山东铁路公司的经理。1910年,在铁路大臣盛宣怀的召唤下,锡乐巴作为铁路顾问,又被招回中国。但后来受到辛亥革命的影响,锡乐巴在1912年又返回了德国。直至1925年锡乐巴去世时,他一直担任圣卡特琳娜铁路公司的经理。

1914年11月,日本占领青岛后,迅速攫取了德国在山东的一切特权和产业。山东铁路公司也由日本青岛守备军接管。直至第一次世界大战结束后的1919年,铁路的管理权才改属日本青岛守备军司令部民政部下属的铁道部接管。1922年2月,日本在华盛顿会议上被迫同意将青岛归还中国。同年12月,中国政府接收青岛主权。根据中日两国此前达成的《山东悬案铁路细目协定》,中国政府需要出资 4000 万金元,从日本人手中赎回山东铁路。1923 年 1 月 1 日,中日双方举行了铁路管理权的交接仪式,日本将山东铁路及其支线并一切附属财产移交给中国政府。中国政府随后在青岛成立胶济铁路管理局,全权负责铁路的管理工作。

02　山东矿业公司

　　在德租之前的青岛地区,可能还没有多少居民认识煤这种在当时曾被称为"新型能源"的燃料。按照中国的传统习惯,冬天人们通常以燃烧木柴或农作物秸秆来达到取暖的效果。1869 年,前往中国考察的柏林大学教授、经济地质学家李希霍芬,对包括山东在内的中国 13 个省份进行了深入细致的调查与研究,在随后写给德国政府的报告中,详细地记载了山东的煤炭及其他矿产的储备与分布情况,并极力建议政府将山东作为德国未来"发展"的殖民地。

　　《胶澳租借条约》的第二款第一条及第四条规定,中国政府允许德国在山东境内修筑铁路两条,并且允许德国商人在铁路两侧 15 千米内开采煤矿及其他矿产资源。1899 年 10 月,由德国政府投资,在柏林成立了山东矿业公司(Schantung Bergbau Gesellschaft),并将总部设于青岛,主要目的就是帮助德国最大限度地攫取山东内地丰富的矿产资源。1900 年,德国政府又投资 1600 万马克成立了德华矿产贸易公司,该公司随后获得了自潍县至沂州府约 3 万平方千米内的采矿权。同年,山东巡抚袁世凯与德国山东铁路公司经理锡乐巴及山东矿业公司经理米切理斯(Michaelis)分别签订了《山东铁路章程》和《山东矿务章程》各 20 款,从法律上拱手将山东的铁路与采矿权出让给德国。1902 年 10 月 1 日,由山东矿业公司投资兴建,距青岛 170 千米的坊子煤矿投产。坊子煤矿最初的日产量仅为 55 吨,预计的年产量也仅为 3 300 吨。是年 10 月 30 日,随着山东铁路筑至坊子,矿业公司将第一车煤炭运到了青岛。为了对煤进行初加工,矿业公司还向德国国内订购了一套先进的洗煤分拣设备,它的分拣能力可以达到每小时 150 吨。在当时的远东,这套设备是独一无二的。另外,该公司还在煤矿当地成立了一家煤球厂,用煤粉混合焦油制成易燃的煤球销售给当地的用户。1903 年,坊子煤矿的日产量已由 55 吨提高到 300 吨,煤的质量也有了很大的提高,已经完全可以满足客户的需求,以至于许多煤一开采出来,就立刻被当地华人和以煤为主要燃料的工厂

昔日的兰山路上,中国苦力推着胶东地区特有的独轮小车运送煤炭(明信片)。↑

从太平路看山东矿业公司(明信片)

买走。同年,在距坊子矿井大约 50 米远,开采出了另一口敏娜(Minna)矿坑。在这处矿井的基础上,位于坊子车站附近,以时任总督都沛禄夫人安妮(Annie)命名的矿坑也于 1904 年开始进行了开采。1906 年,德国在山东投资的第二座煤矿——淄川黉山煤矿投产。由于该矿的煤质与储量均优于坊子,其固定的客户发展到了德国各大轮船公司和驻青岛的远东巡洋舰队。根据相关统计的记载,1902—1913 年之间,德国共从两处煤矿开采了 3 414 632 吨煤。1913 年 10 月,山东矿业公司因经营不善而被山东铁路公司兼并。明信片上,三个中国苦力推着胶东地区特有的独轮小车,在运送煤炭。在当时,青岛的取暖用煤均是通过这种运送方式进入住户家中。从右侧建筑墙体上的"Sietas. Plambeck & Co."的文字判断,我们可以确定这张明信片的拍摄地点是在今日的兰山路。这条在 20 世纪最初几年连接旧港海岸与胶济铁路的小街,曾经开埠初期青岛最为热闹的街道之一。

1914 年 11 月,日本占领青岛接管煤矿时发现,坊子煤矿已被德国破坏,矿井里充满积水,已经无法开采,淄川黉山煤矿的主要设备也被德国破坏或带走。直到 1916 年 5 月,煤矿才恢复到战前的状态,日产原煤约 1 500 吨。1922 年 12 月,中国政府收回青岛主权后,煤矿改为名义上的中日合办。为此,日本在此后投资 1 000 万金元设立了旨在专营山东煤炭与其他矿产的鲁大矿业公司。1945 年 8 月,日本战败投降,鲁大矿业公司的资产转由南京国民政府接管。

03　青岛火车站

1904年6月1日,一声尖锐的火车汽笛,划破了胶州湾的宁静:一条从青岛通往山东省会济南府的铁路在当日开始部分通车。虽然铁路最初的目的地只是距青岛不远的小城胶州,通车的历程也仅为74千米。但后来的岁月证明,历史在这一天所记录下的这条消息,给青岛和山东的经济地理和生活方式的改变,带来了极为深远的意义。显然,作为当时最为先进的运输方式之一,高技术含量的铁路对习惯于传统交通方式的普通百姓的影响,是我们今天所无法想象的。同时,我们也发现,在此之后100多年,这种影响依然在继续。

青岛火车站是山东铁路东端起点,它位于前海栈桥西北约200米处,除了作为从车站辐射出去的几条街道的主要对景,包括站房、月台以及站前广场在内的车站还构成了城市最初的西端。根据《胶澳发展备忘录》的记载,德国人在着手建造这座车站的时候,曾考虑将其建在与前海栈桥比邻的位置,但由于一些技术上的难度,最终放弃了这一构想。

青岛车站建成于1901年春,由站房、月台和站前广场共同组成,设计者为德国山东铁路公司的经理锡乐巴。车站站房的立面设计融合了新文艺复兴风格,并辅以中国传统建筑特点。站房的基座为全花岗石砌筑,一层候车大厅的主入口为三座拱门,二层是六扇等距划分的竖窗,窗户的上方则是巨大的仿木结构山墙。候车大厅的南侧是一座高约30米的报时钟楼,钟楼的造型类似欧洲乡村的小教堂,顶部坡度陡峭,上覆中国传统的黄绿杂色琉璃瓦。楼顶四面起山墙,内置德国制造的机械报时钟。车站西侧第一月台后增建有钢结构防雨棚,上覆铁皮顶面。车站门外为站前广场,设计者则辅以绿化苗木,形成了一个别具风味的小型广场花园。

德国人还计划在车站北面、大鲍岛华人居住区域的西端,专门建造一座供中国旅客出入的车站。稍后,一座更大规模的客货车站选定在大港一带建造,并开始着手设计。但随着第一次世界大战的爆发和随后日本对青岛的战争,计划宣告搁浅。

1914年11月,山东铁路由日本青岛守备军铁道部队进行军事管理。1922年12月,中国政府接收青岛主权。根据中日两国此前达成的《山东悬案铁路细目协定》,中国政府需要出资4000万金元,从日本人手中赎回山东铁路。1923年1月1日,中日双方举行了铁路管理权的交接仪式,并随后成立胶济铁路管理局,全权负责铁路的管理工作。但根据相关协议的规定,中方必须安排日本人

建于1900—1901年的青岛火车站,立面设计融合了德国新文艺复兴风格的手法,并辅以中国传统建筑特点(明信片)。↑

在铁路管理中担任车务处长、会计处长等要职。因此,胶济铁路的管理和财务大权依然掌握在日本人手中。

  1987年,青岛车站开始改造。1991年8月,耸立了整整90年的车站钟楼被拆除……虽然在随后的改造工程中,站房和钟楼又被在原址向南100米处放大重建,但这座崭新的仿制品,无论从内涵和设计的水平上均已无法与原站相比较……

工业先声

01　青岛电灯厂：开启城市光明的钥匙

中国最早开始用电的时间大约可以追溯到 1882 年，英商上海电气公司首先在外滩用弧光灯替代传统的煤气灯。在中国百姓的话语中，早期的发电厂通常被俗称为"电灯厂（局）"。这种形象的称谓，应该与当时发电厂多为城市照明供电的功能有关。较之开埠较早的上海、天津，每当夜幕降临时，胶澳——这个远离中国中心的偏隅海湾便会黑暗之中沉沉地睡去，只有几个渔村里微弱的烛火零星地点缀着荒凉的海岸……

随着 1898 年城市化建设的大规模展开，电力也就成为发展当中不可或缺的资源。不过，总督府在最初并没有把建造一座电厂纳入由政府投资的计划当中。或许是德国人并没有意料到这座城市在未来的 10 年里，会有如此迅速的发展；抑或为了减轻财政上的负担，希望殖民地某些产业的发展，可以由希望获利的私人企业来填补。不久，来自德累斯顿的库默尔公司（O. L. Kummer & Co.）就在今天的天津路、河南路交汇处创办了合资电厂——AG Elektrizitaetswerke，两台 50 马力（共 75 千瓦）柴油发电机就像一把开启光明的钥匙，点亮这座新兴城市的第一盏电灯。早期的供电，由于价格昂贵且普及率较低，只能向政府、兵营等官方机构送电。但是好景不长，这家规模很小的合资电厂很快就在 1901 年底，因资不抵债而破产倒闭了。根据《德亚瞭望》的记载，1902 年 1 月，著名的西门子买下了天津路的合

1902年，西门子在靠近铁路和小港海岸的广州路兴建了更大规模的新电厂。总督府把其所在的广州路北段命名为千瓦大街（Kilowatt Strasse）（明信片）。↑

资电厂。出于交通便利和未来发展的考虑，西门子并没有在早期的原址继续经营，而是在靠近铁路和小港海岸的广州路兴建了更大规模的新电厂。由于电厂的设立，总督府甚至把其所在的广州路北段命名为千瓦大街(Kilowatt Strasse)。

　　天津路上的旧厂房应该很快就被拆除了，新装一台60马力发电机的电厂也在1903年7月开始投产，巨大的变压器由拉特瑙创办德国通用电气公司(Allgemeine Elektrizitaets

日据时期的青岛发电所

Gesellschaft)承建。西门子的电气工程师恩斯特·普莱斯曼和德国通用电气公司的克里伯也参与了电厂的创办。但是,在运转了一年多之后,西门子电厂的投资者认为这一产业无利可图,于1904年底退出了青岛的供电经营,并把电厂交给了总督府。

总督府接管后,将其改为电灯厂,置于皇家青岛船厂的管理之下。官方资产的注入与财政补贴,提供了充足的保障,随着租借地经济的扩大,电灯厂也有了飞速的发展。在两台170千伏安蒸汽发电机的基础上,1905年,电灯厂增装一台410千伏安蒸汽发电机。根据《胶澳发展备忘录》的记载,1904年青岛的发电量仅为449 500千瓦时,到1905年就增加到639 800千瓦时,1906年已达800 000千瓦时。整个大港和附近的市区也开始由电灯厂供电,1906年为250户,1907年为375户。在1909年9月30日统计的539个用户中,还有144个为华人。

1914年8月,日本围攻青岛,电灯厂也成为日军炮火的重点目标。两个多月后,日本攻占青岛,电灯厂在德军投降前夕被彻底破坏。电灯厂被日军接管后,守备军当局成立"电灯管理委员会"立即开始修复损坏设备,恢复发电。1915年1月,青岛电灯厂改名为青岛发电所,隶属于日本守备军司令部民政部下属的递信部。1918年3月,发电所增加了1 200千瓦发电机一部,此后又安装了 1 500 千瓦发电机。1922 年青岛回归前夕，青岛发电所已扩展为四机九炉，发电设备总容量 5 000 千瓦。1923 年 5 月，发电所改组为中日合办的胶澳电气股份有限公司中方股金占 54％，日方股金占 46％。1933 年，青岛电灯厂的发电设备总容量已达到 1.38 万千瓦。

  由于广州路的电灯厂已无法满足日益增长的用电需要，1934 年开始，逐步迁往四方。1937 年 6 月，在将一部英制 5 000 千瓦汽轮机发电机组移装四方发电所后，广州路电厂停止了 34 年的供电历史。电灯厂旧址在后来曾作为青岛电业局的驻地，不过令人遗憾的是，这处在青岛的城市化进程中有着重要意义的工业遗址，却没有被保留下来。在 20 个世纪末，这里被用于房地产开发，仅存一幢在早期地图上并没有标注的老建筑，似乎还在向过往的人们讲述着那个关于开启光明的古老故事……

02 青啤百年

  啤酒，是一种以大麦芽、啤酒花、水等为主要原料经发酵制成的含二氧化碳低酒精浓度饮料。它最早起源于 6000 年前的两河流域，苏美尔人将大麦制成面包状进行烘烤，再捣碎加入水制成麦芽汁，然后制成一种"兴奋、美妙、极乐"感觉的饮料。大约 16—17 世纪，位于今天法德边境的阿尔萨斯（Alsace）地区，就已经有人利用优质的大麦、酵母和纯净的泉水酿造出了醇香的啤酒。19 世纪初，欧洲人开始使用蒸汽机和人工冷却等方式酿造生产啤酒。此后，德国人汉森（Hansen）发明了单个酵母细胞的分离方法，改善了麦芽发酵的纯净度和啤酒口味，成为啤酒历史上一项划时代的举措。

  相信啤酒真正传入中国的时间是在鸦片战争之后，可能是由纷至沓来的商人将这种在欧洲已经比较流行的饮料带到了对此尚一无所知的国人面前。1900 年，俄国人在中国东北投资开设了一家啤酒厂，并生产出了中国历史的第一瓶啤酒——哈尔滨啤酒。随后，来自欧洲的商人们纷纷在中国各大口岸开办啤酒厂，以满足来自西方各国商人、游客的不同需求。

  在啤酒传入中国后相当长的一段时间里，这种略微苦涩，与传统白酒、黄酒口味明显不同的饮品并不为广大的国人所接受。品牌众多的啤酒的主要消费者仍是在华的西方人，偶有饮用的国人，

1903年8月,由德国与英国商人在青岛投资设立的日耳曼啤酒厂,就是今天青岛啤酒厂的前身(明信片)。↑

也不过是为了显示其富有的某种象征。

青岛啤酒的历史同样可以追溯到100多年前。1899年5月,总督府在毛奇山(今贮水山)东麓设立了毛奇兵营。由于德国人传统就有聚会或闲暇时饮用啤酒的习惯,在1903年兵营正式起用后不久,德国人康拉德·福格尔(Conrad Vogel)就在军营大门的对面在开设了一家叫作"Neue Sorge"的餐馆,虽然餐馆的设施比较简陋,但由于临近军营,生意却十分红火。

1903年4月4日,在德国专业报纸《酿造者与酒花》中刊载了这样一条消息:"据中国青岛的《德亚瞭望周刊》报道,青岛的啤酒消费者将听到我们的殖民地又有了一个新的进展,这就是青岛将从无到有的酿造优质的啤酒,朗德曼和凯尔将在此建造一家啤酒厂。"8月,由哈利洋行、斯洛沃格特(Slovogt)等公司在香港与英国商人共同注册的英德(Anglo-German)酿造股份公司(亦称英德酿业公司)在毛奇兵营西侧的缪勒上尉大街(今登州路)投资44万元建造了一间啤酒厂,它就是青岛啤酒厂的前身英德酿业公司日耳曼啤酒厂(Germania Brauerei Akt.-Ges.,Tsingtau)。

日耳曼啤酒厂的首任厂长为海因里希·希菲尔特(Heinrich Siefert),工厂基建部分由当时青岛著名的建筑商广包公司施工,采用凯姆尼茨日耳曼机械厂(Maschinenfabrik Germania in Chemnitz)1893年设计制造的糖化生产设备和沃尔姆斯(Worms)市恩岑格尔公司(Firma Enzinger A. G.)提供的制冷设备——该设备每天可提供4 000千克人造冰。工厂的动力设备是由青岛电灯厂协助制造的60马力汽轮机,洗瓶、压盖和贴标设备也是当时最为先进的。啤酒厂最初的预期年产量为2000吨。1904年10月,该厂在上海《德文新报》的开业广告中称"英德酿业公司日耳曼啤酒厂生产的优质啤酒,选用上好德国麦芽和产自波希米亚(Bohemia)或巴伐利亚(Bavaria)的啤酒花,以慕尼黑的发酵方式精酿而成,本产品严格遵守德意志啤酒纯度法则,不添加任何辅助配料……"同年11月,日耳曼啤酒厂生产的第一批产品开始投放市场。Paavo Holi在《青岛日耳曼啤酒厂简史》中说:"由于当时的啤酒口味较好,价格也低于同类的进口啤酒,啤酒厂一开始就进入了良性经营的状态……股东们均得到了良好的回报,尽管当时计划建设的啤酒厂规模较小,但却出乎意料地取得了不错的结果。"在1906年的《青岛及其近郊导游》中,贝麦和克里格这样写道:"让许多啤酒爱好者高兴的是,1904年底,德国酿造厂开业后所生产的青岛啤酒非常优质。青岛具有了如此浓厚的饮酒氛围,人们花20芬尼就可以买到一瓶慕尼黑黑啤酒或比尔森淡啤

20世纪30年代青岛啤酒厂使用的外销酒酒标←

酒……"1906年夏,日耳曼啤酒厂出产的德国风味啤酒在慕尼黑啤酒博览会上荣获了最高荣誉的金奖。1910年,在南美和德国国内的啤酒厂担任过技术员和车间主任的酿造师马丁·威勒(Matin Wehle)开始对该厂全权负责。1911年,啤酒的出口量已达32000加仑,在上海、天津、旅顺等口岸城市由斯洛沃格特、舒尔茨(F. M. Schulz)等公司代理的销售也远及北方各大海港。

1914年11月,日本占领青岛,日耳曼啤酒厂的德国资本被日本占有。1916年9月,日本人以50万银圆的价格从英商手中买走了剩余的股份,全资拥有了啤酒厂,并更名为"大日本麦酒株式会社青岛工场",除了继续生产淡色(Helles)、黑色(Dunkles)两种德国口味啤酒,还增加了朝日、札幌、麒麟等品牌的日本口味啤酒。1936年,日本人对啤酒厂进行了较大规模的改造,除了改进了糖化工艺,还从日本久保田铁工厂购进了更为先进的装酒设备,将啤酒的年产量提高到了4660余吨。1941年12月,太平洋战争爆发后,日本人将工厂的部分设备运至北京,这座新的啤酒厂后来成为国内的另一著名品牌——北京啤酒(旧称北平啤酒)。1945年8月,日本战败投降,啤酒厂被孔祥熙家族名下的齐鲁实业公司接收。

1954年,由新中国生产的青岛啤酒开始出口香港,并在1956年成为香港市场上占有率最高的啤酒品牌。1963年,轻工业部评选出18种名优酒类,青岛啤酒亦位列其中。改革开放以来,青岛啤酒更是得到了长足发展。至今,青岛啤酒集团有限公司已是中国最大的啤酒生产制造商。

03　总督府屠宰场

从地图上的平面布局看,观城路北端的原德国总督府屠宰厂(Gouvernment Schlachthof)占据了一个街区的土地。作为按照最新卫生标准设立,第一个全面实施严格的卫生检疫、检验制度的现代化加工厂,德国政府投资设立的这座屠宰厂,无论对于青岛还是中国,都具有划时代的重要意义。当时的青岛也正是因为由此产生的一系列卫生预防、检疫、检验制度,而成为中国最为健康的港口城市。遗憾的是,这座在作家李明的笔下宁静而且富有诗意化的工厂,却没有被完好地保存下来。自1990年屠宰车间的拆除开始,工厂至今只有大门南侧的办公楼和一座被考证为下刀房的小屋得以保留。

早在德国租借之初的1899年,总督府就颁布了过去在青岛地区所不曾有过的肉类检疫制度。1901年,又对这项制度进行了修改与完善。此外,一座大型的、现代化的,并且可以进行扩建的屠宰厂也在1899年就列入了总督府的发展计划。根据《胶澳发展备忘录》的记载,在屠宰厂建成以前,集中的宰杀和检疫工作一直是在小泥洼的一座临时棚舍内进行。在这里除了一座用于检验的小屋,还专门设立了兽医办公室。此时的临时屠宰厂已经可以屠宰各种大、小牲畜。根据1901—1902年度的《胶澳发展备忘录》所载,年内共宰杀9348次,其中大牲畜2313次、小牲畜3145次、猪3890次。检验员查验出了完全不能食用的大牲畜25头、小牲畜37头、猪23头。

日益增加的屠宰数量,使得加快新屠宰厂的建设成为了一种必然。1904年3月,由总督府投资70万金马克建设的屠宰厂正式开工。工厂的规划与建设以严格的卫生考虑为基础,厂址选在火车站北面、小港西侧靠近临时检疫所附近的海岸,远离当时的市区,附近也禁止建造民宅,不会对居民的生活产生影响。同时,厂址靠近铁路,易于运输,也便于以后进行扩建;所有废水在经过处理后,可以就近排入大海。

建于1904—1906年的总督府屠宰场,是按照最新卫生标准设立第一个全面实施严格的卫生检疫、检验制度的现代化加工厂。无论对于青岛还是中国,都具有划时代的重要意义(明信片)。↑

日据时期的青岛屠兽场↑

作为一个样板式的工程，工厂的建设历时两年零三个月，由德国建筑师斯托塞尔（Stoessel）设计。整个厂区是一个由办公楼、公寓和钢骨架、砖木结构的单层屠宰车间所组成的建筑群。斯托塞尔在其设计中大量采用了中世纪风格的仿木架结构，办公楼与公寓的山墙、勒角等细部也进行了刻意的装饰。平面呈"山"字形的屠宰车间中间的水塔被巧妙地设计成塔楼，在山墙顶部还处理为交叉式的牛角状，让人望及，便可知其用途。

1906年6月，屠宰场竣工并投入使用。同时总督府也发布了第33号令，废止1899—1901年制定修改的法规,并颁布了新的强制屠宰和肉食检验的法令。根据新的规定,在青岛市内,不得在政府屠宰场以外进行牛、猪、羊、马、骡等牲畜的宰杀、煺毛、剥皮、分解内脏以及洗涮骨、肉等。另外,在进入政府屠宰厂的牲畜,在屠宰前后必须经过兽医的检查。在青岛市外,如果已经宰杀的牲畜鲜肉要送往市内,都要在厂内接受一次检验,方可出售。此外,新的屠宰检验规定还涉及了各种处罚和监督管理的内容。在这份规定中,最值得我们注意的是,政府禁止对兽肉及其内脏等注射各种液体。

在屠宰厂的门外是拴系待检验牲畜的空地,进门左侧的办公室负责屠宰厂内一切手续的办理。厂内的化验室设有最新的检验设备,办公楼后面是马棚和马车存放处。正对厂门的是三座大型屠宰车间,各车间内分别设有大小家畜和猪的屠宰场地。四壁均铺设白色的瓷砖,虽然似乎过于奢侈,但在清洁的时候可以保证不会有任何污物沾染,保证车间内的整洁与卫生。为了方便搬运宰杀好的家畜,车间内还铺设了铁轨。把刚宰好的家畜用起重机吊起,挂到钩子上,然后再进行剥皮、分割的工序。在屠宰车间的两侧是简易但却宽大的牲口栏,可以很容易地做好清洁卫生工作。屠宰车间后面是设有冷藏室、水塔和机器房的主楼。冷藏室面向屠宰户出租,机械设备利用分解压缩硫酸制冷,每天还可以生产500千克冰。

不仅如此,在保证正常工作的前提下,屠宰厂还在充分营造一种开放式的氛围。经办公室的许可,并交纳0.5元或1马克费用,任何人都可以进入工厂。厂方的向导(甚至有时向导会是厂长本人)会向游客详细地介绍一些设备的功能和运转情况,但出于卫生角度的考虑,厂内严禁吸烟。

1908年,总督府又投入了15万马克行了扩建。为此,厂长埃格·布里希特(Egge Burecht)博士还前往上海、香港等地的屠宰厂进行了考察,并且充分地参考了德国本土的标准和中国的实际情况。经过扩建后的总督府屠宰厂规模之大,设备之先进齐全,决不愧为远东第一的称号。1912年2月到访的日本人田原天南曾专门拜访了厂长布里希特博士,当问到"在人口还不是很多的青岛,建造这样一座工厂是否过于奢华"的问题时,布里希特厂长笑着说:"我们这样做的目的为了青岛的繁荣。"一席话让日本人连连感叹"其抱负之远大"。

在充分满足本地宰杀检验的需求外,屠宰厂自1911年还开始向俄国出口活牛和牛肉。根据记载,1911年的出口数是2116头,到1913年就增至20627头。为此,俄国政府在1914年3月还特别向青岛派去了兽医,专门对出口俄国的活牛或肉类进行检验。

四壁均铺设白色瓷砖的屠宰车间,在清洁时不会有任何污物沾染,保证车间内的整洁与卫生。←

  1914年11月,日本占领青岛。总督府屠宰场被守备军当局没收,厂长布里希特博士也被当作战俘,投入了设在日本的战俘营。屠宰厂被日本占有后,当局在1917年进行了规模扩大,并增加了生产设备。1922年12月,屠宰场被中国政府接收后,更名为胶澳商埠屠兽场。次年,根据《解决山东悬案条约》及有关协定,屠兽场改由中、日双方合资,更名为"青岛宰兽股份有限公司"。1938年,日本再次占领青岛,日资垄断了宰兽公司。1945年8月抗日战争胜利后,南京国民政府接管屠兽场,并将其更名为"青岛畜产股份有限公司"。

山林公园

01　胶澳高等山林局

在老明信片的影像中,这座掩映在绿树丛中,具有欧洲田园风格的别墅建造于110多年前,曾是青岛早期植物培育与试种基地的管理部门——高等山林局(Ober Forsterei)驻地。这座在后来人们俗称为中山公园"三号房"的老房子,已在2007年春被遗憾地拆除了。1901年,隶属总督府民政部,以伊尔蒂斯山(今太平山)南麓为基地的高等山林局在德国林业学专家的主持下成立,并从欧洲引进了一些植物物种在这里试验种植。林务官马尔特·哈瑟斯率领着一名园丁、两名辅助猎手和八名海军士兵,在这里开创了一项非凡的事业,1902年和1905年山林局分两次收购了原属会前村的大片山地,辟为植物试验场,开始了大规模的植树造林,为这座城市后来的林业与绿化发展奠定了坚实的基础。

山林局的房子位于太平山南麓的山坡上,具有鲜明的欧洲中世纪乡村别墅的田园风格。建筑四个立面造型各异,门窗样式不相同,陡缓结合的红瓦屋顶,三角形、半圆形的老虎窗和烟囱都颇具匠心。在房子建成后的十余年里,一直居住在里面的是林务官马尔特·哈瑟斯。早在哈瑟斯到来前的1898年,其前任——第一个来到青岛的林业专家托马斯,就开始在山上组织造林,并制定了公园以及道路、造林、池塘等规划,因此高等山林局的房子很可能在这期间就设计完成了。31岁的

掩映在绿树丛中具有欧洲田园风格的高等山林局，后来俗称为中山公园"三号房"（明信片）。↑

马尔特·哈瑟斯在1902年来到青岛，12月4日他还迎娶了25岁的艾米莉·库勒为妻。在担任林务官的12年里，山林局陆续引入了世界各地植物品种，在森林试验场进行了大量的试验种植。在引进的树种里洋槐和法国梧桐显然最为成功，时至今日这两个树种在青岛仍被大量种植，并随处可见。1910年4月8日，马尔特的儿子在青岛出生，取名汉斯·约阿希姆。哈瑟斯在青岛一直工作到1914年8月战争爆发。两年后，47岁的哈瑟斯去世。在被迫结束对青岛的统治之后，德国林务局在16年里为这座城市留下了官林39000亩、海岸防风沙林1300亩和水源涵养林30000余亩。

德租时期的高等山林局←

在 2006 年 7 月的一次考察活动中,山林局旧址由于年久失修,内外均已经破烂不堪,但其红色瓦顶和仿木架装饰的田园式建筑风格,依然能让我们感受到一种浓郁的乡间色彩。后来增建的西翼屋顶还比较完整地保留有初建时期的德国牛舌瓦。由于前后和侧面的入口也都被封堵,楼内的木结构楼梯已被拆除,研究者无法进入建筑的内部。从入口观望,建筑二楼原装的栏杆似乎还保留着,但内部的许多地方均已腐朽、塌陷。在外部,屋顶的一些部位瓦片脱落,有些木构的椽板也已经腐朽。整个建筑在那时就已经面临着倒塌之虞。当时,有关单位曾承诺将其按原貌进行修复,不过在半年后的施工中,竟然采用了拆除重建的方式,将这座具有特殊意义的别墅彻底拆除,取而代之的是一座用钢筋混凝土构建的复制品。

02　中山公园

根据时任海关总税务司阿理文在《胶海关贸易报告》所记载,青岛半岛大部分地区崂山山脉的一支余脉所覆盖,它的岩石属于花岗石类。这里的沿海山区和中国其他沿海山区一样,光秃几乎没

德租末期,更名为森林公园的植物试验场,仍保留了部分旧会前村的历史遗迹(明信片)。↑

有树林,即使偶有零星的树木,也等不到成材就被当作木柴砍掉了。因此,在德租前的青岛不但没有一处森林,甚至连一些地表都缺乏足够的植被保护,再加上雨季被水流频繁地冲刷,在光秃的表面还形成了无数深浅不一的沟壑。旱季是时常有松动的山石滚落,而到了青岛的雨季,山水自上而下,不久就汇集成了奔涌的山洪,破坏路基,切断所有道路,让人寸步难行。

德租胶州湾后,深感可能会给未来的发展带来负面影响。率领士兵占领这里的远东舰队司令棣德利在此后写给德皇的报告书中,也特别地强调应该立即派遣能干的林业专家,着手进行植

1914年,日本占领青岛后,森林公园改称为"旭公园"(明信片)。↑

树造林。

　　1901年,植物试验场成立,并从欧洲引进了一些物种在这里试验种植。1902年和1905年,总督府分两次陆续收购了原属会前村的大片山林土地,在将原有村舍建筑悉数拆除后,辟为植物试验场,开始了大规模的植树造林。

　　在造林过程中,最感到困难的是如何对新植草木的保护问题,因为缺乏燃料的农民通常会砍伐它们作为木柴。早在1898年3月1日,德国总督府就曾发布了保护树木的警察法令,就监管林木

[山林公园]... 307

保护区,取缔经营本地木材的农户,禁止在林区吸烟等方面做出了严格的规定。

1912年,育林十年的森林试验场已有林木园地约100万平方米,果木园地约4万平方米,造林约1200公顷,集中世界各地的花草树木170多种、23万株,共耗费30余万马克。其中最富特色的是从日本移植的2万株樱花,形成了林场特有的景色。此时的林场已逐渐成为以树林、果园、花木为主的公园。是年,试验场更名为"森林公园"并正式对游客开放。

在1912年11月28日出版的上海《德文新报》中,一篇关于青岛造林的文章这样描述道:"德国经营山林在一切方面都优于世界其他国家,博得在远东德国殖民地旅行考察者惊赞的正式那里的造林……当局运用德国优秀的经营山林法和与此有关的技术,不懈地努力调查研究中国的气候和地质,并利用它们来进行植树。这样,经过十二三年,才全部达到当初的目的。今天来青岛一游,可以看到曾是满目荒凉的地方变成了郁郁葱葱的森林,可以听到叽叽喳喳的鸟鸣,尤其是伊尔蒂斯山附近,植树成绩最好。这里设有高等山林局,部分山岳溪谷,都布满点点翠绿的树林……显示出德国造林的模范作用,可以说是一项巨大的成功……青岛附近的造林告一段落后,绿树点缀了丘陵,高原上出现了苍郁的森林,溪谷也是一片翠绿,见惯了荒山的旅行者一进入青岛,就感到少有的愉快和舒适……"

1914年,德日争夺青岛的战事爆发,大量的林木被战火摧毁。日本占领后,森林公园改称为"旭公园",植物试验场北坡随后还建造一座日本纪念在此次战事中阵亡士兵的"忠魂碑"。1922年12月,北洋政府接收青岛主权后,改公园为"第一公园"。1929年,南京国民政府接管青岛。5月,为纪念伟大的革命先行者孙中山先生,市区东边的这片山林也最终被命名为"中山公园"。

东海崂山

01　崂山道士

不知道右边这张印制于20世纪初的明信片,是否会是关于崂山道士最早的图片记录。明信片文字说明之中的"Tai-tschi-kung"就是今日的太清宫,可能是一位来自德国的摄影师在游览崂山旅途中为太清宫的道士们拍下了这张珍贵的图片。

根据1898年3月6日签署的《胶澳租借条约》所规定,崂山南部的一些地区在这一年划入了"胶澳保护地"。为了吸引更多的西方旅客来青岛观光游览,总督府开始对崂山的旅游资源进行了一些初步的开发。1904年9月,主要为避暑度假所设立的梅克伦堡疗养院开始营业。1905年,还修筑了市区经由台东镇、李村直达柳树台的台柳路。每逢周末都会有固定的游览车辆从青岛发往崂山,从柳树台再转乘毛驴或山轿,便可到达大崂观、北九水、太清宫等这些在当时还比较罕至的景点。

崂山道教源自两千多年前的西汉。汉武帝建元元年(公元前140年),江西籍道士张廉夫在今天崂山下宫湾畔修建茅庵一座,供奉三官大帝神位。建元三年,又建殿宇,供奉三清神像,名太清宫。此后,崂山的道教日益兴盛,宫观道场不断增加,相传最盛时有"九宫、八观、七十二庵堂",崂山也逐渐成为仅次于北京白云观的"道教全真教天下第二丛林"。

提及道士,在崂山漫长的道教文化历史中,同样也出现过许多名垂青史的智

德租时期的太清宫崂山道士(明信片)↑

者。李哲玄,唐昭宗天祐年间(904—907年),云游至崂山;后周广顺三年(953年)时,被后周太祖封为"道化普济真人"。北宋初年的刘若拙,因对道学的卓越贡献被宋太祖敕封为"华盖真人"。金末元初著名的道士"长春子"丘处机,遍历崂山各处道观,留下了许多有关崂山的诗词和摩崖石刻。元末明初的张三丰,明成祖永乐(1403—1424年)初年,由青州云门山来崂山修道,后创立武当拳派,并被尊为道教祖师之一……

不过,真正让崂山道士家喻户晓、妇孺皆知的恐怕还应该是清代文学家蒲松龄先生的《聊斋志异》。他在那篇著名的《劳山道士》中曾对这些久居深山的修道者有过十分神奇的描写。不知道明信片中,生活在一个多世纪前的道长们,是否也真如蒲松龄笔下那般,能够穿墙入屋、腾云驾雾呢?

02　梅克伦堡疗养院

关于梅克伦堡疗养院,贝麦与克里格在《青岛及其近郊导游》曾这样描述:在南九水幽静的山谷中,沿一条平坦、宽阔、可以行车的盘山道路一直向上,大约步行半个小时,便可以到达位于海拔450米的柳树台顶部环境优美、引人入胜的梅克伦堡疗养院。实际上,梅克伦堡疗养院并不是通常意义上的医院,而是一所用于康复和痊愈以及为那些想要预防疾病的人们所提供的休息场所。根据记载,早在1898年,当时驻防的海军高级医官莱尔切(Lerche)就提出在保护地东北部的崂山设立一座疗养院。德国人同时认为,胶澳作为一个现代殖民地,理应择址建造一处疗养院,以供那些对当地气候不适应的欧洲人从中得到颐养和恢复。而这种方式,也已经从荷兰人和英国人的经验中得到了验证。基于上述原因,这一愿望得到总督府的认可。随后隶属德国海军的勘测部门展开了对一系列地点的地质、水文、风力以及气候的考察,并最终在四年之后选址于崂山南九水的柳树台。

根据地质学的构造理论,柳树台实际上是一个分水岭。它使得发源于这里山间岩石中的南、北九水分别向两个方向流去,清澈的溪水穿过壮观的巨石谷,形成了今天依然让人流连忘返的九水幽曲。柳树台山势平缓,呈东西走向。站在台顶一侧向北远眺,那里是一个山间的盆地,当年还有一座面向柳树台的九水庙掩映在绿翠当中。翻过柳树台就是当年德国胶澳租借地的边界地带。向南望去,是王子涧(Prinzental)和王座山(Kaiserstuhl,今午山),远处海因里希亲王山(Prinz-

建于1903—1904年的梅克伦堡疗养院,由多栋坚固的、用雕凿过的花岗岩镶嵌的建筑物组成(明信片)。↑

Heinrich-Berg,今浮山)、伊尔蒂斯山(Iltisberge,今太平山)、青岛湾(Tsingtau bucht)直至珠山(Perlgebirges,今称大珠山)都若隐若现。天气晴朗时,甚至可以看见停泊在海港中的轮船。德国游客莱特伯格(Rettberg)在 1912 年这样描述道:"梅克伦堡疗养院位于崂山南部一处叫作柳树台的高地之上,这里还有许多属于富商避暑消夏的私人别墅。柳树台的自然风光是如此的优美,从这里可以欣赏崂山巍峨的群峰,也能够眺望浩渺的大海。这些景色其实是用语言所无法充分言表的……初来乍到的欧洲人几乎都会陶醉于这优美壮丽的风景之中。"

据记载,疗养院在建造过程中所遇到的困难是巨大的。首先是建筑材料的运输,在缺乏机械设施的 20 世纪初,这些工作几乎完全需要由人力来完成。由于建设工程艰巨,这座由政府建筑师波尔(Pohl)设计的疗养院一直到 1904 年 9 月份才完全竣工。工程总造价为 170 000 马克,其中 150 000 元自总督府发行的福利彩票,另外的 20 000 马克则划拨自由中国战争赔款组建的东亚福利委员会。出于对时任殖民局局长梅克伦堡公爵约翰·阿尔布雷希特的敬意,1903 年 3 月 10 日,在总督都沛禄的提议下,疗养院被命名为"梅克伦堡宫"(Meckenburghaus)。

1904 年 9 月 1 日正式对外开放的疗养院本身由多栋坚固的、用雕凿过的花岗岩镶嵌的建筑物组成。在《胶澳发展备忘录》这样记载:"他们彼此相距约 100 米,分布在精巧筑构的平台上。最大的建筑是两层高的功能楼,它包括一个餐厅、一个阅览室和女宾室。后面的机动房间是 12 个疗养病人的病房和厨房。楼上是四间客房和院长住房。中间的建筑是所谓的家庭房,四个透风良好的房间和一个游廊阳台。后面是服务间和水塔。最远的东面是五个单人间的暂住楼。水从 80 米深的水井打上来,经过砂层的过滤,由水泵抽到水塔,经过管道通向各个房间。建筑群向下 40 米是疗养院的附属建筑:这里有工人宿舍、木工房、能容纳两匹马的马厩、猪和家禽的圈、木柴房和煤屋等等。几片苗圃在今年应该就能供应部分蔬菜了。其他的花园设施正在筹划中。客人们经常光顾疗养院。停留少于 3 天的客人是暂住客。对于那些全家来疗养的家庭还有特别优惠,以减轻他们的负担。住客们的生活中充满着一种明显的家庭气氛,希望这种气氛还能长久的保存。"

"疗养院气候宜人,最高气温为 33℃,最低为 –15℃。由于良好的位置,即便是在最炎热的季节仍会有徐徐的微风。最佳的疗养时间是 4 月、5 月以及 9 月至 11 月,但即便在其他时候访客依然络绎不绝。现在疗养院的规模已经偏小,一旦资金到位,扩建工作即将展开。首先打算兴建一个士兵活动室和一个游泳池,然后是道路的拓宽改善以及花园的扩建。"

梅克伦堡疗养院功能楼,是整个疗养院的主体建筑(明信片)。←

无论如何,梅克伦堡疗养院已经解决了眼下一个迫切的问题。希望更多的疗养者能从充满灵性的崂山中恢复活力,重新投入到工作当中去。

在备忘录中被称作功能楼的别墅,是整个疗养院的主体建筑。这幢两层带阁楼的别墅,立面为采自崂山的优质花岗岩砌筑,屋顶覆有红色筒瓦。与同一时期早先完成的建筑相似,该楼房在设计手法上同样借鉴了中国传统建筑元素。屋角的瓦檐上翘,类似于华南江浙一带的民居建筑,而屋脊上的仙人、脊兽则是中式传统建筑特有的饰物。虽然整幢别墅在风格上略显怪异,但这种融合中西两种建筑特点的设计手法,却在19世纪中期至20世纪初,在中国沿海沿江各通商口岸被广泛采用。

1905年,从青岛经由台东镇、李村至柳树台长达33.5千米的台柳公路开通,由市区前往崂山和疗养院的交通条件都得到了显著的改善。据记载,乘马车或汽车4个半小时即可到达崂山。疗养院所需要的肉、面包、大部分的蔬菜和水果甚至还有鱼,也都可从青岛或更近的李村运来。但补给一次仍需6~12小时的行程。

1914年8月,第一次世界大战爆发,欧洲各国纷纷卷入战事。8月23日,日本对德宣战。9月18日,日本陆军堀内文次郎支队在仰口湾登陆。当夜,德国守军败退,大崂一线的隘口和防御阵地均为日军占领。次日,德军利用柳树台一带的制高点与几十倍于己的堀内支队激战了一天。最终,寡不敌众的德国人焚毁了疗养院和多处别墅,并破坏了附近的道路桥梁后,退向青岛市区。

日本取代德国占领青岛后,部分修复了梅克伦堡疗养院的一些设施,并改名为"崂山病院",专供日本驻青岛守备军疗养之用。20世纪30年代初,一位叫栾仁圃的富商带着夫人和女儿来到这里,投资并重新整修了梅克伦堡宫,并命名为"崂山大饭店",专门招待那些前来崂山旅游的外国游客。

1938年1月,日军第二次侵占青岛。栾仁圃带着家眷仓皇出逃,崂山大饭店也人去楼空。自1942年起,大饭店又被崂山里的抗日游击队占据,后被日军焚毁。1945年8月,日本战败投降。老百姓蜂拥,将已经被毁坏的崂山大饭店彻底拆毁。

20世纪80年代,有学者专程前往柳树台探访疗养院的遗迹。根据描述,此时还可以看到山间当年建筑的残壁断墙。当岁月再向后推移20余年,2005年4月,当研究者造访柳树台时,除了一些建筑物的石基和遍地带有德文标示的瓦砾,却已再也无法看到梅克伦堡疗养院的任何地面遗迹了……

03　沙子口

沙子口(Schatzekou),相信许多青岛人都会对这个去往崂山南线途中的小地方有所了解。

沙子口形成村落的时间最早可以追溯到明代。明太祖洪武年间(1368—1398年),朝代更迭所带来的混乱尚没有平息,一些由日本浪人和江浙一带海盗所组成的倭寇多次从海上入侵崂山沿岸,居民多受其害。官府随即从附近卫所抽调部分军队在此征讨防范,渐渐地在这里就出现一个小小的村落。

德国租借胶澳后,即在一些具有战略意义的重要地方派驻军队,沙子口也是其中之一。根据记载,德国海军当时在沙子口的常驻部队是一支边防派遣队,由一名海军军官指挥下的20余人所组成。驻军在这里建有营房和一些简单的军用或基础设施。1898年8月28日,德国与清政府定立的《胶澳租地合同》,沙子口砖塔岭村以西地域被划入胶澳租借地。1904年9月,建于崂山柳树台的梅克伦堡疗养院开始接纳游客,随后在沙子口一处景色宜人的海岸设立分院。

1914年9月28日,日军在崂山湾登陆,德国守军一支60人的分遣队在沙子口以西被当时被称为"鹰巢"的浮山主峰悬崖,顽强地阻击数十倍于他们的敌军。当大崂一线的外围阵地均被日军攻占之即,仓皇撤离的德军破坏了沙子口疗养院和所有基础设施。

这张手工上色的明信片所记录的就是20世纪初沙子口一带的旧日风貌。明信片中这些明显

德军沙子口边防派遣队营房（明信片）↑

并非中国传统式样的平房，是当时驻军的营房。彼时的沙子口应该说尚不具备一个镇子的人口和规模，也就是个不大的渔村。20世纪30年代，南线的旅游道路开通，去到崂山观光的游客通常会选择在沙子口稍息或留宿，才使得这个小小的地方多少有了些知名度。此外，在沙子口还曾经存在过一座规模和香火均不次于沧口大庙的天后宫，这座由渔民集资兴建的天后宫建于清光绪年间（1875—1908年）。农历逢五和逢十在沙子口还有固定的集市，粮油食品、布匹棉花、鱼肉禽蛋、蔬菜猪羊、日用杂货、生产用具应有尽有。当时，沙子口集在方圆百里内仅次于李村集。

如今，沙子口的旧日风貌早已无处可寻。这里已经再也不是昔日里那个小小渔村，随着青岛的城市建设与拓展，沙子口已经渐渐成为市区东部重要的组成部分。

战争风云

01 "切萨列维奇"号:曾被扣留青岛的俄国战舰

1904年8月11日下午5时许,一艘遍体鳞伤、弹痕累累的钢铁巨舰以低于正常的航速驶入了青岛外海锚地。这个庞然大物是俄太平洋舰队的主力战列舰"切萨列维奇"(Cesarewitsch)号,尾随而来的还有驱逐舰"诺瓦克"(Nouik)号和一艘鱼雷舰。"切萨列维奇"号由法国土伦造船厂为俄国建造,1903年8月服役,标准排水量12195吨,主机功率16500马力,航速18节;设有305毫米/40倍径主炮4门、152毫米/45倍径副炮12门、75毫米炮16门、47毫米炮4门、15吋鱼雷发射管4具;载员782人。

日俄战争爆发后,沙俄在与日本海军对决的海战中惨败。1904年8月10日,俄太平洋分舰队奉命从旅顺突围。以"切萨列维奇"号为旗舰的6艘战列舰、4艘巡洋舰和10余艘驱逐舰组成长长的纵队,向东南行驶,想绕过朝鲜半岛,然后向北驶往海参崴。在当日于日本舰队的激战中,"切萨列维奇"号被日舰重炮击中,舰队司令维特格甫梯阵亡,接替指挥的乌赫托姆斯基见舰队受损严重,下令折回旅顺。入夜后,"列特维赞"号等5艘战列舰、2艘巡洋舰和12艘驱逐舰驶回旅顺;"阿斯科列德"号巡洋舰与1艘驱逐舰逃至上海;"狄安娜"号巡洋舰与1艘驱逐舰则使往越南西贡;"切萨列维奇"号战列舰则避开日本舰队堵截,驶入了德国管理之下的

被扣留在青岛的俄国战列舰"切萨列维奇"号（明信片）

青岛港。

此时，正值日俄两国在中国东北激战正酣的时候，几艘俄国军舰的驶入，不免让正密切关注战事进展的德国胶澳总督府立刻绷紧了已经异常敏感的神经。十年前，德国联合法、俄逼迫日本，把已经到手的辽东半岛归还给了中国，使日本异常恼怒。因此，在这场战事走向明朗化后，外界也很自然猜测日本的下一个目标会是青岛。

面对突然到访的不速之客，总督府当然不能自作主张，代理总督冯克（Felix Funke）立即发急电给柏林的海军部国务秘书蒂尔匹茨和德皇威廉二世。按照来自国内的指示和海牙公约的相关条款，德方降下了俄舰军旗，解除了俄军武装，并在俄舰成员宣誓退出战斗后，将他们作为战俘收容。次日拂晓，尾追而来的日本舰队出现在了锚地外，并派出一艘快艇登陆交涉，在得到已解除俄舰武装，相关事宜一切按海牙公约办理的答复后，日舰遂撤走。

已基本丧失航行能力的"切萨列维奇"号被系泊在刚刚落成不久的大港码头，成了德国海军人员观摩的对象。一天后，又有两艘俄国鱼雷舰驶入青岛港。1905年9月5日，日俄双方在美国经过了长达25天的谈判后，签订了《朴次茅斯条约》，正式结束了在中国土地上进行的日俄战争。"切萨列维奇"号也被拖回了符拉迪沃斯托克(海参崴)。

第一次世界大战爆发后,"切萨列维奇"号成为俄海军波罗的海舰队的主力舰,但不久就被更为先进的"彼得罗巴甫洛斯克"号取代。1925年,在"十月革命"后被改名为"公民"号的"切萨列维奇"号被卖掉拆解回炉。

系泊在大港码头的"切萨列维奇"号↓

02　S90号：击沉"高千穗"号的德国雷击舰

　　1914年10月18日凌晨1时许,青岛外海大公岛附近的两声巨响,把日本海军排水量3760吨的轻巡洋舰"高千穗"号送入了海底。除了在甲板上的十几名水手幸免,包括舰长伊东佑保大佐在内的284人葬身海底……

　　击沉"高千穗"号的是排水量仅为400吨的德国雷击舰S90。S90号1899年10月建于埃尔宾(今波兰埃尔布隆格)席昭船厂(Elbing-Werft-Schichau),该舰载有450毫米鱼雷发射管3具,70毫米前主炮1门,37毫米副炮2门,船员56人,最大航速为26节。该舰在建成后就被派往远东服役,在"一战"爆发前,主要负责芝罘(今烟台)至胶州湾海域的巡航警戒任务。

　　1914年8月15日,日本对德宣战,并派遣第二舰队封锁了胶州湾,把包括S90、几艘炮舰以及奥匈帝国的轻巡洋舰"伊丽莎白皇后"号等船只困于湾内。8月22日,3艘来自威海的英国驱逐舰在胶洲湾入口发现正在布雷的S90号,立即向其射击。S90号借助环境的优势,躲入海图上未标注的浅水区,尾随的英舰"肯奈特"号(HSM Kennet)遭到来自海防炮台攻击,造成3死8伤后逃回威海卫。而S90号仅有1名水兵负伤。

　　10月17日夜,奉胶澳总督兼战时总指挥麦维德上校的命令,S90号在舰长布鲁纳上尉(KptLt. Brunner)的指挥下,趁天黑风大浪高之际,开始执行一项驶往上海的突围任务。据布鲁纳上尉在战后的回忆:当夜,S90驶出胶州湾,不久就在左前方的远处发现三艘日军驱逐舰,S90号立即转舵向南行驶。次日凌晨1时许,S90号观测兵又发现远处有一艘两桅单囱的日本巡洋舰"高千穗"号,布鲁纳决定趁机用鱼雷击沉日舰,他把命令下达给舰艇的鱼雷长施塔因迈茨少尉和布罗茨少尉,两人用望远镜观察日舰,并计算距离与斜角,并设定了鱼雷发射参数。利用夜幕的掩护,S90号低速距日舰500米处,发射450毫米鱼雷两枚,其中一枚直接命中日舰的舯部,引起剧烈的爆炸。随后S90转向并再次用日舰发射鱼雷一枚,又命中"高千穗"号的艉部。只见有巨大的火光冲天而起,同时又号传来震耳的爆炸声,飞散的破片及浓烟传出很远,后来又听见日舰尾部还发出数次巨大的爆炸声。根据后来的战报显示,S90号的最后一枚鱼雷击中了"高千穗"号的水雷库,并引发了大爆炸,一举把这艘参加过中日甲午海战的日舰摧毁。

　　凌晨4时许,日本第二舰队司令加藤定吉中将得知此事,下令不惜一切代价,一定要击沉或捕

德国画家笔下S90号击沉"高千穗"号的情形（明信片）↑

S90号，1899年10月建于席昭船厂，排水量仅为400吨。该舰载有450毫米鱼雷发射管3具，70毫米前主炮一门，37毫米副炮两门，船员56人，最大航速为26节。↑

获 S90 号。随后，日舰便开始了在邻近海域进行大范围的搜索和围捕。而 S90 号在击沉"高千穗"号之后，却向南驶去，早已逃脱了日军的搜寻范围。由于机械故障和在黑暗中迷失航向，18 日上午，S90 号在日照石臼所近海座礁搁浅。舰长布鲁纳下令毁舰登岸。日本海军直到 18 日下午才找到已被破坏的 S90。

驻石臼所的中国水警在发现此事后，立即向日照县知事王家祯报告。王家祯在城南追上德军官兵，并对他们进行了安置。次日，王知事加派警备队，并雇用了两名翻译，将德军交沂防司令所辖的临沂县。后北京来电，责令由地方官员将德国官兵送转南京安置。S90 号的 65 名德军官兵被中国政府按国际法，送入了临时设立的丁家桥战俘营。1917 年，他们被移交德国驻南京领事馆，经中立国返回德国。S90 号的舰体在中日两国谈判后，由中方拆解回炉。

03　青岛之战

1914年6月28日星期日，这一天应该是人类文明历史中最为著名的日子之一。塞尔维亚首都萨拉热窝一声清脆的枪声震惊了整个欧洲大陆。正在这里参观陆军演习的奥匈帝国王储弗朗茨·斐迪南大公，被一个年轻、疯狂的民族主义分子刺杀后，不治身亡。随后便把整个欧洲拖入了长达四年半之久的第一次世界大战。

一个月后的7月28日，奥匈帝国对塞尔维亚宣战。8月1日，德国对俄国宣战。3日，德国对

德国炮舰"美洲虎"号和奥匈帝国的老式驱逐舰伊丽莎白皇后号，从侧面炮击日军的地面部队（明信片）。↓

近两个半月的战争,日本动员了超过5.6万人的海陆军部队围攻青岛(明信片)。↑

法国宣战。4日,英国对德宣战……自此,欧洲各国纷纷卷入了这场旷日持久的惨烈战事。8月15日,加入协约国一方的日本向德国发布了最后通牒,要求德国舰艇立即撤离日本及中国海域,不能撤退者则立刻解除武装,并将青岛无条件地交给日本接管。如果8月22日中午之前不作答复,日本将采取任何必要的手段。是月20日,总督府紧急通知德境内的所有日本公民,必须在22日午前离开,否则就按军法处置。

8月22日,在最后通牒的时限过后不久,战斗即在德国雷击舰S90号和英国参与围攻的驱逐舰"肯奈特"号之间展开。由于德国在前海一线的防御严密,英舰并没有在此次交火中取得任何进展,在付出伤3死8伤代价后返回了威海卫。8月27日,由军港佐世保起锚的日本第二舰队60余艘舰船在加藤定吉海军中将率领下,封锁胶州湾,截断了德国人由海上撤退的去路。

参加围攻青岛的日本海军第二舰队由日俄战争时日本缴获的老式战列舰为核心,包括战列舰"石见""周防""丹后",炮舰(对马海战中俘获的俄海防舰)"冲岛""见岛",装甲巡洋舰"磐手""八云""常磐",轻巡洋舰"千岁""利根""最上""明石""淀""秋津洲""千代田""高千穗",水上飞机母舰"若宫"丸(携带4架法曼式水上飞机),12艘驱逐舰,5艘炮舰和13艘鱼雷艇,以及若干后勤、运输和修理船只。驻扎于香港的英国老式战列舰"凯旋"号和威海卫的4艘英国旧驱逐舰不久也加入日本舰队。

9月2日,日本陆军第18独立师团神尾光臣中将率30 000余人在龙口海岸登陆。9月13日日军占领胶州。9月18日,日本陆军堀内支队在仰口登陆,与18师团汇合。9月23日,英国陆军少将巴纳尔蒂斯顿(Nathniel Walter Barnardiston)率南威尔士第2营的900名士兵和第36锡克团第2连的300名印度士兵在崂山湾登陆与日军汇合。9月26日,联军进至女姑口、白沙河一线。9月27日德军炸毁李村河水源地,撤入内侧防线。

9月29日,以英国前无畏级战列舰"凯旋"号(HMS Triumph)和日本巡洋舰"八云"为首的联合舰队开始用10~12英寸舰炮轰击青岛各炮台、堡垒和被围困在胶州湾内的商船、军舰。德国守军则用舰炮和海防炮台210~240毫米加农炮予以还击。明信片中的德国炮舰"美洲虎"号(SMS Jaguar)和奥匈帝国的老式驱逐舰"伊丽莎白皇后"号(SMS Kaiserin Elisabeth),多次从侧面炮击日军的地面部队。日籍胶海关税务司大泷八郎在当年海关贸易报告中,曾对这次炮击这样描述道:"联合进攻的舰船停泊在岸炮射程之外,向伊尔蒂斯山的炮兵阵地和隐蔽在俾斯麦山的巨炮猛烈轰击,炮弹命中的地方所抛起的砂石、弹片飞散在1000码的范围内。虽然舰队发射了80多颗大口径的炮弹,但对德军并没有太大的损害。炮火仅能把堡垒附近的沙土掀起,未能命中其中的巨炮……"

"伊丽莎白皇后"号,是一艘建造于1890年、排水量4060吨、设计航速为90海里的无装甲驱逐舰。它的舰载武器只有六门150毫米火炮,因此,它也无法对当时任何现代化的军舰构成威胁。奥匈帝国在远东拥有该舰的目的也不过是某种象征意义,其旨在促进奥匈帝国与亚洲各国的外交

被日军炮火击中的总督府（明信片）↑

与经贸往来。1914年7月21日,结束了对香港和日本几个城市的访问,正在烟台港靠泊的"伊丽莎白皇后"号接到了"立即以最快的速度直达青岛,待命"的指示。次日的傍晚时分,军舰到达青岛。这艘驱逐舰的突然到来,使得许多人开始密切地注意来自欧洲的消息和报道,思维敏锐的人或许已经开始感觉到"山雨欲来风满楼",一场彻底改变了青岛城市命运的战事已经就在眼前了……

10月31日,是日本大正天皇的生日"天长节",联军发起了最后的总攻。"伊丽莎白皇后"号上的一个奥地利水兵在后来的日记中这样写道:"日本人的炮弹密集地从我们的头顶呼啸而过,在附近的海面激起十几英尺高的水柱,震耳欲聋的爆炸声此起彼伏……十分不幸,我们的船已经是第二次被击中,虽然不至于立即沉没,但已无法再次投入战斗,舰长得到德国参谋部的指示,我们不得不放弃,并把船上的火炮运往陆地,在那里继续与日本人作战……"

11月1日,绝望的德军炸毁大港内包括"美洲虎"号和"伊丽莎白皇后"号在内的所有船只和港口重要设施。11月4日,伊尔蒂斯山炮台被击毁,德军苦心经营的青岛防御体系全面崩溃。11月7日凌晨3时,台东镇堡垒陷落。6时20分,海岸堡垒陷落。9时20分,德军派代表在东吴家村与日军会谈,德军同意投降。10时,一面白旗挂上了观象山的山顶。11月10日,日军入城;16日,全面接管青岛。1915年春,德军炸毁自沉于大港内的"美洲虎"号和"伊丽莎白皇后"号被日军捞起后拖往日本军港佐世保。经过修理和改造,加入了日本海军的战斗防御序列。

附录

青岛街道名称对照表

(1898-1922)

德租时期	日据时期	现在	备注
Albert Str.	大村町	安徽路	
Alila Str.	有明町	龙口路	
Auguste Viktoria Ufer (E)	曙町(忠海町)	海阳路	
Auguste-Viktoria-Ufer (W)	旅顺町	莱阳路	
Bahnhof Str.	停车场通	广州路	
Berg Str.(E)		京山路	
Berg Str.(W)		齐河路	
Berliner Str.	麻布町	曲阜路	

Bischof Str.		博山路	南段
Bismarck Str.	万年町	江苏路	
Bremer Str.	馬関町	肥城路	
Bülow Str.	熊本町	日照路	
Christ weg	逢坂通	福山路	
Cormoran Str.	軽藻町	甘肃路	
Danziger Str.	大阪町	泗水路	
Deutschland Str.（S）	大和町一丁目	热河路	
Deutschland Str.（N）	大和町一丁目	绥远路	1954年改为包头路
Diederichs weg	赤羽町	沂水路	
Elisabeth weg	小倉通	齐东路	
Fahr Str.		龙山路	
Fischerweg			
Franzius Str.	薄雲町	莱州路	
Frauenlob Str.	青柳町	青城路	
Friedrich Str.	静岡町	中山路	南段
Fuchs weg		已不存	
Geier Str.		陵县支路	
Gratpass weg		已不存	
Gromsch Str.	三日月町	宝山路	
Haipo Str.	海泊町	海泊路	
Hamburger Str.	深山町	河南路	南段
Hansa Str.	堺町	長山路	
Hauptmann Müller Str.（W）	艮通（巽通）	登州路	
Hauptmann Müller Str.（E）	隆运町	威海路	

Hertha Str. (N)	三条町	商河路	
Hohenlohe weg	治徳通	徳県路	
Hohenzollern Str.(E)	姫路町	兰山路	
Hohenzollern Str.(W)	呉町	兰山路	
Homann weg		峠山路	
Honan Str.	河南町	河南路	北段
Hohenlager Str.	桥立町	东平路	西段
Hsiaupautau Str.	小鮑島町（三笠町）	黄台路	
Huangtau Str.	黄島町	黄岛路	
Iltispass Str.	旭町	文登路	
Irene Str.	久留米町	湖南路	
Itschou Str.	沂州町	易州路	
Jaguar Str.	瀬戸町	乐陵路	
Johann Albrecht Str.	豊橋町	九水路	已不存
Johann Albrecht weg	霞ケ関通	莱芜路	
Kaiser Str.(N))	葉桜町	馆陶路	
Kaiser Str.(S)	所澤町	堂邑路	
Kaiserin Augusta Str.	花咲町	武定路	
Kaiser Wilhelm Ufer	舞鶴浜（町）	太平路	
Kanton Str.	廣東町	广东路	
Kaumi Str.	高密町	高密路	
Kiautschou Str.	膠州町	胶州路	
Kieler Str.	横須賀町	泰安路	
Kilowatt Str.	廣島町	广州路	
Kirschen Allee	桜大路	公园路	

Kleiner Hafen weg	小港一丁目	小港一路	
Kleiner Hafen weg	小港二丁目	小港二路	
Kronprinzen Str.	濱松町	湖北路	
Kraehen weg		上清路	
Lauschan Str.	大村町（北）		日据时期并入大村町
Lazarett weg	病院通（鞍馬町）	平原路	
Lerche weg	豊年町	牟平路	
Litsun Str.	李村町	李村路	
Lübecker Str.	比治山町	新泰路	
Luchs Str.	喜楽町	泰山路	
Luitpold Str.	高瀬町	浙江路	
Major Müller Str.		小阳路	1967年改为人民路
Münchener Str.	英町	蒙阴路	
Ningpo Str.	寧波町	宁波路	
Ostlager Str. (E)			日据时期并入佐贺町
Ostlager Str. (W)		黄县路	
Ostpass Str.		東山通（巽通）	大学路
Park Str.		王村路	
Pauting Str.	保定町	保定路	
Peking Str.	北京町	北京路	
Pingtu Str.	平度町	平度路	
Poschan Str.	白山町	博山路	
Prinz Waldemar Str.	八幡町	观海一路	
Prinz Adalbert Str.	相見町	栖霞路	
Prinzess-Wilhelm- Str.	若葉町	陵县路	

Prinz-Heinrich Str.	佐賀町	广西路	
Rechtern Str.(N)	早舟町	新疆路	
Rechtern Str.(S)	早霧町	冠县路	
Rennbahn Str.		文登路	
Richthofen Str.		明水路	
Rollmann Str.	野山町	莘县路	
Schanhai Str.	上海町	上海路	
Schantung Str.	山東町	中山路	北段
Schansi Str.	陝西町	陕西路	
Schlacht Hof Str.	松島町	观城路	
Silberfisch Str.	椎楠町	宁阳路	
Seeadler Str.	隼町	桓台路	
Syfang Str.	四方町	四方路	
Taihsitschen Str.	台西鎮街通	云南路	
Taitungtschen Str.	北通（若鶴町一丁目）	辽宁路	1929年前称奉天路
Taitungtschen Str.	若鶴町二丁目	辽宁路	1929年前称奉天路
Taku Str.	大沽町	大沽路	
Thetis Str.	弓張町	铁山路	
Tiger Str.			日据时期并入三条町
Tientsin Str.	天津町	天津路	
Tirpitz Str.	曙町（忠海町）	莒县路	
Tsangkou Str.	滄口町	沧口路	
Tschan schan Str.	湛山町	湛山路	1997年改为香港西路
Tschili Str.	直隸町	河北路	
Tschifu Str.	芝罘町	芝罘路	

Tsimo Str.	即墨町	即墨路	
Tsinan Str.	濟南町	济南路	
Tsining Str.	濟寧町	济宁路	
Uhu weg		西山路	1951年改为延安一路
Vering Str.	松根町	恩县路	
Weihsien Str.	濰縣町	潍县路	
Wilhelm Str.	不入斗町	青岛路	
Wilhelmshavener Str.	佐世保町	郯城路	
Wusung Str.	吳淞町	吴淞路	
Yintau Str.		平度路	南段
	辨天町		已不存
	朝陽町（新高町）	朝阳路	2007年注销
	長安町（敷島町）	长安路	2007年注销
	常平町	昌平路	1999年注销
	長興町	长兴路	2000年注销
	承平町	昆明路	2000年注销
	川崎町	益都路	2002年注销
	菜市町	菜市一路	
	大黑町	招远路	
	大川町（北）	昌乐路	
	大川町（南）	宁海路	
	大島町	周村路	
	大森町	博兴路	
	大名町	大名路	

大成町	大成路	
丹鹰町	丹阳路	1999年注销
淡路町	邹平路	2002年注销
稻禾町	道口路	
德盛町	德盛路	
伏见町	福建路	2009年注销
伏波町（三笠町）	邱县路	2007年注销
富士町	城阳路	
福寺町	福寺路	2002年注销
芙蓉町	芙蓉路	
丰盛町	丰盛路	
和兴町	和兴路	
惠比须町	东阿路	
惠比寿町		已不存
魁町		已不存
惠民町（鞍马町）	惠民路	
隆兴町（雾岛町）	平阴路	2002年注销
老松町	寿光路	
利兴町	历城路	1999年注销
利根町	阳信路	
琉球町	章邱路	
宫岛町	朝城路	
金乡町（棒吕町）	金乡路	2007年注销
京町	诸城路	
吉野町	郭口路	

江户町	宝庆路	后改为埕口路
骏河町		已不存
菊川町	邹县路	
高砂町	利津路	
柳川町	汶上路	
弥生町	华阳路	
鸣海町	四川路	
梅町	定陶路	
奈良町	临清路南段	
品川町	青海路	
蓬莱町	滨县路	
千岛町	高苑路	
千岁町	曹县路	
千叶通	观象一路、观象二路	
清和町	清和路	
庆祥町	庆祥路	
青羽町	金乡东路或惠民南路	
瑞云町	瑞云路	1999年注销
坪井町	平定路	2000年注销
荣久町	昌邑路	
人和町	人和路	
市场町一丁目	市场一路	
市场町二丁目	市场二路	
市场町三丁目	市场三路	
山科町	山口路	

山科町	枣庄路	
顺兴町	顺兴路	
神奈町	锦州路	
山岸町	吉林路	
神社町（宫前町）		并入包头路
松阪町	德平路	
松枝町	滋阳路	
台东镇一丁目	台东二路	
台东镇二丁目	台东三路	
台东镇三丁目	台东四路	
台东镇四丁目	台东五路	
台东镇五丁目	台东六路	
台东镇六丁目	台东七路	
台东镇七丁目	台东八路	
桃之井町		已不存
新泽町		併入中山路
新町一丁目	武城路	
新町二丁目	夏津路	
新町三丁目	高唐路	
新町四丁目	博平路	
新町五丁目	茌平路	
新町东通	清平路	
新町西通	临清路	北段
幸町	单县路	
港海岸通（斉町）	小港沿	

小田原町	孟庄路	
小阪町		已不存
信濃町	无棣路	
信夫町	沾化路	
相生町		已不存
萬壽町	万寿路	2002年注销
吳町	费县路	
宇治町	禹城路	2009年注销
有樂町	峄县路	
壹岐町	临淄路	
鴨川町	雏口路	
雲井町	广饶支路	
陽明町	阳明路	2002年注销
伊豆町		併入章邱路
櫻木町	寿张路	
賑町	阳谷路	
祝町	旅顺路	
住吉町	姜沟路	2002年注销
中野町	聊城路	
筑後町	济阳路	
佐渡町	淄川路	
貯水町	松山路	
鎮興町	振兴路	
團島町	团岛路	
釜石町	城武路	

[附录] … 337

永樂町	鱼台路
高雄町	邹县路
明石町	汶上路
肴町	菏泽路

以上对照表由作者与德国的马维立(Wilhelm Matzat)教授、Walther Kerner-Collasius先生,以及日本的濑户武彦教授共同编纂整理完成。

后记

在路上

在19世纪末至20世纪初的西方,人们习惯于采用邮寄明信片的方式向远方的亲朋传达祝福与问候,并渐渐地由最初单一的信息传递功能,转化为一种颇为流行的时尚元素。当时的出版商们通常会使用所在国及地区的风土人情或者某一特定事件作为明信片的主题图案,以吸引更多顾客购买。由于明信片属于一种低值易耗的普通邮品,经过漫长的时间流逝和岁月消磨,大多数都已经损毁消失了,因此,能够保存至今的也就显得极为珍贵。

今天,当我们再度仔细审度这些百多年前的画面,发现这些在当时或许皆因商业目的而为之的邮品,却在有意无意中,成为现在我们解读这座城市在某个历史时期许多细节的重要依据和载体……通过这些沉淀着历史的老明信片,你可以管窥到这座城市发展旅程当中的某些片段。虽然它们不可能将历史还原在我们眼前,但也会给予我们许多新的发现和提示,拉近我们与这座城市在时空跨度上的距离。让今天的人们,能够从明信片——这个特殊的载体来更加直观地了解城市的过往。

出版这样一本书的想法,源自本人对青岛早期城市发展史的偏爱,又恰好在这几年积累了一些与之有关的文字与图片,通过不断的写作与探究,终于形成了一本书的规模。

本书各个篇章均以青岛老明信片为背景,并以此展开,较为详细地介绍一幢青岛老建筑、一条老街道，或发生在青岛的旧闻轶事等。本书应是迄今为止对青岛德国时期的老建筑、老街道最为详实的解读。由于近几年，本人与德国、日本等国历史学者的交流与合作，文中80%以上的史料均为一手，此前未在出版物中出现。亦可对青岛地方历史、城市发展与变迁、建筑艺术浅析有兴趣的读者有所帮助，并可作为史学爱好者的参考用书。另外，本书所采用的多数明信片也多不常见，对丰富这个系列的图片资料亦有帮助。同时，本书的附录里还将收入2008年本人与德国、日本专家共同整理、编纂的德国、日本时期青岛街道名称对照表。本书对这些明信片的解读与发现，由于自身的学识与认知，字里行间难免会有偏差，如有谬误，望各位读者或同好给予批评指正。

本书中所采用的图片，大部分由两位收藏家提供，他们是德国的Urlich Hemming先生和中国的陈锦斐先生。63岁的Hemming先生住在德国埃森（Essen），从1990年开始收集老明信片，青岛只是他收藏中的一小部分。虽然还没有来过青岛，但是Hemming先生说，他会在自己的下一次中国之旅时，完成这个愿望。陈锦斐先生近年来一直致力于文化事业，开过书店，资助独立制作的电影，热爱音乐，创办了"灰姑娘"音乐工作室，组织过青岛地下摇滚档案……同时要感谢日本高知大学的濑户武彦教授，以及日本四国大学的小阪清行先生。近几年，通过与他们的交流，使我受益匪浅，不但获得了许多一手的珍贵资料，也为我本人在这个领域的提高，以及这本书的出版都起到了良好的推动作用。在这里要向他们的帮助表示衷心感谢。

还要感谢德国汉堡的科纳（Walther Kerner-Collasius 1937~2012）先生，科纳先生是个可爱的老者，德国人的诙谐、幽默、热情、严谨和认真，都能在他身上得到体现。由于对青岛的兴趣，使我们成为忘年交。科纳先生的祖辈参加过法国大革命，父亲在两次世界大战期间，为德国空军服役。他曾说，唯一感到有点遗憾的是，他的家人都没有到过青岛，但这并不影响他对这座城市的喜爱与向往。科纳先生对我和一个收藏老青岛的计划帮助颇多。我也曾与他约定，若拙作得以出版，将第一时间送给他。可遗憾的是，科纳先生于2012年11月22日病故，也让这份约定成了永远无法兑现的承诺……。

最后需要特别感谢的是德国波恩大学地理学院退休教授马维立博士（Prof. Dr. Wilhelm Matzat 1930~2016）。马维立教授1930年出生于青岛，并在此度过他的童年与少年时代。

身为信义会牧师的父亲去世后,他和哥哥一直跟随母亲生活。1946年,母亲因交通意外故去,马维立与哥哥返回德国。从大学退休后,马维立教授一直致力于德租青岛时期的历史研究,并在这个领域卓有成就,著有《单威廉与青岛土地法》等。在与马维立先生相识和交流的十几年里,他提供了大量一手的历史资料,对纠正青岛历史中部分经年已久的错误,起到清本正源的作用。可惜就在本书即将付梓之际,马维立教授却于2016年10月21日晚在波恩去世,不仅让青岛失去了一位身在异国,心系家乡的游子,也让我们失去了一位在早期城市发展史研究上非常重要的专家。马维立教授生前曾同意为本书撰写序言,但因马老年事已高,一直未忍催促,却不想成为了永远无法完成的期待。我也多次希望前往德国拜访和探望马维立教授,但却终因种种变故,未能成行。原计划明年一定前往,但马老的溘然离世,也让我留下了莫大的遗憾……

这本书能够得以出版,除了我本人的努力,同时也得益于许多师长和好友的支持与帮助。比如李明老师、臧杰老师;青岛档案馆的周兆利先生、孙保锋先生,他们在我查阅资料时,提供了许多的协助;中国海洋大学出版社的张跃飞先生,逐字逐句对本书进行审读,为本书纠正了许多错误;集邮家、收藏家金立生老师则提供了部分图片支持。由于本书许多资料来自于史料原件,因此还得益于金山先生、衣琳先生的准确翻译与诠释。此外,摄影家袁宾久先生也对于本书的出版工作给予了很大的支持。

我们对这座城市的发现与认知永远"在路上",希望这本书的出版只是个开始,因为人们面对历史的探求永远都是没有止境的跋涉,回首青岛这段虽然短暂但又异常曲折的城市发展史,你会发现其中仍然蕴藏有许多至今都不能给出确切答案的疑问,带着这些困惑,让我们走入浩如烟海的历史中去寻觅所有未知的一切……所以我们也始终有理由相信,对于历史,对于记忆,对于一座城市过往的探索与发现,永远也会对那些渴望揭晓答案的人们充满了无穷的诱惑与感召……

王　栋
2016年10月26日 于青岛

图书在版编目（CIP）数据

青岛影像：1898～1928：明信片中的城市记忆 / 王栋著 . —— 青岛：中国海洋大学出版社，2017.4
ISBN 978-7-5670-1113-7

Ⅰ . ①青… Ⅱ . ①王… Ⅲ . ①青岛市 – 地方史 – 摄影集
Ⅳ . ① K295.23–64

中国版本图书馆 CIP 数据核字 (2016) 第 064231 号

出品统筹　臧　杰
责任编辑　张跃飞
特约编辑　冷　艳
装帧设计　良友创库·李欣

出版发行　中国海洋大学出版社　青岛市香港东路 23 号
本社网址　http://www.ouc-press.com
电子邮箱　cbsbgs@ouc.edu.cn
策　　划　青岛日报报业集团良友书坊　青岛市太平路 33 号
联系信箱　liangyoubooks@126.com
印　　刷　青岛新华印刷有限公司
版　　次　2017 年 4 月第 1 版
印　　次　2017 年 4 月第 1 次印刷
开　　本　24 开
字　　数　440 千
印　　张　14.5
定　　价　75.00